청소년 소설 즐겁게 읽기

청소년 소설 즐겁게 읽기

김명순 비평집

좋은땅

아버지의 전근으로 여기저기 이사 다녀야 했기에 집에 책이 별로 없고, 도서관도 찾기 힘든 터라 친구에게서 책을 빌리곤 했다. 주홍색 장정의 소년·소녀 세계 명작 전집에서 한 권을 골라 빨리 책을 읽고 싶은 마음에 벅찬 가슴으로 집으로 향했던 기억이 난다. 『소공녀』, 『빨간 머리 앤』, 『톰 소여의 모험』, 『비밀의 화원』, 『작은 아씨들』……. 그렇게 한두 권 빌린 책들은 어찌나 감칠나던지. 집안의 서가에 문학 전집이 꽉 차게 되면서 그와 같은 애타는 마음은 사라졌다. 집에 책이 별로 없던 것이 독서의 세계로 나를 이끌지 않았을까?

국어 교사가 된 후 글쓰기는 선택이 아니라 필수가 되었다. 학교장 인사말, 교지 출간, 백일장 참가 학생 지도를 맡았다. 글 쓰는 법을 전혀 모르던 나는 작가까지는 아니더라도 어느 정도는 글을 쓸 수 있어야 한다고 생각해 대학원에 진학했다. 비평을 쓰게 된 이유는 유명한 문학 작품이 왜 재미있을까, 왜 좋을까에 대한 답을 다른 사람의 판단과 기준이 아닌 나 자신의 독자적인 관점으로 찾고 싶었기 때문이다. 문학 중에서도 청소년 소설을 대상으로 비평을 쓴 것은 내가 중·고등학교 교사였기 때문이다. 청소년 소설은 성인과 다른 세계에 사는 중·고등학생의 세계를 엿볼 수 있는 창문이다. 올챙이 시절을 까마득히 지나온 내가 그들의 심리와 행동을 이해하고자 하는 마음에서였다.

일반 문학과 동화 사이에서 논술 세대가 읽을거리를 찾고 있던 2008년도, 김려령의 청소년 소설『완득이』가 대중성과 작품성을 갖췄다고 평가받으며 화려하게 등장했다.『완득이』는 인기에 힘입어 연극, 영화로도 재생산되었으며 교과서에도 실렸다. 그 후 많은 청소년 소설이 쏟아졌다. 여러 출판사에서 문학상을 제정하고, 입학사정관제가 생기면서 독서를 할 수 있는 환경이 마련되었기 때문이다. 그런데도 옥석을 가릴 수 있는 청소년 소설에 대한 내재적 비평은 많지 않다. 이 책은 약 15년간 잡지에 발표했던 50여 편의 주요 청소년 소설 비평을 묶은 것이다. 1부는 주제를 정해 쓴 평론이고, 2부는 개별 작품을 평한 것이다. 인상 비평이나 간단한 감상이 책의 이해에 별 도움이 되지 않는 것 같아 지루할 정도로 깊이 텍스트를 분석했다. 고개를 끄덕이며 공감하거나, 반대로 내 생각은 다르다고 생각하는 사람이 많으면 좋겠다. 이 책이 청소년 소설의 담론을 풍성하게 해 주길 소망해 본다.

책을 쓰면서 알게 된 것이 있다. 책은 그 분야에 지식이 풍부한 전문가뿐 아니라, 보통 사람도 쓸 수 있다는 사실이다. 청소년 소설을 잘 알아서가 아니라, 쓰면서 자료나 논문을 찾아 읽으며 조금씩 알게 되었다. 아는 것이 없어 글을 쓰지 못한다고 생각하는 사람들에게 먼저 글을 시작하라고 얘기하고 싶다.

청소년 소설을 찾아 읽는 학생과 소설을 가르치는 교사 그리고 연구자에게 작은 도움이 되기를 희망하는 마음으로 용기를 내었다. 이 책이 청소년 소설을 읽고 싶은 마음을 불러일으키기를, 나도 쓸 수 있겠다는 자신감을 높여 주기를, 책에 대한 이해도를 깊게 해 주기를 바란다.

초등학교 때 네 번이나 전학을 다녔다. 새로운 교실에 갔을 때의 호기심어린 눈들, 친구와 정을 붙일 만하면 헤어져야 했던 일, 낯선 도시에 적응하는 게 몹시 힘들었다. 그런데 요즘은 여러 학교와 도시, 사람들을 경험할 수 있었던 축복이 아니었나 하는 생각이 든다. 내게 문학적 감수성이라는 게 있다면 그런 데서 벼려졌을지도 모르겠다.

돌아가셨지만 그리운 할머니, 의식의 밑바닥엔 늘 할머니가 계신다. 팔순이 넘으셨는데도 하루 종일 책을 읽는 아버지, 넘치게 주시고도 해 준 게 없어 미안하다는 어머니, 내 글을 재미있게 읽어 준 남편과 딸들, 베풀기만 해 주신 시부모님께 감사의 마음을 전하고 싶다. 세밀한 감정까지 나눌 수 있는 친구, 가끔 나를 떠올려 주는 제자들, 시와 영화를 함께 읽고 보고 얘기하는 도반들, 비평의 길로 이끌어 주신 이훈 선생님 덕분에 삶이 풍요로웠다. 언젠가 책을 쓰는 날이 온다면 이분들께 꼭 고맙다는 말을 해야겠다고 생각했다. 모두 고맙습니다.

2024. 5. 김명순

목차

1부

주제 비평

청소년 소설의 문학적 성격과 문제점

『직녀의 일기장』, 『열일곱 살의 털』, 『완득이』를 중심으로

1. 서론

이 글은 최근 청소년 소설을 내재적인 차원에서 꼼꼼히 분석하여 그 문학적 성격과 문제점을 살펴본 것이다. 제2회 청소년 문학상 수상작 『직녀의 일기장』, 제6회 사계절 문학상 수상작 『열일곱 살의 털』, 제1회 창비 청소년 문학상을 받은 『완득이』를 인물이 겪는 갈등에 초점을 맞추어 그 갈등을 전개해 나가는 과정에서 나타나는 청소년 소설의 문제 양상과 인물의 형상화를 알아보았다. 더 나아가 작품의 구조가 어떻게 이루어지고 있는지를 분석하였다. 최근 박상률, 이금이, 이경혜, 정유정, 이용포, 신여랑, 박경애, 김려령, 임태희, 김해원, 김혜정, 전아리 등 청소년 소설 작가들의 약진이 두드러진다. 이런 흐름에 부응하여 공선옥, 성석제, 이명랑, 김사과, 김종광, 김용희 등 기성 작가들도 청소년 소설을 펴낸 바 있다. 그런데 이 중에서 세 작품을 선택한 이유는 2008년도 출간된 작품 중 이들이 공통으로 청소년 문학상을 받았을 뿐 아니라, 인터넷 서점 판매 순위에서 외국 청소년 소설을 제외하면 사실상 1, 2, 3위를 차지하여 최근의 청소년 소설을 대표할 수 있다고 보기 때문이다.

어느 소설이나 마찬가지지만 특히 청소년 소설은 독자의 특수성을 감안할 때 현실을 충실히 반영하고 주제의 형상화나 구성에서 뛰어난 예술성을 가져야 한다. 이 글은 청소년 소설이 문학적 형상화를 제대로 이루었는지를 살펴봄으로써, 청소년 소설을 문학 교육의 장으로 끌어들이고 있는 교사와 독자인 청소년들이 작품을 보는 눈을 갖는 데 도움을 주고자 한다.

청소년 소설은 동화를 읽고 자란 아이들이 곧바로 성인용 소설을 읽을 수밖에 없을 정도로 연구와 출판 분야에서 공백으로 남겨진 곳이었다.[1] 그런데, 요 몇 년 사이 '영 어덜트(Young Adult) 문학'이라는 용어가 나올 정도로 동시대 청소년의 고민과 일상을 담고 그들이 관심을 둔 하위문화를 소재로 등장시켜 이야기를 풀어내는 청소년 소설이 많이 나오고 있다. 청소년 소설 전문 작가가 등장했을 뿐 아니라 기성 작가들도 청소년을 대상으로 한 소설을 펴내고 있으며, 내용 면에서는 회고 조의 성장 이야기에서 벗어나 청소년의 삶을 진솔하게 다루고 있다.

청소년기의 주요 관심사인 친구 관계, 이성 관계, 진로, 학업, 성적, 외모, 성, 가족 등을 제재로 다룬 청소년 소설의 등장은 학생들을 진지한 독서로 유인할 수 있는 계기가 되고, 그들의 정체성을 형성하는 데 도움을 줄 수 있다는 점에서 환영받고 있다. 특히 교사들은 학생들에게 마땅히 권해 줄 만한 작품이 없어 외국 고전이나 성인 문학을 읽혔는데 우리의 청소년 소설을 문학 교육에 직접 이용할 수 있어서 더욱 반기고 있다. 외국의 경우 청소년 소설이 일생의 독서 습관을 형성하도록 하기 위한 뛰어난 수단이 될 수 있다는 점에서 중등학교 문학 교육 프로그램에서 중요한 위치를

---

1 김중신, 「청소년 문학의 재개념화를 위한 고찰」, 『문학교육학』, 문학교육학회, 2002 여름호, 11쪽.
   "1960~1970년대까지만 해도 조흔파의 『얄개전』 같은 명랑 소설이나, 김내성의 『쌍무지개 뜨는 언덕』과 같은 순정 소설 등이 그 자리를 차지했었지만, 1980년대 이후 명맥이 끊어졌다."

차지하고 있는데,[2] 우리 교육에서는 아직도 이른바 고급 문학이나 고전만이 그 자리를 차지하고 있는 것이 현실이다. 그런데 이들은 대체로 1930년 대에서 1960년대까지의 작품으로 오늘날 청소년의 감성과는 거리가 있다. 따라서 문학 교육자들이 최근의 청소년 소설을 문학 수업에 활용하고자 하는 시도가 다양해지고 있는 것은 당연한 일이라 하겠다.

2000년 이후 시작된 청소년 소설 연구는 아직도 초기 단계로 본격적인 분석보다는 청소년 소설의 개념을 정립하는 데 집중되고 있다. 청소년 소설은 교양소설(Bildungsroman), 성장소설, 교육소설(Education Novel), 입사소설(Initiation Novel)과 공통점을 많이 갖고 있다. 청소년 소설이 대체로 소년이 성년이 되어 가면서 겪게 되는 내면적 갈등과 정신적 성장, 그리고 세계의 주체로서 정립되는 각성의 과정을 담고 있기 때문이다. 그런데 이들은 청소년 문학에서 가장 중요한 요소인 청소년에만 한정된 개념이 아니라는 점에서 청소년 소설과는 차이를 가진다.[3]

이재철이 청소년 문학을 기성 작가에 의해 쓰인 본격 문학 작품으로, 청소년을 대상으로 한 문학이라 정의하고 그 필요성을 제기한[4] 이래 조영효와 김경연[5]은 독일 청소년 문학을 자세히 소개함으로써 우리나라 청소년

2 레이먼드 J. 로드리게스, 박인기 외 옮김, 『문학작품을 어떻게 가르칠 것인가』 박이정, 2001, 55쪽.
   이 책은 여성해방, 개인과 사회의 갈등, 이혼, 혼전 임신, 개인적 약점, 성장통의 주제에 관련된 청소년 소설 목록을 제공하고 있다.
3 김중신, 앞의 글, 17쪽.
4 이재철, 「청소년 문학론」 『봉죽헌 박붕배 박사 회갑 기념 논문집』 배영사, 1986.
5 조영효, 「독일의 청소년 문학 소고」 『독어 교육』 제1집, 1983, 65쪽. 청소년 문학이라는 개념은 독일의 클링베르크(Klingberg)가 다섯 가지로 규정한 바 있다. 첫째, 어린이나 청소년들이 읽기에 바람직한 것으로 간주하는 텍스트를 나타내는 것이고 둘째, 특별히 어린이나 청소년들을 위해서 쓰인 문학을 말하는 것이고, 셋째, 어린이나 청소년들 자신의 문학작품과 관련될 수 있고, 넷째, 성인 문학으로부터 어린이들이 물려받는 텍스트의 존속을 목표로 하는 것이고, 다섯 번째, 어린이들이 실제로 읽고 있는 것들을 포함할 수 있다. 청소년 문학이란 협소한 의미로는 청소년들을 위해 '의도적'으로 창

문학 연구의 기틀을 다졌고, 김슬옹과 김중신은 청소년 문학의 정의를 재정립하였다. 김슬옹은 청소년 문학이란 누가 썼느냐에 상관없이 청소년의 삶과 문제 즉 그들의 정체성을 다룬 것이라 보았다.[6] 청소년은 어린이 시절을 벗어나려는 욕망, 어른이나 교육제도가 설정한 규범이나 제도, 틀을 벗어나려는 일탈/탈주의 욕망, 그리고 어른이 되고자 하는 욕망을 갖는 존재로 청소년 문학은 바로 이런 정체성을 형상화한 소설이라는 것이다. 김중신은 좀 더 세분화하여 청소년 문학을 정의한다. 청소년을 창작 주체로 보느냐 향유 주체로 보느냐, 청소년을 소재로 삼을 것인가 아니면 교육의 대상으로 삼을 것인가 등의 기준에 따라, 네 가지 범주로 정리될 수 있다는 것이다.[7] 청소년 문학이란 무엇인가 하는 논의는 최근까지도 계속되고 있는데 황선열은 청소년을 대상으로 그들의 생활과 밀착해 있는 주제를 택하고, 그들의 어법과 의식을 폭넓게 진술하는 문학이라 설명한다.[8] 여러 논의가 있지만 대체로 청소년이 읽을 것을 염두에 두고 창작된 소설로 그들이 읽기에 바람직한 문학이라는 쪽으로 의견이 수렴된다.

이런 특성 때문에 문학에 대한 관심을 높이고 정체성을 형성하는 데 도움을 주기 위해 청소년 소설에 관심을 기울이는 쪽은 교사인데, 최배은의

작된 문학만을 정의하며, 더욱 넓은 의미로는 청소년들이 읽을 만한 문학으로 정의할 수 있다.
김경연, 「독일 아동 및 청소년 문학 연구」, 서울대학교 대학원 박사 논문, 2000.
6 김슬옹, 「청소년의 정체성과 청소년 문학의 정체성-성장소설 읽기를 중심으로」, 『문학과 교육』, 문학과교육연구회, 2001년 가을호.
7 김중신, 앞의 글, 24~31쪽.
첫째, 청소년에 의해 쓰인 문학이다. 둘째로 청소년을 위해 선정된 문학이다. 셋째, 청소년을 다루고 있는 문학이다. 넷째, 청소년이 읽고 있는 문학이다.
8 황선열, 『아동 청소년 문학의 새로움』, 푸른책들, 2008, 18쪽.

연구[9]는 1920년대 청소년 소설의 구조를 탐구하여 오늘날의 그것과 비교할 수 있는 실마리를 제공하였다는 점에서 의의가 있다. 현대 청소년 소설이 역경을 딛고 성장하는 모습을 강조하는 데 반해, 초기 청소년 소설은 시련과 고난에 수동적으로 대처하는 주인공이 많이 등장하는데 이는 교육적이고 계몽적인 의도를 앞세우기보다 당대 청소년의 삶과 현실을 반영함으로써 독자들이 공감하고 동정할 수 있도록 하려는 창작 태도에서 기인했다는 것을 밝히고 있다.

이보형, 김은정, 윤진아, 서현주는 고급 문학 대신 청소년 소설을 실제 문학 수업에 도입하여 문학 교육의 새로운 방향을 모색하고자 하였다. 이보영은 『내 안의 자유』(채지민, 사계절, 2000) 외 1편을 문학 수업에 활용하여 문학의 내면화를 꾀하였고[10], 김은정은 『밥이 끓는 시간』(박상률, 사계절, 2001) 외 세 편의 청소년 소설을 분석하고 이의 교육 가능성을 타진하였다.[11] 윤진아 역시 『내 인생의 스프링 캠프』(정유정, 비룡소, 2007) 등을 포함한 7편의 청소년 소설을 분석하고 교육성과 작품성을 가진 청소년 문학을 문학 교육에 도입할 때 문학에 대한 친밀감을 높이고, 현재의 교육이 추구하는 학습자 중심 문학 교육에 쉽게 다가설 수 있다고 주장하였다.[12] 서현주는 청소년 소설이 다른 어떤 소설보다 청소년이 쉽게 읽을 수 있고, 주인공이 겪는 학업 문제, 이성 문제, 교우 문제, 기성세대와 세대 차이로 생기는 갈등의 탐색 과정은 그 시기를 비슷하게 겪는 학습자의 문제 해결

---

9   최배은, 「한국 근대 청소년소설의 형성 연구」 숙명여자대학교 대학원 석사논문, 2004.
10 이보형, 「청소년 문학을 이용한 소설 교육 방법」 성신여자대학교 교육대학원 석사논문, 2003.
11 김은정, 「청소년 문학의 이론과 실제」 서울시립대학교 교육대학원 석사논문, 2006.
12 윤진아, 「청소년 문학의 정체성과 교육적 의미」 한국교원대 교육대학원 석사논문, 2008.

에 도움을 줄 수 있다고 보았다.[13] 이들 연구는 공통적으로 청소년 소설이 성장소설의 요소를 가지므로 청소년의 정체성 형성에 효과적이라고 주장한다.

그런데 청소년 문학을 학생에게 권장하기 위해서는 조심스러운 접근이 필요하다. 청소년이 읽기에 바람직해야 한다는 목적을 위해 창작된 작품은 도덕적, 교훈적이어야 한다는 명제를 전면에 내세우는 나머지 미학적 완성도를 이루지 못할 수 있기 때문이다. 학생에게 꿈과 희망, 용기를 주는 것도 좋지만, 독서의 즐거움을 누리게 하는 것도 문학 교육의 중요한 목적이 되는데 목적성이 두드러진 작품을 많이 접하게 되면 문학의 즐거움을 향수할 수 있는 능력을 키우지 못하게 된다. '특별히 청소년을 위해 쓰이고 일반적으로 청소년만 관심을 가질 수 있는 글'은 '게토화되고 잔소리꾼으로 화하여 문학적으로 틀에 박힌 작품을 생산'할 수 있다는 우려[14]는 최근의 몇몇 청소년 소설에서 청소년 독자에게 성장의 계기를 마련하고 희망과 의지를 심어 주기 위해서 화해로 끝을 맺어야 한다는 강박관념이 나타난다는 분석[15]에서 보다시피 현실화되고 있다.

최근 황선열과 김경연은 청소년 소설 비평집을 발간하였는데 이는 청소년 문학 연구의 영역을 확장하고 청소년 문학의 옥석을 가릴 기준을 제공했다는 점에서 큰 의의가 있다. 황선열[16]은 아동과 청소년을 대상으로 최근의 작품들을 낱낱이 분석하여 청소년 문학의 현실과 전망을 제시하였

---

13 서현주, 「청소년문학 연구」, 창원대 교육대학원 석사논문, 2008.

14 김경연, 앞의 글 44~5쪽.

15 정혜경, 「이 시대의 아이콘, 청소년 문학의 딜레마」, 『오늘의 문예비평』 2008 겨울호, 121쪽.

16 황선열, 앞의 책.

고, 김경연[17] 역시 구체적인 작품들을 소개하고 비평하여 아동·청소년 문학의 실상을 이해하는 데 도움을 주고 있다.

앞서 청소년 소설을 청소년이 읽을 것을 염두에 두고 창작된 소설로 청소년이 읽기에 바람직한 문학이라고 했는데, 구체적으로 어떤 요건을 가져야 하는지에 대한 연구는 거의 없는 실정이다. 이에 이 글은 갈등의 전개 과정에 초점을 맞추어 인물과 주제의 형상화뿐만 아니라 더 나아가서 작품의 구조를 분석함으로써 청소년 소설의 문학적 성격과 문제점을 살펴보고자 한다.

2. 청소년 소설의 문학적 성격과 문제점

(1) 『직녀의 일기장』 - 문제적 인물의 삽화적 배열

『직녀의 일기장』[18]은 요즘 청소년들이 가정과 학교에서 겪는 부모의 편애, 왕따, 가출, 아동 학대, 아버지의 실직, 알코올 중독, 이혼 등 심각한 소재들을 다루고 있다. 그런데 책 표지에 소설가 안도현이 언급한 것처럼 "경쾌한 구성"과 "속도감 있는 문장" 덕분에 쉽게 읽히고 재미있다. 재미는 청소년 소설의 핵심적인 요건이어야 한다. 아무리 좋은 소설이라도 재미있지 않으면 학생들이 읽지 않기 때문이다. 그런데 발랄한 문체로 어둡고 무거운 내용을 유쾌하게 풀어내는 서술 방법은 이 소설의 장점이자 단점이 된다.

초등학생 때부터 친구들을 괴롭히고 온갖 말썽을 피우던 직녀는 고등학

---

17 김경연, 『우리들의 타화상』, 창비, 2008.
18 전아리, 『직녀의 일기장』, 현문미디어, 2008. 앞으로 이 책에서 인용할 때는 쪽수만 쓰도록 한다.

청소년 소설 즐겁게 읽기

생이 된 뒤에도 엄마 카드를 훔쳐 쇼핑하고 음악 선생의 핸드백을 재미로 훔치다가 간신히 퇴학을 면하기도 하는 문제아이다. 직녀가 이렇게 된 이유는 엄마의 편애 때문이다. 엄마는 한 살 위인 오빠를 왕 대하듯 하지만 직녀는 이유 없이 미워한다. 오빠와의 차별이 직녀의 가슴에 깊은 상처를 내 그녀를 문제아로 만든 것이다.

엄마로부터 차별받는 직녀와 함께 이 글에는 유치원생부터 대학생까지 문제를 안은 인물군이 등장하는데, 부모에게 버림받아 악동이 된 일곱 살 형철이, 백화점에서 거리낌 없이 물건을 훔치는 초등학생, 아버지의 심한 폭력으로 일찌감치 가출해 쪽방에서 생활하는 중학생 선영이, 집안 형편 때문에 학력을 속이고 과외 선생이 된 박봉구가 그들이다. 그런데 화자는 이들 문제적 인물을 일회적으로 소개할 뿐 이들이 현실과 대면하며 고민하고 갈등하는 모습을 끈질기게 따라가지 않는다. 여러 인물이 일회적으로 소비된 결과 독자는 이들이 성장하는 모습을 볼 수 없고 삶에서 직면하는 중요한 문제를 추체험할 기회도 얻지 못한다.

미학적 완성도를 가늠하는 기준의 하나로 아리스토텔레스가 말한 유기체적 조직, 혹은 구조를 제시할 수 있다.[19] 이런 기준을 이 작품에 적용하면, 위에서 언급한 인물들 가운데 어느 하나를 빼더라도 작품을 이해하는 데 어려움이 없다는 사실은 이 소설의 성취도를 짐작할 수 있게 한다. 이들이 각기 문제를 가진 사람들이라는 점을 제외한다면 전체가 되는 데 뺄 수 없을 만큼 본질적인 요소라고 하기는 어렵다.

---

19 아리스토텔레스, 천병희 역, 『시학』 문예출판사, 2002, 61쪽.
　　"스토리는 행동의 모방이기 때문에 하나의 전체적 행동의 모방이어야 하며, 사건의 여러 부분은 그중 한 부분을 다른 데로 옮겨 놓거나 빼 버리게 되면 전체가 뒤죽박죽되게끔 구성되어야 한다. 왜냐하면 있으나 마나 두드러지게 차이가 나지 않는 것은 전체의 부분이 아니기 때문이다."

각각의 부분들이 전체와 연관성을 갖지 않은 삽화적 구성은 이 소설의 가벼움과도 맞물린다. 직녀 아빠가 직장에서 해고될 것이라 말하는 장면에서 나타난 가족들의 반응을 보자.

"아빠, 말이다."
오빠는 입에 상추쌈을 욱여넣던 채로 아빠를 쳐다본다.
"곧 회사를 그만두게 될 것 같구나."
아빠는 아무 말도 하지 않고, 우리는 아무 얘기도 듣지 못했다는 듯 다시 먹는 데만 열중하기 시작한다.
"애들한테 그런 얘긴 왜 한대."
아빠가 화장실에 들어간 뒤, 엄마는 우리더러 들으라는 듯 중얼거린다.
"내 유학은 물 건너갔구나."
철없는 오빠는 방바닥에 드러누우며 한탄하듯 말한다. (218쪽)

오빠는 앞으로 유학 못 갈 걱정만 하고, 직녀는 휴가를 재미있게 보내지 못한 것을 아쉬워하며, 엄마는 애들 앞에서 그런 얘기를 하는 아빠를 원망할 뿐이다. 이렇게 이 소설은 삶의 고통이나 아픔이 실상에 걸맞게 진지하게 다루어지지 않고 있다. 이와 더불어 설득력 없는 인물의 설정, 갈등의 안이한 해결, 개연성 없는 결말은 이 소설의 미학적 완성도를 크게 떨어뜨리는 요인이 된다.

집에서 엄마에게 구박받는 직녀지만 그녀에게도 든든한 후원자가 있다. 60대 초반으로 미국에서 독신으로 지내는 부유한 고모는 엄마와는 정반대로 직녀만 사랑한다. 고모는 전래 동화나 하이틴 로맨스에서 학대받는 주인공을 도와주는 요정이나 대모의 낯익은 모습 그대로이다. 그런데 작가는 독신인 고모를 추하고 애처롭게 그림으로써 완벽한 조력자라는 함정을 피하고자 했다. 수난에 처한 주인공을 돕는 요정이 아니라 결핍이 있는 살아 있는 인물로 만들고자 한 것이다. 그런데 이런 의도는 빗나가고 대신 엉뚱한 결과를 낳았다. 성 가치관의 왜곡이 그것이다. 겉으로 보기에 부유하고 행복하며 친구들보다 훨씬 어리게 보이는 고모는 단지 결혼하지 않았다는 이유만으로 내면적으로 불안하고 의존적이며 비굴한 모습으로 형상화된다. 우아한 차림으로 친구 딸의 결혼식에 가지만 주위 사람들에겐 어색하고 꼴불견인 여자로 비치며, 고등학생인 직녀에게 "졸업하자마자 시집가서 자식 많이 낳아라."라고 비상식적 얘기를 건네기도 한다. 결국 고모가 미국에서 남자를 만난 뒤에야 행복한 모습으로 나오는 것은 수십 년 전의 편견을 고민 없이 끌어온 것으로, 현대 여성상에 맞지 않는다.

엄마의 형상화에도 문제가 있다. 오빠가 기대했던 대학에 가지 못하자 엄마의 태도는 너무 쉽게 바뀐다. 오빠 대신 직녀에게로 애정을 쏟는 것이다. 이 소설에서 자신에게 닥친 어려움과 대결하며 새로운 인식의 세계로 넘어서는 과정이 나타나지 않은 것은, 이처럼 갈등의 원인이 저절로 해소되기 때문이다. 인물과 세계 간의 갈등이 길항하지 못하고 해결됨에 따라 결말 역시 우연으로 끝날 수밖에 없다. 수업 시간에 잠만 자고 문제만 일으키던 직녀가 "지금 성적으로는 어려울 텐데, 대학은 단념하고 간호 학원 같은 데는 어떠니?"라고 말하는 담임의 우려와 달리 지방에 있는 대학교 간호대학에 가볍게 합격하는 결말은 이 글에서 의외의 것이 아니다.

『직녀의 일기장』은 청소년기의 다양한 인물들을 살펴볼 수 있는 재미를 주는 데는 성공했지만, 그들이 겪는 문제나 갈등을 제대로 담기보다 세태 풍경을 일회적으로 서술하는 데 그치고 있다. 피상적으로 현실을 인식한 결과 어려움을 겪고 성장해 가는 인물을 제시하지 못함으로써 독자가 자신을 되돌아볼 기회를 제공하지 못할 뿐 아니라 완결되고 탄탄한 구조를 형성하는 데도 실패했다고 볼 수 있다.

(2) 『열일곱 살의 털』 - 계도적 의도의 직접적 노출

불완전한 소년이 선과 악의 도덕적 갈등, 죽음과 성, 미와 추 및 자아의 발견과 같은 일련의 충격적 의미를 어떻게 수용하면서 성숙하는가를 다룬 성장소설[20]은 비슷한 고민을 안고 있는 청소년 독자들이 문제를 해결하고 정체성을 형성하는 데 도움을 줄 수 있기에 대부분의 청소년 소설은 성장소설을 한 유형으로 포함한다. 『열일곱 살의 털』[21]은 어리고 '물컹한'(46쪽) 소년이 학교의 불합리한 두발 규제에 저항하면서 점차 '단단하게'(72쪽) 자아를 발견해 가는 전형적인 성장소설이다.[22]

일호는 이발소를 하는 할아버지와 할머니, 그리고 부동산 중개업을 하는 어머니와 함께 살고 있는 평범한 고등학생이다. 그의 아버지는 죽은 것도 아니고 어머니와 이혼한 상태도 아닌데, 일호는 고등학생이 되도록 아버지를 만난 적이 없다. 일호의 아버지 송충만은 고등학교를 졸업하고 집을 나가 일호의 어머니와 하룻밤 잔 뒤 20년째 귀가하지 않고 있다. 그래서 일호는 아버지가 죽은 것으로 알고 있었다.

---

20 전혜정, 「성장 소설 연구」, 한남대학교 교육대학원 석사논문, 2004.

21 김해원, 『열입곱 살의 털』, 사계절, 2008. 앞으로 이 책에서 인용할 때는 쪽수만 쓰기로 한다.

22 모르데카이 마르쿠스, 최상규 옮김, 「이니시에이션 소설이란 무엇인가」, 『현대 소설의 이론』, 예림기획, 1997, 624쪽.
　저자는 이니시에이션 소설의 핵심을 자아 각성으로 보고 이의 성취도에 따라 시험적(Tentative), 미완성(Uncompleted), 결정적(Decisive) 이니시에이션으로 분류하고 있다.

일호는 단정한 머리 덕분에 '모범생 1호'라는 별명을 얻게 되는데, 학교의 규칙에 충실하고 선생님들이 인정하는 타의 모범이 될 만한 사람이란 뜻의 모범생이란 칭호를 어색하게 생각하던 일호는 두발 규제에 저항하면서 성숙의 문턱을 넘는다. 미친개라는 뜻으로 매독(Mad dog)이라 불리는 체육 선생이 학생의 머리칼을 단속한답시고 라이터를 갖다 대자 일호는 참지 못하고 교사의 행동을 강하게 저지하는데 일호의 이런 행동은 주변 문제에 감정적으로 반발하는 차원이 아니라, 부당한 질서 자체에 저항했다는 점에서 큰 의미가 있다.

이 일을 계기로 일호는 몇몇 친구와 어울려 두발 규제를 폐지하자는 시위를 계획하지만, 사전에 누설되면서 실패한다. 그중에 누군가가 미리 학교 측에 알린 것이다. 이는 학생들이 대학 입시 앞에서 지극히 현실적이며 그들 역시 이미 폭력을 내면화하고 있는 암울한 현실을 작가가 놓치지 않고 있음을 알려주는 의미심장한 대목이라 할 수 있다. 일호는 그것 때문에 학교로부터 한 달간의 정학 처분을 받는다. 그 와중에 일호의 아버지가 집에 돌아온다. 오랜 타지 생활로 그는 싸우지 않고 얻은 자유란 의미가 없다는 것을 체득했기에 일호가 학교 앞에서 '두발 규제 폐지'라고 쓴 피켓을 들고 1인 시위를 하는 것을 적극 지지한다. 이런 아버지 덕분에 일호는 제 뜻을 끝까지 관철해 학교로부터 긍정적인 반응을 끌어내게 된다.

이 소설은 표면적으로는 학교의 억압에 맞서 싸우는 내용이지만 신구의 세대 갈등이 나타나고 기존의 질서와 권위에 도전하여 극복하는 점에서 전통적인 성장 이야기의 한 형태인 '아비 찾기'의 원형적인 모습을 보여 준다. 그런데 여기에서 새로운 아비 즉 새로운 가치관과 질서를 탐구하는 이는 일호만이 아니다. 일호의 나이였던 아버지가 자아를 찾아가는 모습이

한 축을 차지하고 있다. 가업을 이어야 한다는 부담과 부모의 과도한 기대라는 현실의 문제를 가출하는 것으로 대응하는 소년 시절 아버지의 모습과, 자신에게 닥친 문제에 과감히 맞서는 아들의 대비를 통해 바람직한 삶이 어떤 것인지를 독자가 판단하게 만든다.

아버지는 일호가 새로운 자아를 정립하는 데 결정적인 도움을 준다. 자기 경험을 토대로, 회피함으로써 얻는 가짜 자유는 싸워서 얻는 진정한 자유에 비할 바가 못 된다고 말한다. '무섭다고 피하면 이 세상 못 산다.', '싸우지 않고 얻은 자유는 희망이 없다.'(172쪽)는 소중한 조언을 통해 일호가 세상과 맞서 싸울 힘을 주는 조력자가 된다. 그러나 시련과 고통을 회피한 아버지의 성숙에는 힘이 없다. 아버지가 여전히 고등학생 같은 모습을 보이는 것은 그가 겪은 일련의 과정이 공백으로 처리되었기 때문이다. 따라서 일호가 성장하게 되는 직접적인 계기는 학교에서 드러나는 부조리한 모습과 학생부장 오광두와 엄마, 담임선생의 이기적이고 모순된 모습에 대한 환멸[23] 때문이라고 할 수 있다. 학생의 내면을 알려고도 하지 않고, 머리 상태나 성적이라는 획일적인 잣대만으로 학생을 평가하는 교사들, 학교의 잘못을 잘 알면서도 다른 누군가가 그 잘못을 고칠 것으로 생각하는 오광두와 엄마 등 현실에 타협하고 굴복하는 기성세대의 모습이 일호에게 각성의 계기로 작용한 것이다.

『열일곱 살의 털』은 청소년의 주요 관심사인 두발 규제와 맞서 싸우며 새로운 자아를 정립해 가는 소년의 모습을 잘 형상화하고 있다. 두발 규제라는 한 가지 문제를 끈질기게 천착함으로써 성적 지상주의, 일등주의가

---

23 남미영, 「한국현대성장 소설연구」, 숙명여대 대학원 박사논문, 1991.
　　이 글은 성장소설의 모티프를 성에 눈뜸, 죽음의 인식, 환멸과의 만남, 악의 체험, 아비 찾기, 길의 발견으로 분류하고 있다.

만연한 사회문제와 기성세대의 이중적인 면모까지도 아울러 짚어 낸다. 두발 단속이라는 지엽적인 행위가 어떻게 학생들을 순응적인 인간으로 만들어 내는지, 교사의 폭력을 정당화시키고 부모마저 그에 눈감게 함으로써 우리 사회의 부조리와 맞닿는지를 잘 보여 준다. 이는 사소설적인 경향을 보이는 기존의 성장소설과는 다른 면이라 할 수 있다. 청소년 독자는 이 작품에서 다룬 문제를 자기 삶과 관련지어 봄으로써, 우리의 교육 현실을 되돌아보고 바람직한 인생관과 세계관 형성을 도모할 수 있을 것이다. 엄마의 애원이나 교사의 회유에도, 힘들지만 올바른 삶을 선택하는 것은 순전히 일호의 판단에 의한 것으로, 이러한 일호의 행동은 청소년이 지향해야 하는 바가 무엇인지 뚜렷이 제시하고 있기 때문이다. 교문 앞에서 홀로 시위하면서도 순간순간 흔들리고, 시원한 아이스크림을 갈망하는 보통의 청소년을 형상화함으로써 친밀감을 높이고 있는 점도 장점이다. 여기에 청소년들이 쓰는 말투를 벗어나 '무지르다, 어숭그러하다, 습벅대다, 보굿, 민낯' 등 우리말을 적절하게 살려 씀으로써 주제의 형상화에 깊이를 더하고 있어 청소년 소설의 바람직한 예를 보여 준다. 일상적으로 사용하는 말 대신 자주 사용하지 않는 언어를 씀으로써 상투성을 벗어나게 하고 생각의 외연을 넓게 해 주는 것도 청소년 소설의 역할이 되어야 할 것이다.

하지만 아버지의 입을 빌려 빈번하게 직접적으로 주장을 드러내는 점은 '학생들은 육체와 정신이 성숙하지 않아 어른들에게 통제받아야 하는 존재'(157쪽)가 아니라 하나의 주체적 존재임을 내세우는 주제와 걸맞지 않다. 목적성을 강하게 드러낸 경향 문학이 예술성의 측면에서 좋은 평가를 받지 못한 점을 감안해야 한다.

(3) 『완득이』 – 갈등의 동화적 해결

『열일곱 살의 털』이 사회 고발이나 사회 개혁을 주제로 아버지 세대에 대한 반항과 거부를 통해 정의로운 질서를 세우고자 하는 내용이라면 『완득이』는 아버지의 힘과 권위에 대한 거부와 반항을 다루면서 끝내는 아버지와의 화해로 나아가는 사회화 과정을 다룬 성장소설이다.[24]

『완득이』[25]는 작년 한 해에만 20만 부가 팔린 베스트셀러이자, 중학교 국어 교과서에 실리기도 했다. 김해시에서는 올해의 책으로 선정해 시민과 학생이 함께 읽도록 했는데 김해의 학교뿐만 아니라 대부분의 중·고등학교에서 학생들에게 이 책을 읽도록 했을 것 같은데 이처럼 『완득이』가 폭발적인 호응을 받은 이유는 어디에 있을까? 그에 대해 무거운 사회문제를 진지함은 그대로 둔 채로 가볍게 다루며, 작가가 십 대에게 보다 절실한 문제가 무엇인지 정확하게 파악해서 썼기 때문이라는 분석이 있다.[26] 또 민족과 국가의 경계가 무너지고 있는 한국 사회의 변화를 적극적으로 반영하면서 제도 교육의 폐해, 이주노동자나 다문화가족이 환기하는 디아스포라적 정체성의 의미, 장애인에 대한 사회적 편견과 차별의 문제 등 2000년대 한국 사회의 첨예한 갈등들을 경쾌하게 다루면서도 감동을 준다는 점에서 의의를 찾는 의견도 있다.[27] 무거운 주제를 무겁지 않게 풀어내는 유머 감각과 조사와 서술 어미를 극도로 간략하게 처리하는 구어체 문장이

---

24 최현주, 「한국 현대 성장 소설의 시학 연구」 전남대학교 대학원 박사논문, 1999, 24쪽.
     이 글은 성장 소설을 인식적 차원과 실천적 차원의 두 갈래로 나누고 전자는 각성의 매개가 되는 조력자에 의해 상태 주체가 자아와 세계를 탐색하는 구조를, 후자는 능력 획득에 도움을 주는 조력자에 의해 행동 주체가 꿈과 사랑을 탐색하는 구조를 갖는다고 보았다. 이에 따르면 『열일곱 살의 털』은 인식적 차원의 성장 소설로 분류되고, 『완득이』는 실천적 차원의 성장 소설이라고 할 수 있다.
25 김려령, 『완득이』 창비, 2008. 앞으로 이 책에서 인용할 때는 쪽수만 쓰기로 한다.
26 소영현, 「북 쇼핑 시대의 문학, 『완득이』라는 낯선 영토」 『작가세계』 2008 가을호, 330쪽.
27 이도연, 「2000년대 성장 소설의 몇 가지 맥락들」 『문학동네』 2008 겨울호, 267쪽.

대중적 성공을 끌어냈다고 보고 있다. 또한 코리안 드림을 좇아 온 외국인 이주 노동자와 국제결혼 여성들이 한국 사회의 구성원으로 편입됨으로써 단일민족 이데올로기의 허구성과 배타적인 자본주의 시스템을 폭로하지만, 유머러스한 짧은 문장과 요소요소에 적절히 배치된 에피소드를 통해 세상과 화해하는 과정을 유쾌하게 그렸기 때문이라는 분석도 있다.[28] 이런 요소들 때문에 '2000년대 성장 소설의 존재 양식을 전형적으로 예시하면서 2008년을 대표하는 성장 소설'이라는 찬사를 받는『완득이』는 흥미로운 작품이지만 몇 가지 우려스러운 점도 갖고 있다.

완득이는 여러모로 결핍을 안고 있는 고등학교 1학년 학생이다. 난쟁이를 아버지로 둔 그는 친한 친구도 없고 공부도 못하지만 어렸을 때 아버지가 일한 카바레에서 조직폭력배에게 싸움을 배워 싸움만큼은 누구에게도 지지 않는다. 이런 완득이에게 '똥주'라 불리는 담임은 특별한 애정을 품는다. 똥주는 권위적이고 위압적인 교사와는 거리가 멀다. 학생들에게 수시로 욕을 하고, 기초생활보장 수급자 배식을 받는 완득이의 밥을 뺏어 먹기 일쑤다. 그는 완득이가 가진 상처를 숨기거나 감싸는 대신 적나라하게 드러내어 완득이를 불편하게 만든다. 완득이는 이런 똥주 때문에 '자신이 왜 숨어 있어야 하는지도 모른 채'(233쪽) 납작하게 숨어 지내던 세계로부터 서서히 깨어나게 된다. 물론 자신과의 대면은 고통스럽기만 하다. 그래서 완득이는 동네 교회에 나가 하나님께 똥주를 죽여 달라고 기도한다. 그 교회는 똥주가 외국인 노동자의 쉼터를 만들기 위해 산 건물이다. 그가 이렇게 외국인 노동자를 돌보는 이유는 자신의 아버지에 대한 실망 때문이다. 그 아버지는 중소기업 사장으로 외국인 노동자를 착취하여 치부했는데,

---

28 정혜경, 앞의 글, 118쪽.

담임은 그에 맞서 집을 나와 완득이네 옆집 옥탑방에 살면서 외국인 노동자를 후원하고 있다.

어느 날 완득이는 담임에게서 어머니가 베트남인으로 성남의 한 식당에서 일하고 있다는 얘기를 듣는다. 브로커의 농간으로 아버지가 장애인인 걸 모르고 결혼했다가 완득이를 낳은 후 집을 나갔다는 것이다. 단순히 집을 나간 상태기 때문에 호적에도 아직 가족으로 남아 있다는 소식을 완득이는 덤덤하게 받아들인다. 이후 어머니는 도시락을 완득이 방 앞에 두고 감으로써 자식에 대한 사랑을 전하고, 완득이는 아르바이트를 한 돈으로 어머니에게 새 신발을 사 주면서 어머니에 대한 애정을 드러낸다.

완득이는 교회에서 만난 핫산의 권유로 킥복싱 체육관을 다니기 시작한다. 그는 비로소 그곳에서 싸움과 스포츠가 어떻게 다른지 배우게 된다. 둘 다 이기기 위한 것이지만 스포츠에선 정당한 규칙을 지켜야 한다는 것을 깨닫게 되는 것이다. 이는 완득이가 자신만의 세계에서 벗어나 사람들 사이의 규칙을 배우고 밖으로 나갈 준비를 했다는 것을 의미한다. 참여한 경기마다 케이오(KO)를 당하면서도 킥복싱 선수가 되겠다는 자신의 꿈을 버리지 않는 것은, 고통스럽더라도 꿈을 찾아가는 과정 자체가 중요하다는 것을 알았기 때문이다.

똥주는 완득이뿐 아니라, 정윤하가 청년기의 고통을 지나오는 데 중요한 역할을 한다. 정윤하는 전교 1등이지만, 어처구니없는 이유로 왕따를 당한다. 헤어진 남자 친구가 그녀를 모델로 난잡한 만화를 그린 것을 아이들이 보게 되었는데, 비난을 견디지 못한 그가 전학 가 버리자 아이들은 그녀를 희생양으로 삼는다. 행실이 바르지 못했다느니, 술집을 다니거나 원조 교제를 할지 모른다는 치명적인 소문에도 그녀가 견딜 수 있었던 것은 똥주 덕분이다. 그가 "굳이 설명하지 않아도 가만히 버티면 풀릴 오해는 풀린다. 오해를 안고 떠나면 남은 애들한테는 죽을 때까지 그런 애로 기억된다."(94쪽)라며 윤하를 다독였기 때문이었다.

똥주의 구원의 손길은 학생들에게만 머물지 않는다. 그는 완득이의 아버지를 위해 교회 건물에 댄스 교습소를 차려 주기도 한다. 오래된 작은 차를 가지고 마음 졸이며 전국을 돌아야 했던 아버지는 자기 제자와 함께 안정적으로 생활할 수 있게 되고, 똥주의 도움으로 만난 어머니도 가족으로 합류하게 된다.

자신을 숨김으로써 사회의 힘과 권위를 수동적으로 거부하던 완득이는 주위 사람들과 똥주의 도움으로 이를 극복하고 세상과 화해하게 된다. '대단한 거 하나 없는' 인생을 '대충 살면 되는 줄 알았던' 완득이는 '평범하지만 단단하고 꽉 찬' 하루하루를 보내 '근사한 인생'을 살겠다고 다짐한다.

그런데 이런 완득이의 성숙은 실제의 현실에서 이뤄진 것이 아니어서 문제이다. 완득이를 둘러싼 환경은 열악하고 더할 나위 없이 비참하지만, 이 때문에 그가 아파하거나 갈등을 일으키지 않는다. 완득이는 난쟁이인 아버지를 창피해하거나 미워한 적 없으며, 킥복싱을 못마땅해하던 아버지는 너무 쉽게 서로의 몸이 원하는 것을 긍정하자고 말한다. 어렸을 적에 자기를 놔두고 가출해 버린 베트남인 어머니와 완득이는 큰소리 한 번 내지 않은 채 쉽게 화해하고, 어머니는 아버지가 좋아하는 음식을 기억하고 해 줌으로써 아직도 애정을 품고 있음을 드러낸다. 사기당해 결혼한 제3국 여성의 뼈아픈 고통과 좌절은 모성애 이데올로기로 대체되고, 완득이를 둘러싼 환경은 냉혹하지만, 완득이에게 커다란 영향력을 끼치지 못한다. 혼혈인과 장애인, 이주 노동자나 다문화 가족이 소재 차원에서 배경으로 등장할 뿐, 주인공이 자아를 정립해 가는 과정과 긴밀하게 연결되지 않는 점은 『완득이』가 가지고 있는 가장 큰 문제라 할 수 있다. 완득이가 겪는 문제들은 자신의 노력이 아니라 조력자에 의해 해결되고 갈등다운 갈등이 드러나지 않음으로써 주인공의 성숙은 큰 의미가 없다.

다문화 가정의 현실적인 고통을 대면하지 못한 채 주변의 사랑과 배려 속에서 쉽사리 자신의 길을 찾아가는 완득이는 '훼손되지 않은 세계' 속에 있는 동화적 인물이다. 모든 문제가 쉽게 해결되는 좋은 세계만을 보여 줄 때 청소년들은 소설에서 현실을 인식할 힘을 얻지 못하고 자신을 찾는 데서도 아무런 도움을 받을 수 없을 것이다.

청소년이 쓰는 말들을 그대로 재현하는 문체는 『완득이』의 특징이라 할 수 있다. 그런데 이런 문장은 독자에게 친근감과 재미를 준다는 점에서는 긍정적이지만 "디져뿐다, 꼴리는 대로"(37쪽) 등의 상투적인 비속어가 남발되어 현실을 단순화하고 그에 대한 이성적인 대응을 가로막는다는 점에서는 문제가 된다. 현실의 총체성과 삶의 복잡성을 제대로 담자면 진지한 언어의 구사가 필요하다.

3. 결론

이 글은 최근의 청소년 소설을 대상으로 갈등의 전개 과정에 초점을 맞추어 인물과 주제의 형상화뿐만 아니라 더 나아가서 작품의 구조를 분석함으로써 청소년 소설의 문학적 성격과 문제점을 살펴보았다.

세 편의 소설을 살펴본 결과 청소년 소설의 현주소를 확인할 수 있었다. 성인 화자가 청소년 시절을 회고하여 쓴 성장소설들과 달리 이들은 현재 청소년이 직면한 고민과 갈등을 담음으로써 청소년의 감수성과 일치하려는 노력을 보인다. 이들은 공통으로 청소년이 관심 두는 주제를 택해 그들의 어법으로 다가가고 있다. 성형수술을 위해 아르바이트를 하고, 대의보다는 눈앞에 닥친 대입 시험에 굴복하며, 어머니와의 극적인 만남에서도 아랫도리를 주체할 수 없는 요즘의 청소년이 그대로 등장한다. 가출이나 외모, 진로 등 소재적 측면뿐 아니라 추상적이거나 관념적인 묘사 대신 한두 줄 이내의 짧은 문장을 사용하거나 스토리 전개를 빠르게 진행함으로써 가독성을 높이고, 어둡고 무거운 주제를 유머에 섞어 가볍게 풀어내는 것도 청소년들의 기호에 맞는다고 할 수 있겠다.

그러나 독자인 청소년을 지나치게 의식한 결과 여러 문제점을 보인다. 첫째, 청소년의 연령, 특성, 성향 등 발달 단계에 맞게 문장을 구사해야 한다는 점을 그들의 어법에서 나타나는 문제점—비속어, 문법에 어긋나는 문장, 문학적인 비유를 동반하지 못한 직설적인 표현 등을 그대로 수용하는 것과 혼동하는 일이 잦다. 청소년의 어법을 고수한 문장은 상투적이고 단순해지기 마련이며 그렇게 되면 인생의 복잡성과 깊이를 제대로 형상화할 수 없게 된다. 위에서 거론한 작품들이 현실을 깊이 있게 그려 내지 못한 점은 문체와도 관련이 깊다고 할 수 있다. 말에 대한 감각과 문학적 감수성을 키우는 것은 문학의 중요한 역할 중 하나로, 독자의 인식을 넓혀 주고 생각하게 만드는 문장을 구사할 필요가 있다. 작품의 리얼리티를 위해서라면 청소년의 말투를 그대로 쓰는 것보다 현실의 관계망을 얼마나 전형적으로 제시하느냐에 성패가 달려 있다는 점을 유념해야 할 것이다.

둘째, 주제의 직접적인 노출을 들 수 있다. 상상력의 세련과 고양은 문학 교육의 지향점이라 할 수 있는데, 등장인물이 나서서 주제를 드러내게 되면 독자가 소설 속에 능동적으로 참여할 수 있는 여지가 줄어들게 된다. 『완득이』의 경우 담임인 똥주라는 인물의 역할과 완득이가 추구하는 것이 무엇인지가 마지막 부분에서 자세히 설명되었으며, 『열일곱 살의 털』은 "두발 규제가 학생들은 육체와 정신이 성숙하지 않아 어른들에게 통제받아야 하는 존재라는 것을 알려 주는 상징적인 행위이듯이 나는 두발 규제를 폐지해 학생들도 스스로 생각하고 판단할 수 있으며 행동한다는 것을 보여 주고 싶었다."(157쪽)고 주인공의 입을 빌어 말하고 있다. 또한 주인공의 성장을 이끄는 아버지의 주장이 빈번하게 나타나 이 작품의 문학적인 성취에 방해 요소로 작용하고 있다. 청소년 소설의 독자를 생각하면 도덕적인 성격을 갖는 것이 이상한 일이 아니다. 그러나 이런 요소가 예술적인 형상화를 통해 자연스럽게 드러나야 한다는 점은 독자층과 관계없이 모든 문학에 공통으로 적용되는 요구이다.

셋째, 생동하는 삶 대신 비현실적인 세계를 보여 준다. 우리 사회의 현실을 생생하게 그림으로써 현실을 조망하고 그 안에서 파편화된 개인의 의미를 인식하게 만드는 소설의 역할에 충실하지 못한 점은 청소년 소설을 흥미로운 책 이상의 평가를 얻지 못하게 한 결정적인 이유가 된다. 『직녀의 일기장』에서는 현실의 문제들이 나타나기는 하지만 배경에 머물 뿐 성장의 계기로 작용하지 못하며, 『완득이』에서는 난쟁이인 아버지와 동남아인 어머니 사이에서 태어난 주인공이 겪어야 할 정체성의 혼란과 이를 극복하는 과정이 구체적으로 다뤄지지 않은 대신 정의로운 어른의 도움으로 모든 것이 해결되고 만다.

결론적으로 세 편의 소설은 현실의 문제를 끈질기게 탐색하지 못한 탓으로 청소년기에 만나게 되는 고민과 갈등, 혼돈 등이 제대로 형상화되지

청소년 소설 즐겁게 읽기

않았고 이에 따라 주인공이 이를 해결함으로써 성숙하는 과정을 담을 수 없었다. 그러나 청소년을 문학의 장으로 이끌 만큼 충분히 매력적이라는 점에는 누구나 동의할 것이다.

청소년 소설의 이별 모티프

1. 들어가며

우리 학교 도서관 도서 대출 순위에서부터 이야기를 시작하고자 한다. 우리나라 청소년의 독서 현실과 일치하지는 않겠지만, 그들의 최근 독서 경향을 살펴보는 데 도움이 되리라 생각한다.

올해 두드러진 변화로는 과거에 앞 순위를 차지하던 『해리포터』, 『묵향』, 『식객』 같은 판타지 소설이나 무협지, 만화의 인기가 한풀 꺾였다는 점을 들 수 있다. 학생들의 취향이 다른 쪽으로 변했다기보다는 이들 책이 출간된 지 꽤 오래되어 이미 읽을 사람은 다 읽었기 때문으로 풀이된다. 높아진 독자들의 눈을 사로잡을 만큼의 매력적인 작품이 계속해서 등장하지 않은 것이 주요인일 것이다. 반면 베르나르 베르베르의 인기는 여전해서 『개미』, 『신』, 『타나토노트』, 『천사들의 제국』 등이 20위 권 안에 들어 있었다. 흥미로운 것은 그동안 한두 권 정도 차지했던 우리의 청소년 소설이 상위권에 여러 권 포진해 있다는 점이다. 『완득이』, 『위저드 베이커리』, 『우아한 거짓말』, 『우리들의 스캔들』, 『내 심장을 쏴라』 등이 그것이다. 덩달아 학생들의 화제에서 이들 책이 거론되는 경우도 많아졌다. 자신과 똑같이 진로, 친구나 가족 관계 때문에 고민하고, 성장통을 앓는 등장인물에 동질 감을 느끼기 때문일 것이다.

청소년 소설이 나타난 초창기에는 소재의 금기를 깨뜨리며 새로운 영역을 개척하는 것에 환호했는데, 최근 1, 2년 사이 같은 주제를 다룬 소설 목록을 제공할 수 있을 만큼 작품이 늘어난 것을 보면 안정기에 접어들었다고 평가해도 무방할 듯하다. 그에 따라 다양한 의견들이 충돌하기도 하고, 때론 합일하기도 하면서 청소년 소설의 발전을 견인하고 있다. 청소년을 위무하고 흥미를 끄는 것에 가치를 두어야 한다는 주장이 있는가 하면, 교육과 성장에 목표를 두어야 한다는 견해도 만만찮은 세를 이루고 있다. 이두 개가 상충하는 것이 아니므로 가장 바람직한 모델은 청소년의 흥미와 관심을 끌면서 자기 성찰 및 자아 형성을 가능하게 하는 소설이다. 그런데 요즘 쏟아져 나오는 몇몇 청소년 소설을 보면 특이한 인물이나 사건을 나열하는 데 그치고 마는 등 독자의 흥미를 끌기만 하면 된다는 식이어서 안타깝다.

청소년 독자의 공감을 사려면 지금 여기 청소년의 생활과 밀착한 소재를 택하고, 그들의 어법과 의식을 폭넓게 그려야 한다. 그렇다고 그들의 언어와 사고를 날것 그대로 담으라는 얘기는 아니다. 그렇게 하면 현장감을 살린다는 긍정적인 면이 있긴 하지만 풍부하고 다양한 어휘를 접할 기회를 놓치게 만드는 문제가 있다. 빈약한 어휘로는 삶의 복잡성과 깊이를 제대로 담을 수 없다. 물론 청소년 독자에게 일회적인 즐거움과 일시적인 해방감을 주는 것도 필요하다. 하지만 이런 효과가 자신의 세계를 확장할 수 있는 기쁨, 세상을 새롭고 낯설게 보게 되는 깨달음과 이어지지 않는다면 금방 잊히고 말 것이다. 청소년 독자와의 소통은 인간 본연의 갈등과 고민을 깊이 있게 그려야 이루어진다는 점을 강조하고 싶다.

인간사는 태어나서 밥 먹고 잠자고 사랑하다 죽는 것으로 압축해 볼 수 있다. 소설가들은 이 다섯 가지를 재료로 삼아 소설을 주조한다. 그중 동서고금을 막론하고 가장 많이 다루어진 것은 사랑으로 연민과 증오, 갈등과 화해, 질투와 복수 등으로 구체화된다. 청소년 소설도 예외는 아니다. 인간 본연의 감정인 사랑은 어린아이에서부터 노인까지 다 느끼는 것으로 사춘기에 접어들어 그 꽃을 피우기 시작하기 때문이다.

그런데 청소년 소설에 나타난 사랑은 성인 문학의 그것과는 양상이 다르다. 사랑으로 겪는 괴로움이나 시련보다는 『호기심』, 『깨지기 쉬운, 깨지지 않을』, 『나의 그녀』에서 보듯 이제 막 사랑을 시작하는 설레는 순간이나 성에 대한 호기심에 주로 초점을 맞추고 있다. 사랑과 이별의 아픔 등 뜨거운 연애의 과정이 나타난 소설을 거의 찾아볼 수 없다. 있다 하더라도 임신과 출산 문제를 거론하기 위한 전 단계 정도로만 나타난다. 이렇게 사랑이 본격적으로 다뤄지지 않은 것은 청소년 시기가 사랑과 성에 눈뜨기 시작하는 단계이기도 하지만, 우리 청소년이 온전히 사랑하고 갈등을 겪을 여건을 갖추지 못했기 때문이다. 그들 삶의 중심에는 공부와 입시가 놓여 있다. 사랑과 이별을 주제로 다룬 작품으로는 『첫사랑』(이금이, 푸른책들, 2009) 정도를 찾을 수 있는데, 주인공이 초등학생으로 설정된 이유를 짐작하기는 어렵지 않다. 중학생만 되더라도 입시 준비에서 자유롭지 못하기 때문이다.

청소년의 사랑과 이별이 나타난 작품에는 「빨간 신호등」(이현, 『영두의 우연한 현실』, 사계절, 2009)과 『발차기』(이상권, 시공사, 2009), 「어떤 실연」(이현, 위의 책), 「봉숭아는 힘이 세다」, 「라면은 멋있다」(공선옥, 『나는 죽지 않겠다』, 창비, 2010),『오 나의 남자들』(이현, 문학동네, 2011)이 있다. 이들의 공통점은 사랑과 이별이 서사의 중심이 아니라 잠깐 에피소드로만 등장한다는 것이다. 그러나 이들 모티프의 의미는 결코 가볍지 않다. 청소년의 진솔한 삶을 엿볼 수 있기 때문이다. 따라서 청소년 소설의 이별 모티프를 탐구하는 작업은 청소년 소설의 면모와 함께 우리 청소년의 현실을 살펴볼 수 있다는 점에서 의의가 있다.

2. 공부에 사로잡힌 청소년들

보통의 청소년에게 가장 중요한 관심사는 공부와 진로다. 대학 진학을 목표로 하지 않는 특성화고 학생들에게도 진로를 위한 공부는 역시 중요한 과제다. 공부로 말미암은 학생들의 스트레스는 상상을 초월하며, 성적에 따른 차별과 위계가 그들을 옥죄고 있는 것이 현실이다. 성적으로 반이 결정되는가 하면, 성적에 따라 기숙사 선발이나 장학금 혜택을 받는다. 그뿐인가? 학력과 학벌은 평생을 따라다니는 꼬리표가 될 정도로 막대한 영향력을 행사한다. 그렇기에 공부는 어린 연인들을 헤어지게 만드는 가장 두꺼운 장벽이 된다. 공부를 위해서라면 청소년기의 사랑은 유보되어야 한다는 생각이 당연하게 받아들여지고 있다. 청소년 소설은 이 문제를 어떻게 다루고 있을까?

「어떤 실연」은 적극적이고 활달한 친구에 가려 호감을 느끼는 이성에게 한마디도 하지 못하는 내성적인 여학생의 심리를 섬세하게 그리고 있다. 그런데 여기에서 전경화된 것은 자신의 마음을 숨기는 주인공 '나'의 '새침 떨기'가 아니라, 주인공의 친구인 유라의 사랑과 이별이다.

고등학교 2학년인 유라는 남자친구와 헤어지고 시름에 젖는다. 그런데 '나'는 이들 둘이 헤어지는 것을 당연하다고 생각한다. 서울대에 갈 남학생과 그저 그런 외모에다 4년제 대학에 겨우 들어갈 정도인 친구가 사귀는 것은 어울리지 않는다고 생각하기 때문이다.

물론 진실은 따로 있다. 서울대 수시를 노리는 전상진이 고3이 되어서도 유라랑 노닥거릴 리가 없다. 재색 겸비의 기적을 실천하는 전상진이, 그저 그런 외모에다 4년제 대학에 턱걸이할 게 뻔한 황유라와 진지하게 갈 리가 없다. 애초에 결말이 정해진 연애였다. (13~14쪽)

'나'는 중학교부터 가장 친한 친구였던 유라를 성적과 외모로만 판단하고 있다. 서울대에 갈 전상진이 외모도 보통이고 성적도 별로인 친구와 진지하게 사귈 수 없다고 생각한다. 유라의 장점이나 인성은 전혀 고려되지 않는다. 성적과 외모에 따른 '성적 지위'와 외모 지상주의가 내면화된 인식은 당사자인 유라에게서도 확인할 수 있다. 유라는 '전교가 떠들썩했던 스캔들'을 벌였는데도 실연을 쉽게 받아들인다.

"하긴, 세상은 넓고 남자는 많아. 세진고는 좁아도 남자는 꽤 되지."
그러더니 유라는 이번에도, 지하철역 물품 보관함에 책가방을 집어넣은 것처럼 홀가분한 얼굴로 돌변해서 말했다.
"야, 매점에나 가자. 가슴이 허하면 위장부터 달래는 게 최고야. (중략) 실연에는 쓴 소주 정도는 마셔 줘야겠지만 우리 신세가 어디 그러냐. 그냥 계란 샌드위치랑 커피 우유 하나만 사 줘라." (14~15쪽)

유라는 몇 개의 간식을 먹으며 '물품 보관함에 책가방을 집어넣은 것'처럼 실연을 정리한다. 겉으로만 그런 척한 것이 아니라 실제로도 그녀의 애정은 초등학교 때부터 알고 지냈던 다른 남학생에게로 금세 옮겨 간다. 유라가 남자친구에게 차이고도 괴로움을 겪지 않은 것은 애초부터 전상진을 자신과 어울리는 연인으로 여기지 않았기 때문이다. 등장인물들은 모두 이처럼 성적에 따라 사람을 평가하는 태도를 당연하게 여긴다.

공부를 잘하는 학생과 잘하지 못하는 학생의 서열화, 계층화 현상이 특성화 고등학교에서 더욱 극렬해지는 현상은 같은 작가의 『오 나의 남자들』에서도 볼 수 있다. 이 소설은 특성화고인 조리 고등학교 학생이 자신의 목표를 이루기 위해 노력하고, 성장하는 과정을 담고 있다. 한 분야의 전문가가 되기 위한 학생들의 열정과 노력 그리고 연대감이 상큼한 문장에 잘 드러나 재미를 준다. 그러나 특성화 고등학교는 공부를 못하는 학생들이 가는 곳이라는 편견을 강화하고 있다. 공부를 잘하는 학생에 대한 과도한 선망이 노골적으로 드러나기 때문이다.

'삼 년 내리 전교 1등이고 서울대 법대는 물론이고 한술 더 떠서 아이비리그 진입까지 꿈꾸고 있는' 선우완이 특성화 고등학생인 금영을 좋아한다는 것을 알자, 금영의 친구는 "너 아무래도 전생에 나라를 구한 모양이다." 라고 놀라워한다.

> 나를 둘러싼 모든 여자애들이 나금영의 놀라운 행운에 대해 감탄해 마지않았다.
> 내가 모르는 애들도 뒤에서 더러 부러움 섞인 눈길을 보내고 있는지도 몰랐다.
>
> (132쪽)

친구는 물론이고 금영 자신도 '전생에 유관순이었는지 모르겠다. 아니, 혹시 나라를 구한 공주는 없나?'라고 생각할 정도로 감읍한다. 공부를 잘하는 학생을 영웅시하고, 못하는 학생을 비하하는 차별 의식은 열등감으로 나타난다. 금영은 선우완이 자신이 들어 보지 못한 『앵무새 죽이기』를 읽고, 노래방에서 대중가요 대신 팝송을 불렀다는 이유로 이별을 고한다. 자신과는 잘 맞지 않다는 것이다.

> 이제 마음껏 자판기 커피를 마셔도 되고, 카디건 없이 에어컨 바람에 시달리다가 감기에 걸릴 수도 있고, 영어 정복의 야망 따위 가지지 않아도 좋다. 아, 그렇다. 앵무새에 관한 책을 몰라서 무식한 기분을 느끼지 않아도 좋다. 두 번 다시 노래방에서 팝송을 듣지 않아도 좋다. (147쪽)

금영과 선우완, 유라와 전상진의 관계를 좌우하는 것은 학벌이다. 명문대 갈 학생인 전상진과 선우완, 그리고 그저 그런 대학에 갈 유라와 금영은 다른 존재로 여겨진다. 과거에 신분이 다른 사람들이 결혼할 수 없었던 것처럼, 성적 차이가 크게 나는 남녀가 만나는 것은 어울리지 않는다고 생각한다. 그런데 이들 소설에서 이런 비인간적인 처사에 비판적인 인물을 만나볼 수 없다. 작가도, 등장인물도 현실을 그대로 수용할 뿐이다. 청소년의 세계에 드리운 성적과 공부라는 장벽을 있는 그대로 그리는 것은 흠이 아니다. 그런데 작가가 학교 성적에 최고의 가치를 두는 현실을 비판적으로 성찰하지 못하여 '지금 이렇게 사는 것이 올바른 것인가?'라는 의문을 품는 대신에 '맞아, 그래 이게 현실인걸 뭐.' 하는 씁쓸한 긍정으로 이끈다.

공부란 모든 것에 의문을 품고 스스로 답을 찾는 과정이다. 공부의 본래

　　　　　　　　　　　　　　　청소년 소설 즐겁게 읽기

의미를 생각해 보면, 공부를 잘한다는 것이 우수한 성적표나 명문대에 입학하는 것을 이르는 것이 아니라는 것을 알 수 있다. 문제투성이인 현실에 아무런 질문을 하지 않고 단지 현실을 추수하기만 한다면 문학의 자리는 좁아질 수밖에 없다.

「힘센 봉숭아」(공선옥, 『나는 죽지 않겠다』, 창비, 2009)에도 공부 때문에 헤어지는 장면이 나오는데 이 작품에서의 이별 양상 역시 앞의 작품들과 같다.

> 겨울방학이 끝나갈 무렵, 연주가 헤어지자고 했다. 나는 깜짝 놀랐다.
>
> "우리 대학 가서 만나."
>
> 말하자면 대학 가서 사귀자는 말이다. 연주는 나 때문에 공부에 지장이 생긴다고 했다. 나는 그 반대인데 말이다. 그러나 자기 입장만 생각해서는 안 된다는 것쯤은 나도 아는 사람이다. 나는 통 크게 그러자고 했다. 그러나, 나는 맘을 못 잡고 방황을 했다. 방황의 와중에 연주와 자주 갔던 라면집에 들렀다. 그날따라 라면집 창문에 알바를 구한다는 공지가 붙어 있었다.
>
> "이참에 몸이라도 쎄게 굴려버려?"
>
> 연주를 잊기 위한 방법으로 알바를 하는 것도 괜찮을 것 같았다. (95쪽)

연주가 공부에 지장이 된다는 이유로 헤어지자고 통보하자, 민수는 아무 말도 하지 못하고 받아들인다. 이렇게 공부는 모든 것에 우선하는 가치이다. 「힘센 봉숭아」는 공부가 결별의 이유가 될 때 무력하게 받아들여야 하는 학생의 처지를 몇 줄로 드러낸다. 서사의 중심은 곧바로 주인공이 아르바이트하면서 겪는 애환으로 넘어가는데, 이런 서술 방식에서 청소년기에서 가장 중요한 것은 공부라는 것, 공부이기 때문에 연애는 언제든 자리를 내주어야 한다는 것을 확인할 수 있다. 사랑과 이별이 청소년의 영혼에 깊숙이 파고들지 못하고 한갓 에피소드에 머물고 만 것은 청소년기에 가장 중요한 것은 공부라고 누구나 생각하기 때문이다.

공부 때문에 이별을 겪고 난 아이들의 심정은 그리 어둡지 않다. 처음부터 석차나 학력 차이는 극복하지 못한다는 것을 알고 있기 때문이다. 이로써 공부가 무엇보다 중요한 우리 청소년의 현실을 다시 한번 확인해 볼 수 있지만, 공부에 대한 접근이 기존의 생각에서 한 치도 벗어나지 못하고 있는 점은 아쉽다. 다들 공부해야 한다는 이유로, 그보다 중요한 가치를 지닐 수도 있는 다른 것들을 너무 쉽게 단념하고 포기해 버린다. 과연 인생에서 중요한 것이 무엇인가, 공부란 무엇이고, 공부를 왜 해야 하는가, 대학이란 무엇인가 하는 고민이나 성찰이 드러났다면 입시 공부에 매몰된 청소년들이 자신을 돌아볼 계기로 작용할 수 있지 않았을까?

3. 돈의 위력에서 벗어날 수 없는 청소년들

공부 다음으로 어린 연인을 헤어지게 만드는 것은 돈이다. 성인과 마찬가지로 청소년도 돈의 위력에서 벗어나지 못한다. 돈은 낭만에 젖어 있어야 할 어린 연인의 연애에도 깊숙이 끼어든다. 성인 연인처럼 생일이나 기념일을 챙겨야 하고 데이트도 해야 하므로 들어가는 돈이 만만찮다. 따라서 경제 활동을 하지 않는 청소년들이 사귀게 되면 돈에 급급하게 되고, 빈곤층 아이들의 경우 더욱 곤란하게 된다.

「라면은 멋있다」는 빈곤이 청소년의 삶을 어떻게 관통하는지를 정면으로 보여 준다. 민수의 부모가 같이 하던 치킨 가게가 망한 다음 아버지는 노점상을 하고, 어머니는 식당에서 일을 한다. 민수네는 지하방에 살다가 다세대주택 2층으로 옮긴 지 얼마 되지 않았다. 더군다나 누나가 대학에 합격해서 학비를 마련해야 하므로 독서실 비용을 줄 수 없을 정도로 힘들다. 누나가 아르바이트한 돈으로 민수는 겨우 독서실에 다니고 있다. 그래서 민수는 진희로부터 결별을 통고받는다.

> 진희는 내가 꼰대 같아서 '재섭다(재수 없다)'고 말하고 가버렸다. 그러나 나는 안다. 진희가 나를 떠난 이유를. 그것은 내가 가난한 집 애이기 때문이다. 저를 위해 쓸 수 있는 돈이 내게 없기 때문이다. 그 애는 제 생일인데도 내가 선물을 사주지 않았다고 잔뜩 삐졌던 것이다. 그래서 나는 결심했다. 여자애들 사귈 때는 절대로 솔직해서는 안 된다고. 나는 나를 철저히 위장해야 한다. 위장하지 않으면 여자애들은 진희처럼 '재섭써.' 한마디 남기고 떠나버릴 거니까. 나는 진희를 미워하지 않는다. 가난한 집 애들 싫어하는 건 진희 취향일 테니까. (73쪽)

겉으로는 '꼰대 같아서'라고 했지만 실상 진희는 자신을 위해 돈을 써 주지 않아서 헤어지자고 했다. 민수는 가정 형편 때문에 차인 것이다. 그런데 민수는 이에 대해 큰 불만을 품지 않는다. '가난한 집 애들 싫어하는 건 진희 취향일 테니까'라며 받아들인다. 그렇다고 마음이 평온한 것은 아니다. '하루에도 몇 번씩 열이 뻗쳐올라서 죄 없는 머리카락을 우두둑 쥐어뜯는다.' 진희에 대한 분노도 없고, 가난해서 여자와 헤어지게 만든 부모나 돈만 중시하는 사회에 원망도 하지 않은 채 자책할 뿐이다. 가난에 압도당하지도, 주눅 들지도 않고 힘차게 살아간다. 씩씩하고 건강한 소설이라는 평가가 나오는 것은 이 때문이다. 하지만 과연 민수가 가난과 억압을 이겨 내는 건강한 인물인가에 대해서 생각해 볼 필요가 있다.

빈곤은 보통 희망과 꿈을 좌절시키고 자잘한 행복조차 허용하지 않는 다. 가정 형편을 이유로 연인으로부터 결별을 통고받으면 보통의 경우 상 처를 입고 혼란을 겪기 마련이다. 그런데 민수는 자신의 환경에 대해 반발 하거나 회의하지 않고 고통을 겪지도 않는다. 돈이 없으니 아르바이트를 해야겠다고 생각할 뿐이다. 민수뿐 아니라 이 소설의 등장인물들은 한결 같이 착하다. 누나는 장례식장 식당에서 일한 돈으로 동생의 독서실비를 대고, 동생은 누나를 위해 편의점에서 아르바이트를 한다. 진희와 헤어진 후 만난 연주 역시 요즘 보기 드문 아이이다. 오래 입어서 보푸라기가 일 어난 옷을 아무렇지도 않게 입고, 늘 라면만 사 주고 돈이 없어 걷자고 하 는 민수를 멋있다고 말해 줄 정도로 속이 깊다. 민수가 아르바이트한 돈으 로 외투를 사 주려 하자 그 마음만 받겠다며 사양한다.

민수나 연희는 애늙은이들이다. 현실의 부조리한 삶에 불만도 품고 좌 절도 하고 저항할 법도 하건만 이들은 현실을 그대로 받아들인다. 박정애 의 말처럼 '지옥에 사는 천국의 아이들'(창비어린이, 2009 여름)이다. 이별 의 아픔도 가난의 황폐함도 이들을 절망시키지 못한다.

물신 풍조가 만연한 사회 현실을 온몸으로 겪으면서도 방황과 일탈에 빠지지 않는 청소년을 보여 주는 것은 큰 의미가 있다. 그러나 현실과 동 떨어진 채 지나치게 이상화된 인물이어서는 곤란하다. 즉, 주인공이 당면 한 문제들에 대응해 가면서 삶의 주체로 서는 과정 없이, 현실에 순응하기 만 하면 설득력을 얻지 못하고 만다. 공선옥 작가 특유의 넉넉한 품이 어 려운 사람들의 처지를 따스함으로 감싼 것은 이해 못할 바 아니지만, 청소년의 현실을 사회적인 차원에서 탐색하지 않은 채 가족의 결속이나 개인의 착한 성격으로 이겨 내도록 한 점을 감안하면 주인공을 건강한 인물이라고 한 평가에 선뜻 동의하기 힘들다.

「라면은 멋있다」에서 가난이 원인으로 작용한 결별이 주인공의 삶에 별다른 영향을 미치지 않은 데 비해, 이금이의 『첫사랑』에서는 성장의 계기가 된다. 주인공 동재는 사랑과 이별의 과정을 거치면서 올바른 성 역할을 배우고 어떻게 살아야 하는지도 깨닫는다.

어느 사회에서나 돈의 영향력이 미치지 않은 곳이 없지만, 순수한 동심에 젖어 있어야 할 어린이들의 삶에도 돈이 지대한 영향을 끼치고 있다. 이제 막 사춘기에 접어든 초등학교 6학년의 사랑과 이별을 다룬 『첫사랑』에서 동재와 연아가 만나는 데 가장 큰 장애는 돈이다. 동재는 어렵사리 커플이 된 연아와의 데이트 자금을 마련하기 위해 쩔쩔맨다. 100일 기념, 생일, 발표회 때 선물을 해야 하고, 커플링도 마련해야 한다. 친구와 동생에게 돈을 빌리고, 집안일을 해서 용돈을 더 받기도 하지만 그것만으론 어림없다. 연인 사이에서 데이트 비용은 모두 남자가 부담해야 한다는 통념에서 이들도 자유롭지 않다. 그래서 동재의 어깨는 더욱 무겁기만 하다. 결국 돈이 떨어져 저녁값을 내지 못한 동재는 연아로부터 결별을 당한다. 연아가 동재에게 실망한 것은 돈이 아니라, 돈이 없었다는 사실을 솔직하게 말하지 않았기 때문이라고 밝혀지지만, 돈이 이들 관계의 중심에 서 있다는 것에는 변함이 없다.

『첫사랑』은 주인공뿐만 아니라 성인의 사랑도 다루고 있다. 중년인 엄마와 아빠의 이혼과 재혼 그리고 옆집 할머니의 사랑이 그것이다. 이들은 각기 나이는 다르지만, 사랑과 이별 그리고 새로운 만남의 과정에서 성장해 간다. 그리고 이들의 사랑은 주인공이 자신의 정체성을 형성하는 데 크게 영향을 미친다. 청소년 소설이 아닌데도 이 작품을 논의의 대상으로 끌어들인 이유는 사랑과 이별을 성장의 중요한 계기로 삼고 있기 때문이다.

이 소설은 돈의 위력이 강력하게 작용하는 현실을 직시하면서 그와 더불어 건강한 인간관계를 맺는 법을 모색하고 있어 읽을 만하다. 또한 "앞으로 살면서 넌 많은 사랑을 하게 될 거야. 그때마다 온갖 감정들을 경험하겠지. 아빠는 우리 아들이, 그 사랑들을 만날 때마다 최선을 다했으면 좋겠다. 그리고 그 사랑이 널 성장시켜 준다면 그 사랑은 어떻게 끝나든 해피엔딩이라는 걸 잊지 마라."(266쪽)라는 말에서 보듯 어른은 아이의 고통을 나서서 해결해 주지 않고 스스로 감내하게 한다. 어린아이를 화자로 내세움으로써 독자와 눈을 맞춰 그들과 소통하면서도, 엄마와 아빠의 조언을 적절하게 끌어들임으로써 경험 많은 어른이 인생을 지혜롭게 안내하도록 하고 있다.

가난 때문에 연인이 헤어지는 것은 소설의 오랜 소재여서 「라면은 멋있다」, 『첫사랑』의 이별은 하등 새로울 것이 없다. 그 주체가 청소년과 어린이라는 점이 다르다면 다르다. 돈의 영향력이 더욱 커지고, 순수와 낭만의 영역이 점점 좁아지고 있다는 점을 두 작품에서 확인할 수 있다. 그런데 중산층의 자녀인 동재와 달리 민수는 불평등한 현실의 모순적인 측면을 잘 드러낼 수 있는 인물인데도 현실에 대한 비판적인 태도를 살리지 못한 점은 아쉬움으로 남는다.

청소년 소설 즐겁게 읽기

4. 남성 중심주의의 폐해와 상처

　남성과 여성은 생물학적으로 차이를 지닌다. 이런 차이는 남성은 능동적이고 적극적, 충동적이며, 여성은 수동적이며 소극적이고 이성적이라는 편견을 고착하는 근거가 된다. 여기에 유교적 전통이 덧입혀지면서 우리나라의 경우 오랫동안 여성은 자신의 욕구를 억압하도록 요구받아 왔다. 차츰 바뀌고 있기는 하지만 아직도 성적 욕구를 드러내지 않는 것이 여성의 미덕인 것처럼 생각하는 사람이 많다. 그렇다 보니 여성들은 겉으로는 싫은 척하는 내숭을 떨어야 여성스럽고, 남성들은 여성의 의사를 무시하는 것이 남자답다고 생각하게 되었다.

　「빨간 신호등」은 남녀가 서로 다르게 생각하고 어긋나는 측면에 초점을 맞추고 있다. 고등학교 1학년인 종원이는 여자 친구인 시연이가 갑자기 자신을 만나 주지 않자 이해할 수가 없다. 더 나아가 자신을 스토커로 몰자 황당하기까지 하다. 시연이 엄마가 찾아와서 자초지종을 말한 후에야 종원은 자기 잘못을 깨닫고 충격을 받는다. 친구 집에서 시연과 첫 관계를 맺을 때 시연이 반항하였는데, 종원은 이를 여자들이 흔히 하는 제스처로만 여겼다. 친구들이나 포르노 비디오에서 여자들은 대개가 겉으로는 거부하지만, 속마음은 그게 아니라고 했던 것이다.

> 마지막 순간에도 시연이는 몸을 틀었지만 그것도 잠시뿐이었다. 수없이 본 야동과 우리 사이를 떠도는 성교육을 돌이켜 보건대, 그건 처음으로 섹스를 할 때 여자들의 흔한 제스처일 뿐이었다. 분명 그랬다. 그러다 좀 익숙해지면 남자보다 더 밝히는 게 여자다. 분명 그렇다고 알고 있다. 그렇게 들어 왔다. 그런데 설마, 진짜

싫었다고? 싫다는 그 말이 진심이었다고? (111쪽)

종원이는 포르노 비디오와 친구들이 전파하는 성 정보를 그대로 받아들였을 뿐인데 어느새 성폭행범이 돼 버렸다. 잘못된 성 인식이 여성뿐 아니라 남성에게도 돌이킬 수 없는 피해와 상처를 준다는 점을 이 소설은 보여준다. 이 소설이 제기하는 문제의식은 여기에 국한되지 않는다. 성폭행의 원인을 여성의 잘못으로 돌리는 성 차별적인 생각이 더 큰 문제라는 점을 종원의 아버지를 통해 드러낸다.

> "얘만 탓할 일이 아니잖아! 여자애가 그쯤 받아 주고 술까지 마시고 단둘이 집 안
> 에 그러고 있었을 때는, 저도 마음이 있었다는 얘기잖아. 한창 혈기 왕성한 사내
> 놈이 그럼, 넘어가지 안 넘어가겠어? 그래 놓고 이제 와서 당했느니 뭐니…… 이
> 게 뭐 하자는 거야!"
> (중략)
> "솔직히 우리 종원이가 댁의 딸을 패기를 했습니까, 납치를 했습니까? 안 할 말
> 로 지가 정히 싫었으면 그냥 멀쩡하게 당하고만 있었겠어요? 남자애랑 단둘이,
> 그것도 남의 빈 집에서 술까지 마시고…… 솔직히 아주머니도 이렇게 큰소리만
> 칠 입장은 아니잖아요? 이게 뭐, 남자애 혼자 조심한다고 될 일도 아니고 말이
> 지……." (105~117쪽)

적극적으로 거부 의사를 표시하지 않는 시연에게도 책임이 있다고 말하는 종원의 아버지는 강간의 책임을 여성에게 전가함으로써 남성의 책임을 호도하거나 회피하는 잘못된 사회 인식을 대변하고 있다. 얼마 전 외국

에 이어 국내에서도 여성들이 몸에 꼭 끼거나 노출이 심한 옷을 입고 '슬럿 워크(Slut Walk)' 시위를 했다. 야한 옷을 입으면 '쉬운 여자'로 생각하는 사회적 편견에 대한 여성들의 야유였다. 「빨간 신호등」은 성폭행의 피해자인 여성이 아니라 남학생의 시선으로 왜곡된 성 담론이 여성뿐 아니라 남성에게도 치명적인 피해를 준다는 점을 효과적으로 보여 주고 있다. 또한 강간의 책임을 여성에게 돌리는 잘못된 인식에도 메스를 가하고 있다. 이 소설은 왜곡된 성 의식이 아직도 끈질기게 자리 잡고 있는 우리 사회에 대한 문학의 경고장이라고 할 수 있다.

사랑하는 사이라면 깊은 관계도 괜찮다고 생각하는 학생들이 늘어나는 추세다(자세한 것은 「청소년의 성과 임신, 그 불편한 진실 드러내기」를 참고할 것). 그런데, 임신이 되었을 때 책임지는 경우는 그리 많지 않다. 사회 통념상 받아들여지기 힘들 뿐 아니라, 현실적으로 아이를 키울 여건이 안 되기 때문이다. 여성의 경우 어쩔 수 없이 미혼모가 되기도 하지만, 미혼부는 드물다. 『발차기』는 십 대가 자기의 결정대로 아기를 낳기 힘들다는 점을 구체적으로 다루면서 왜 우리 사회에 미혼부가 없는지를 탐구한다.

고등학교 1학년인 경희가 임신했다는 것을 밝히자 정수는 화를 내며 나가 버린다. 그리고 엄마를 앞세워 낙태를 강요한다. 애를 떼지 않으면 만나지 않겠다고 위협하기까지 한다.

"너 혹시 다른 마음먹고 있는 거 아니야? 다음 주까지 떼지 않으면 너하고 끝장이야. 다시는 연락하지도 않을 거야. 알아서 해! 내가 벌써 애 아빠라니, 끔찍하다! 진짜 생각만 해도 끔찍해! 너는 그런 생각도 못 하니? 끔찍하지 않니? 네가 애 엄마라니……." (116쪽)

배 속의 아이에게 점점 애정을 갖게 되는 경희와는 정반대로 정수는 낙태를 강요한다.

"진짜야. 이번에도 약속 어기면 정말 끝이야. 다시는 안 봐. 엄마도 다시는 너를 보지 않는댔어." (164쪽)

정수는 육체적으로는 성행위를 할 수 있을 만큼 충분히 성장했지만, 정신적으로는 부모의 그늘에 있는 미숙한 아이에 불과하다. 책임을 질 처지도 못 되지만, 그럴 생각 자체가 없다. 임신한 여자 친구를 배려하기는커녕 서둘러 이 상황에서 벗어나려고만 한다.

경희는 배 속의 아이를 없애려고 하다가 점차 생명의 소중함을 깨닫는다. 이 사건을 계기로 성숙과 각성에 이르게 된 것이다. 이에 비해 정수는 혼돈과 미숙에서 벗어나지 못한다. 이처럼 성숙의 정도가 다른 것이 이 둘을 결별하게 만든 결정적 이유일 것이다. 혼전에 임신하면 여성에게만 책임을 돌리는 사회적 편견도 정수의 무책임을 부추겼다.

「빨간 신호등」과 『발차기』는 잘못된 가치관 때문에 결별하게 된 연인들의 이야기이다. 「빨간 신호등」은 왜곡된 성 인식으로 말미암아 생긴 개인의 피해와 상처를, 『발차기』는 미숙한 남성, 무책임한 미혼부를 형상화하였다. 약간의 차이는 있지만, 이들의 결별에는 공통으로 남성 중심적 가치관이 큰 영향을 미치고 있다.

「빨간 신호등」은 남성 본위로 제작된 포르노와 또래에게서 얻은 잘못된 성 인식에 따른 남학생의 일그러진 사랑과 파멸을 과장하지 않고 그려 냈으며, 『발차기』는 생명의 소중함과 더불어 사랑의 본질을 생각해 보게 한다. 멋진 외모와 좋은 집안만을 우선시하는 일부 청소년에게 책임감과 배려심이 사랑에서 가장 중요한 덕목임을 드러내 보인다.

5. 나가며

우리나라 청소년의 청춘은 대학 입학 후로 유예된 상태다. 공부 외에는 다른 것을 해 볼 시간도, 여유도 없다. 기존의 교육 과정과 다른 교육을 표방하는 대안 학교나 특성화 고등학교도 정도의 차이일 뿐 이에서 크게 벗어나지 않는다.

그런 와중에도 인간 본연의 감정인 사랑의 열병을 앓는 것은 지극히 자연스럽다. 그런데 사랑의 꽃은 공부에 밀려 만개하지 못하고 쉽게 꺾여 버린다. 청소년 소설에서 사랑은 꽤 많이 다루고는 있지만 사랑을 시작하는 첫 단계인 설렘이나 성에 대한 호기심이 주를 이루는 것은 청소년기의 속성이 사랑에 눈뜨기 시작한 단계이기 때문이기도 하지만 오로지 공부만 중시하는 사회 분위기와 관계가 깊다.

사랑과 이별을 정면으로 다룬 청소년 소설은 거의 없고, 있다 하더라도 서사에서 큰 비중을 차지하지 않지만, 짧은 내용에서나마 사랑과 이별에 대한 청소년의 의식과 삶을 엿볼 수 있었다. 공부의 벽 앞에서 연인과 헤어지기도 하고, 성적 위계를 내면화한 탓에 서로 어울리지 못하기도 했다. 순수와 낭만에 젖어 있어야 할 청소년 연인들에게도 돈은 결정적인 영향력을 행사한다. 남성 중심적 가치관에 남성과 여성 모두 다 피해자가 되기도 했다.

이 작품들은 지금 청소년들의 경험과 생활을 핍진하게 보여 줌으로써 청소년 독자들에게 성과 사랑, 그리고 삶에 대한 올바른 태도를 모색하도록 이끌고 있다. 그러나 현실의 문제와 치열하게 대면하지 못해서 아쉽다. 성적으로 차별하는 사회적 통념을 그대로 답습하는 것을 넘어서 오히려 견고하게 만들고 있기조차 하다. 대학 서열 체제와 입시 위주의 교육을 비판하며 서울대를 자퇴한 유윤종, 대기업의 입맛에 맞는 상품으로 키워 내는 대학 시스템에 반기를 든 김예슬에 이어 "학교는 대학에 들어가는 기계를 만들어 내는 사육장"이라며 학교를 떠나는 고등학생이 나오고 있다. 친구나 애인 관계를 끊게 할 만큼 공부가 중요한 것인지를 따지고, 맹목적으로 입시 공부에만 매달리는 것이 어떤 의미가 있는지를 살피는 노력도 필요하다. 곤궁한 가정 형편으로 연인과 헤어진 주인공이 불균등한 부의 분배 같은 사회 구조적 문제에 대해 고민하면서 현실의 모순에 눈떠 가는 과정도 담아야 하지 않을까?

지금까지 청소년 소설의 이별 모티프에 초점을 맞춰 청소년이 사랑할 때 겪는 문제들을 살펴보았다. 용암처럼 뜨거운 열정과 에너지를 지니고 이성보다 감정이 앞서는 시기가 청소년기이다. 그런데 우리 청소년들은 맘껏 사랑할 수가 없다. 대학 입시라는 엄혹한 현실에 억눌려 있기 때문이다. 여기에서 다루지 않았지만 죽음도 불사하는 사랑을 하는 연인을 그린 『바람이 노래한다』(권하은, 창비, 2009)가 사실적으로 다가오지 않은 이유는 현실 감각에 맞지 않기 때문이다. 여기에서 다룬 소설들은 우리의 청소년이 사랑다운 사랑을 할 수 없는 여러 요건들을 다각도로 그리고 있는 점에서 의의가 있다.

청소년의 성과 임신, 그 불편한 진실 드러내기

「울 엄마 딸」 『쥐를 잡자』 『키싱 마이 라이프』 『발차기』

1. 들어가며

청소년의 성에 대한 의식과 성 행동이 급변하고 있다. 2007년 보건복지부가 발표한 「청소년 건강 행태 온라인 조사 통계」를 보면, 설문에 응답한 중·고생 8만 명 가운데 성관계 경험이 있다는 대답은 5.2%이고, 이 중 성 경험을 처음 시작한 평균 연령은 중학교 2학년 나이인 14.2세로 나타났다. 대부분의 부모는 그들이 성행위를 할 수 있는 존재라는 사실을 잊고 공부에 전념해 주기만을 바란다. 부모의 염원과는 달리 성관계를 갖는 학생의 숫자는 많아지고 첫 경험을 하는 연령은 낮아지고 있다. 사회 구조의 변화와 매스컴의 영향, 그리고 또래의 문화적 압력으로 청소년의 성 의식이 과거와 달라졌기 때문이다.

이런 현실을 반영하여 청소년 소설에서 성과 사랑에 대한 담론의 스펙트럼도 한층 넓어졌다. 이성에 대한 호기심을 다룬 작품에서부터 성폭행, 낙태, 동성애, 매춘 등 '독한' 소재들까지 청소년 소설의 범주 안으로 과감하게 들어온 것이다. 십 대의 성을 다루는 것에 대해 비도덕적인 행동을 부추긴다거나 소재주의에 머문다는 비판이 있지만, 현재 청소년이 가장 관심을 두는 성을 광장으로 끄집어내어 공감대를 넓히고, 다양한 삶의 가능성을 보여 줄 수 있다는 점에서 환영할 만하다. 그런데 청소년의 성을 주제로 삼는 것은 곤혹스러울 수밖에 없다. 그들의 성적 주체성이 조심스럽게 논의되기도 하지만 아직은 먼 나라 일로 치부되는 우리 현실에서 성적 욕망을 인정하자는 것은 공감을 얻기가 힘들며, 성관계는 절대 안 된다고 주장하는 것은 시대적 감각과 어울리지 않기 때문이다. 또 임신한 십대에게 생명의 소중함만을 외칠 수도, 낙태를 권유할 수도 없다. 자칫하면 성에 대한 교훈주의로 전락하거나 성에 대한 불신과 두려움을 심어 줄 수 있는 어려움 속에서 작가들은 이 험로를 어떻게 헤쳐 나가고 있을까?

이에 이 글은 십 대가 무성적 존재로 있어 주길 바라는 어른들의 바람이 얼마나 비현실적인가를 보여 주는 「울 엄마 딸」(공선옥, 창비, 2009), 『쥐를 잡자』(임태희, 푸른책들, 2008), 『키싱 마이 라이프』(이옥수, 비룡소, 2009), 『발차기』(이상권, 시공사, 2009)를 통해 오늘날 청소년의 성 문제를 진단해 보고, 현재 청소년 소설이 도달한 지점을 확인하고자 한다. 아울러 영국 작가 벌리 도허티의 소설 『이름 없는 너에게』(창비, 2009)를 함께 다루어 단편적이나마 외국의 사례를 우리와 비교해 볼 것이다.

2. 임신의 공포와 도피: 「울 엄마 딸」, 『쥐를 잡자』

사회의 보호망에서 벗어나려는 청소년의 욕망은 갈수록 심화되고 있다. 이 글의 대상 작품들은 여기에서 출발한다. 청소년의 성관계를 소수의 문제아가 저지르는 일탈이 아니라, 보통의 학생들에게 충분히 일어날 수 있는 일이라고 보는 것이다. 가령 "배고프면 밥 먹고 싶고, 잠 오면 잠자고 싶은 것처럼 이성을 그리워하는 것은 자연스러운 일"(『키싱 마이 라이프』, 79 쪽)이라며, 청소년의 성적 충동과 호기심을 인정한다. 그러나 임신에 이르면 이야기가 달라진다. 임신한 여학생이 겪는 끔찍한 고통과 절망을 서사의 중심에 놓고, 낙태나 출산, 양육, 입양 과정을 사실적으로 그려, 십 대의 임신이 야기하는 어려움을 드러낸다.

그런데 「울 엄마 딸」은 성과 임신을 바라보는 것에서 나머지 세 편과 다른 관점에 있어 흥미롭다. 세 작품이 우발적인 성관계로 인한 임신으로 어찌할 바 모르는 철부지들의 절망과 공포를 다룬 반면, 이 소설에서 성관계는 상처받은 존재를 오롯이 받아들이는 인간애적 행위로 간주되고, 십 대의 임신 역시 인생의 한 부분으로 큰 문제가 되지 않는다는 어른스러운 포용력을 바탕에 깔고 있다.

고등학교 2학년인 승애는 엄마가 친구들 엄마보다 너무 젊어서 불만이다. 엄마는 스무 살이 되기 전에 아이를 낳고 결혼했다. 아이엠에프 사태로 아버지와 별거를 시작한 엄마는 재결합을 원하지만, 아버지는 무슨 이유 때문인지 그럴 생각이 없다. 그것 때문에 괴로워하는 엄마를 보다 못해 승애는 남자 친구 건용을 찾아가 위로받고 싶었다. 그녀는 단 하룻밤 그와 지냈는데 임신하고 만다. 이 사실을 가족에게도 터놓을 수 없던 그녀는 건용에게 함께 도망치자고 하는데, 그 말은 들은 즉시 그는 할아버지의 한약방에서 돈을 훔쳐 바닷가로 도피한다. 그런데 건용은 임신의 책임으로부터 도망치지 않는다. 어른들에게 받아들여지지 않으면 집을 나와서 아기를 키우겠다고 말한다. 하지만 승애는 그 역시 자신처럼 아무런 대책이 없다는 것을 알고 있다. 자꾸만 죽음을 떠올리던 그녀는 비로소 엄마가 어떤 고통을 겪으며 자신을 낳았는지를 절감한다. 게다가 이혼으로 힘들게 자신을 키우면서도 좋은 엄마가 되기 위해 애써 왔다는 사실을 깨달으며 진정으로 엄마에 대한 고마움과 사랑을 느낀다. 엄마도 어린 나이에 결혼 전 임신했기에 승애의 임신은 그다지 큰 문젯거리가 되지 않는다.

> "승애 너는 니 에미 애비가 죽고 못 살아서 만들었단다. 조선에 말도 말도 그리 안
> 들었씰까. 하기사 니 엄마가 말 잘 듣는 사람이었으면 이렇게 이쁜 승애를 만나
> 지도 못했을 것……(후략)" (133쪽)

외할머니는 말 안 듣고 연애만 하는 엄마를 못마땅해했지만, 손녀 승애는 끔찍이 사랑한다. 외할머니는 사회의 시선이나 관습보다 사람이 소중하다는 것을 승애 덕분에 알게 된 것이다. 엄마와 승애도 티격태격 다투긴 하지만 서로를 사랑하며 의지한다. 그렇기에 처음의 혼란이 지나면 승애가 낳은 아이도 가족들에게 사랑받으리라고 쉽게 예상할 수 있다. 외할머니가 "장독 옆에 흰 접시꽃이 한꺼번에 세 송이 피워 올리기 쉽지 않은데 핀 것으로 보아 존 일 있을란가비다."(143쪽)라고 한 것은 이런 낙관적인 전망에 설득력을 부여한다. 건용의 할아버지 역시 임신 사실을 듣고 집으로 돌아오라고 하는데, 이렇게 양쪽 가정 모두에게 임신이 수용되는 것은 현대 사회에서 이례적인 일이라 할 수 있다.

청소년의 임신은 진로나 육아 문제, 주위 사람들의 차가운 시선과 맞물려 감당하기 힘든 고통을 준다. 물론 화자도 이 사실을 놓치지 않는다. 화장실에서 낳은 아이를 검정 비닐봉지에 담아 베란다에 버린 여학생이 구속되고, 또 다른 여학생이 변기에 아이를 넣어 죽인 일을 거론한다. 하지만 전경화된 승애의 임신은 남자 친구와 바닷가로 도망감으로써 손쉽게

해결된다. 현실에서 도피함으로써 문제가 해결되는 낭만적인 서사는 임신한 청소년들의 현실과는 상당한 거리가 있다. 잠깐 도망하는 것으로 해결될 일이 아니라는 것은 아이들이 더 잘 안다. 십 대에 임신한 것이 긴 인생의 여정에서 보자면 그다지 큰 문제가 아니라는 작가 의식이 잠시 위안이 되긴 해도, 현실의 청소년들이 얼마나 공감할 수 있을까 하는 의문이 든다. 단편이다 보니 내면의 불안과 고통을 깊이 있게 추적하기 어려웠겠지만 가족과의 갈등이나 고통이 제대로 그려지지 않은 것은 아쉬운 대목이다.

「울 엄마 딸」이 임신을 따스하게 바라보는 낭만적 서사인데 비해, 『쥐를 잡자』는 임신이 주는 중압감에 매몰되어 자살하는 여학생을 암울하게 그린 점에서 대척점에 자리한다. 『쥐를 잡자』는 어떻게 해서 임신이 된 것인지 제시되지 않은 채, 배 속에 '쥐'가 산다며 불안에 시달리는 절박한 여학생의 심리를 묘사하는 데서 시작된다. 엄마와 담임교사, '나'로 시점이 다양화되면서 '쥐'에 대한 불안은 증폭된다. '쥐'가 태아의 알레고리임을 생각할 때 이런 기법은 청소년의 임신이 당사자나 주변인들에게 얼마나 공포인지를 그리는 데 효과적이다. 그런데 같은 임신이라도 사랑해서 된 것인지 성폭행에 의한 것인지에 따라 대처 방안이 달라질 수 있는데, 이런 과정이 그려지지 않은 채 절망감만 부각한 것은, 어떤 이유건 간에 임신이 여학생에게는 삶을 뒤흔들 정도로 충격이라는 점을 나타낸 것이다. 주홍은 임신한 것은 자기 잘못이 아니라고 말하면서도 결국 자살한다. 임신과 낙태 그 모든 잘못이 미혼모에게 집중되는 현실에서 이제 고등학교 1학년에 불과한 여학생이 압박을 밀어 올리기란 불가능에 가깝기 때문이다.

담임교사인 '나'는 수업 시간에 진주홍의 사물함에서 쥐가 갉작이는 소리를 듣는다. 잠긴 사물함에 쥐가 들어갈 수가 없다는 걸 알면서도 그 소리는 '내' 신경을 긁는다. 이런 환상은 주홍의 어머니에게도 동일하게 일어난다. 그녀 역시 "어떻게 들어가게 되었는지 모르지만"(19쪽) 자기 집 냉장고 안에 쥐가 있다고 믿는다. 들어갈 수 없는 곳에 쥐가 산다고 생각하는 것은 주홍도 마찬가지다. 주홍은 자신의 배 속에 쥐가 있다고 생각한다. 냉장고나 사물함, 배 속에 쥐가 산다고 상상을 하는 것은 고등학생의 임신이란 '절대 있어서는 안 될 일'을 상징한다. 그러므로 주홍이 임신인 것을 확인했을 때 별다른 고민 없이 낙태하겠다고 결심하는 것은 놀라운 일이 아니다. 그것은 생명을 없애는 것이 아니라 있어서는 안 될 곳에 있는 해로운 '쥐'를 제거하는 일에 불과하기 때문이다.

이 소설이 가하는 충격은 임신과 낙태, 자살이라는 극단적인 소재를 다룬 데 있지 않다. 태아를 '쥐'로 명명하는 것에서 보다시피 우리 사회가 임신한 여학생을 대하는 감정을 솔직하게 끄집어 놓은 데 있다. 겉으로는 생명의 존엄함을 외치면서도 임신한 여학생에게 "쥐를 잡자, 쥐를 잡자, 노래를 불러대"(53쪽)는 것처럼 낙태를 강권하는 게 우리의 모습 아니었던가? 결혼이라는 제도권 밖에서의 출산은 대개 비난으로 이어진다. 주홍의 엄마가 평생 결벽증에 시달리는 것은 그녀가 미혼모였기 때문이다. 스무 살에 주홍을 낳은 후 집에서 쫓겨난 그녀는 자신을 더러운 "오점투성이 쥐"(75쪽)로 여기고 더러움을 없애기 위해 쉴 새 없이 청소를 하며 살아왔다. 엄마의 불안과 외면, 학교에서의 몰이해로 주홍이 택할 수 있는 길은 자신의 배 속에 든 '쥐'를 없애고, 엄마 배 속의 '쥐'였던 자신에게 죽음이라는 형벌을 내리는 것뿐이다. 주홍은 엄마의 죄와 자신의 죄에 대해 속죄하는 마음으로 생을 마감한다.

『쥐를 잡자』가 임신하게 된 사연을 생략한 채 임신한 여학생의 절박한 심정에만 초점을 맞춘 것은 이유가 어찌 됐든 배 속의 아이를 없앨 궁리만 하게 만들면서도, 막상 낙태했을 경우 생명을 없앴다는 죄책감에 시달리게 하는 이중적인 질곡 속으로 몰아넣는 게 우리의 초상이기 때문이다. 따라서 작품 마지막 문장인 "생명을 낳고 기르는 일이 한 사람의 희생이 아닌 온 우주의 축복일 수 있기를⋯⋯."(154쪽)은 이 글 전체를 관통하는 주제문이라 할 수 있다. '쥐'로 생각했던 태아를 없앤 후 주홍이 과장되게 자책감에 휩싸이거나, 냉정한 엄마에서 자애로운 엄마로의 급작스러운 변모, '쥐'가 태아나 주홍, 그리고 엄마의 알레고리였는데 쥐를 잡아먹는 고양이를 엄마가 키우게 된다는 점 등이 설득력을 떨어뜨리지만, 이 글은 현재 우리 사회의 억압적인 분위기를 효과적으로 적시했다는 점에서 주목된다.

「울 엄마 딸」과 『쥐를 잡자』는 대조적인 결말과는 달리 '임신 - 부정 - 회피'라는 동일한 구조를 갖는다. 임신했다는 것을 알았을 때 승애는 집에서 멀리 도망가고, 주홍은 현실 너머 죽음의 세계로 회피한다. 임신했다는 사실에 적극적으로 대처하는 주체는 보이지 않는다. 임신을 하게 되면 가족에게마저 죄인 취급을 받는 우리 현실이 이들을 현실과 정면으로 맞서지 못하게 만들었다고 할 수 있다. 자신의 문제를 껴안고 고민하면서 성장하는 모습이 나오지 않은 점은 아쉽지만 「울 엄마 딸」은 십 대에 임신했더라도 충분히 사랑받을 수 있고 소중한 사람이라는 점을 말해 줌으로써 위안을 주고, 『쥐를 잡자』는 십 대 미혼모는 우리 사회로부터 추방당해야 할 죄인인가를 묻고 있는 점에서 의의가 있다. 어린 나이에 한 임신으로 힘들게 산 엄마처럼 딸 역시 그와 비슷한 나이에 임신해 고통을 겪는 것을 통해 미혼모에 대한 사회 인식이 하나도 변하지 않았다는 점을 드러낸다. 그런데,

'그 엄마에 그 딸', '문제 학생 뒤에는 문제 부모가 있다.'는 편견을 굳힐 여지를 줄 수 있다는 점에서 좀 더 신중히 접근해야 할 것이다. 또한 임신 자체에 대한 고민에 어머니의 신산한 삶까지 얹혀 아이가 당면한 문제를 제대로 볼 수 없게 만든 점도 지적해 두고 싶다.

3. 현실의 증언: 『키싱 마이 라이프』, 『발차기』

아하 청소년 문화센터의 「2007년 십 대 청소년의 성 경험 및 성 태도에 관한 실태 조사」에 나타난 십 대의 첫 성관계 동기는 '서로 좋아해서'가 가장 높았으며 그 뒤를 '술 마신 상태', '순간 충동적으로', '상대가 원해서 어쩔 수 없이'라는 이유가 차지하고 있다. 문제는 청소년이 이처럼 쉽게 성에 닿을 수 있으면서도 그에 수반되는 피임이나 임신에는 무지하다는 것이다. 『키싱 마이 라이프』와 『발차기』는 이러한 지점을 잘 포착하고 있다. 술을 마시고 이성 친구와 충동적으로 성관계를 맺거나 남자 친구가 자신의 요구를 들어주지 않으면 헤어지겠다고 해서 금기의 벽을 넘는 인물이 주인공이다. 막상 임신이 되었을 때 낙태할 비용을 마련할 수도, 키울 수도 없어 괴로워하는 모습은 실제 청소년들의 삶을 보는 듯하다.

이 두 편은 임신이라는 난제를 회피하기보다 삶의 일부분으로 받아들이고 해결책을 모색하는 인물을 담고 있다는 점에서 앞의 작품들과 다르다. 임신을 하게 되면 어떤 문제에 부딪히게 되는지를 구체적으로 보여 줌으로써, 십 대 독자에게 책임 있는 성이 무엇인가를 생각해 보게 한다. 낙태나 출산 그리고 입양에서 그들 스스로 결정할 수 있는 것은 아무것도 없다는 사실을 상기시켜 성을 가볍게 여기는 십 대에게 경종을 울리는 것이다.

작가의 시선은 무분별한 성관계를 가져서는 안 된다는 조언에 머무르지 않고, 십 대 임산부가 겪는 부당한 차별들을 폭로하는 데까지 닿아 있다. 십 대 임신이 축복할 일은 아니지만 그렇다고 하여 학교나 가정, 사회에서 보호받지 못하는 사각지대에 놓인 것은 부당하다는 입장이다. 임신했다 하여 학교에서 내쫓기고 진료마저 제대로 받을 수 없으며, 양육비 지원이 되지 않아 입양시킬 수밖에 없는 현실을 차분히 그림으로써 청소년 독자와 우리 사회 모두에게 질문을 던지고 있다.

먼저 『키싱 마이 라이프』를 살펴보자. 아나운서가 꿈인 고등학교 1학년 정하연은 남자 친구인 채강의 집에 놀러 갔다가 어색한 분위기를 눅이려고 마신 술 때문에 그와 성관계를 갖게 된다. 하연은 그 일에 대해 크게 마음을 쓰지 않는다. '미친 호르몬 때문에 일어났던 한순간의 실수'(55쪽)라며 서로가 좋아하니까 나쁜 일이 아니라고 가볍게 생각한다. 지난 일은 잊고 공부에만 몰두하려던 하연은 뜻밖의 임신으로 괴로워한다. 태아에 대한 애정이 없는 것은 아니지만, "징그러운 이물질, 암 덩어리"(102쪽), "뱃속의 근심 덩어리"(105쪽), "하루빨리 버려야 할 이물질"(108쪽)로 생각하는 태아를 낙태하는 것도 쉽지 않다. 보호자도 있어야 하고 낙태비도 만만치 않기 때문이다. 남자 친구가 아르바이트해서 비용을 마련했을 때는 이미 낙태 시기가 지난 뒤였다. 다행히 채강은 하연을 외면하지 않고 책임을 지고 싶어 하지만, 그가 할 수 있는 일은 옆에 있어 주는 것 외에 아무것도 없다.

하연은 배가 불러 오자 할 수 없이 집을 나오는데, 그녀가 머문 곳은 여러 사람의 도움으로 운영되는 미혼모의 집이다. 그녀는 그곳에서 15살 어린 소녀부터 21살까지의 다양한 미혼모를 만나며 세상에 눈을 뜨게 된다.

임신시켜 놓고 책임지지 않는 남자가 많다는 것도 알게 되고, 양육하려고 데려갔다가 생활고에 시달려서 아기를 다시 데려오고, 그 아이들은 결국 입양되어 간다는 현실을 목도한다. 하연은 출산하지만, 아이에 대한 권리가 없다. 아이를 데려다 키우려면 부모가 허락해야 하고, 입양 보내기 위해서도 부모의 동의를 얻어야 하기 때문이다. 이로써 작가는 상황을 주체적으로 바꿀 수 없는 것이 십 대 임신의 핵심적인 문제라는 것을 말하고 있다. 책임을 지고 싶어도 미성년인 그들로서는 도리가 없는 것이다. 또한 임신 후 학습권과 건강권이 크게 침해받고 미혼모에 대한 경제적인 지원이 거의 없다는 사실을 다큐멘터리처럼 형상화하여 청소년이 당면한 현실을 객관적으로 드러내는 데 성공했다. 성관계 이후를 생각하지 않은 청소년들에게 그것이 초래하는 현실을 알려 줌으로써 성에 대한 올바른 가치관을 정립시키는 데 도움을 줄 것으로 보인다.

『발차기』 역시 임신을 할 수 있는 성숙한 몸을 가졌으되, 자기의 삶을 주체적으로 결정할 수 없는 미성년의 처지를 조명하고 있다. '얼짱'으로 통하는 경희는 엄마와 단둘이 살고 있다. 1년 정도 사귄 정수는 발레를 전공하는 학생으로, 장래 꿈은 연극을 하는 것이다. 경희가 그와 성관계를 갖게 된 것은 요구를 들어주지 않으면 헤어지겠다는 강요에 넘어가기도 했지만, 무엇보다 그녀 자신이 성에 호기심을 강하게 느꼈기 때문이다. 그런데 다정다감하고 경희밖에 몰랐던 정수는 그녀가 임신했다고 말하자마자 완전히 다른 사람으로 변한다. 낙태하지 않으면 만나지 않겠다고 협박하며 연락을 끊는다. 남자 친구의 배신이 주는 충격은 임신과 비교하면 실상 대수롭지 않다. 아랫글에는 아이를 갖게 된 십 대가 겪는 고통이 잘 드러난다.

경희는 주먹으로, 베개로, 인형으로, 책으로 나중에는 무선 전화기로 자기 배를 내리쳤다. 아프면 아플수록 어서 방을 빼 달라고 악질적인 집주인처럼 윽박질렀다. 너무 배가 아파서 생니가 으깨어지도록 다문 이를 갈면서 뒹굴다가 기어 기어서 화장실까지 가서 변기통에 앉았다. 피오줌이 나왔다. 이보다 더한 고통도 참을 수 있었다. 불청객 사계(배 속 아이의 이름: 인용자)만 없앨 수만 있다면 그럴 수만 있다면 못 할 일이 없었다.

사계의 깡다구도 대단했다. 한 걸음도 물러나지 않았다. 경희는 자포자기 심정으로 침대에서 마구 덤블링을 하였고, 일부러 침대 밑으로 수십 번씩 떨어졌다. 벽에다 물구나무를 서기도 하였다. 정수를 꾀어서 놀이공원에 가서 아찔아찔한 기구를 타기도 했다.

사계는 끄떡도 하지 않았다. 경희는 집에서 굴러다니는 약을 보면 무조건 먹어 댔다. 비염 약 사흘분을 한꺼번에 입에다 투입하였고, 엄마가 가끔씩 복용하는 수면제는 물론 아스피린, 감기약까지 위장에다 보냈다. 특수부대를 투입하듯이 집 안에 있는 간장은 물론 식초까지 물 한 방을 타지 않고 그대로 들이마시기도 했다. 그러고는 쓰린 속을 어쩌지 못해 바닥에서 떼굴떼굴 구르면서 토하고, 생손톱이 벗겨지도록 방바닥을 긁어 대고, 침대 시트가 다 찢어지도록 물어뜯었다. 그때 경희는 인간이 아니었다. 한 마리 벌레였다. (78쪽)

경희는 이처럼 필사적으로 아이를 없애려고 노력한다. 자해는 물론이고, 아무 약이나 먹어서 아이가 떨어져 나가기를 바란다. 그래도 안 되자 정수의 엄마가 권한 대로 낙태하려고 마음먹는다. 이렇게 경희가 고통을 겪는 동안 정수는 엄마 뒤로 숨기에 바쁘다. 고통의 무게가 일방적으로 여자인 자신에게 기울어진 것에 대해 경희는 "너무 억울하다고 따지고 싶다.

왜 나만 책임져야 하냐고, 이게 나만의 잘못이냐고."(52쪽) 울부짖지만, 현실은 바뀌지 않는다. 이로써 작가는 임신했을 때 일방적으로 여성이 피해자로 몰리는 상황을 꼬집고 있다. 그런데 경희는 이렇게 힘들어하면서도 조금씩 배 속의 아이에게 애정을 느끼기 시작한다. 비발디의 '사계'를 좋아하는 '불청객'에게 자신의 성을 따 '신사계'라는 이름을 붙이고, 어린 시절 부모가 자신에게 했듯이 동화책을 읽어 주기도 한다. 새 생명에 대한 애정이 점점 커지자 아이를 없애려고 했던 때와는 다른 고민에 부딪히게 된다. 자신의 아이인데도 마음대로 낳을 수가 없다는 점 때문이다.

어른들의 태도는 완강하다. 임신인 것을 차마 말하지 못하고 마치 친구 일인 것처럼 조언을 구하는 경희에게 엄마는 "십 대 미혼모들의 임신이란 개개인이 해결하기에는 너무 벅찬 문제라, 떼는 게 현실적으로 말이야……. 어쩔 수 없잖아?"(107쪽)라고 말하고, 정수의 엄마는 자신이 비용을 대겠다며 서둘러 낙태하라고 종용한다. 이들에게 태아의 생명이나, 산모의 건강 따윈 안중에도 없다. 경희는 이런 어른들에게 심한 분노를 느낀다. 어른들의 태도에 환멸을 느끼고, 무엇보다 태아에 애정을 갖게 되는 쪽으로 경희가 변함에 따라 독자는 임신에 대해 무책임한 남자나, 생명 경시 풍조에 젖은 기성세대를 향해 통쾌하게 '발차기'를 날리며 당당하게 아이를 출산할 것으로 예상하게 된다. 그러나 이런 기대와 달리 남자 친구에게는 뒤에서 깡통을 차는 것으로 분풀이를 대신하고, 출산에 관한 모든 결정을 부모에게 미루며 부모의 등 뒤로 숨어 버린다. 부모가 어떤 결정을 내리든 그들의 뜻에 따르겠다는 것이다. 이와 같은 경희의 태도는 실망스럽지만 실제로는 혼자서 당당하게 열고 나갈 문은 어디에도 없는 현실을 감안하면 가장 현실적인 선택이라 할 것이다.

위 두 작품에서 공통으로 확인할 수 있는 것은 십 대가 임신했을 경우 마음대로 하지 못하고 부모의 결정에 따라야 한다는 점이다. 그러므로 이들의 경험은 새로운 삶으로 이행하는 동력이 되지 못한다. 낙태나 출산, 어느 쪽으로 결정을 내리든 힘겨운 싸움을 하면서 책임감 있게 어른으로 성장하는 모습을 찾을 수 없다. 자기 삶에 대한 결정을 부모 손으로 넘김으로써, 이들은 모처럼 자기 삶을 구현할 기회 앞에서 여전히 수동적인 어린아이에 머물고 만 것이다. 그런데 이런 주체의 수동성은 개인의 잘못이라기보다 일탈을 허용치 않는 강고한 우리 사회의 탓이 크다. 십 대의 의존성이 우리 사회의 현실과 밀접한 관계를 맺고 있다는 것은 『이름 없는 너에게』의 헬렌과 비교해 보면 더욱 명확해진다.

고3인 헬렌이 임신한 것을 알았을 때의 심정은 경희나 하연, 주홍과 마찬가지다. 엄마에게조차 말하지 못하고, 제발 소리 없이 태아가 사라지기만을 기도한다. 급기야 낙태시키려고 승마하다 일부러 떨어지기조차 한다. 임신한 것을 눈치챈 엄마는 남자 친구인 크리스를 만나지 못하게 하고 낙태를 권유한다. 엄마와 병원에 가면서 헬렌은 '이건 단지 내 몸에 필요 없는 세포를 제거하는 수술일 뿐이야. 그게 다야.'라고 머릿속에서 되뇐다. 그런데 막상 침대에 누웠을 때 죄책감을 느껴 병원을 빠져나온다. 하지만 고등학생이 아이를 키우는 것은 녹록지 않다. 그렇기에 헬렌의 부모는 아이를 낙태하거나 낳더라도 입양을 바라고, 크리스의 아버지는 정수처럼 크리스가 그 일에서 도망치기를 바란다. 그런데 부모는 그저 조언자에 머물 뿐 모든 것은 헬렌이 결정한다. 당분간 대학 진학의 꿈을 접고 아이를 양육하겠다는 것은 헬렌 자신이 선택한 것이다.

헬렌의 결정이 힘을 얻을 수 있는 것은 아이를 키울 수 있는 분위기와 환경이 갖춰졌을 뿐 아니라, 청소년이 개별적인 주체로 인정받기 때문이다. 헬렌은 임신했다는 것을 숨기지 않으며 학교도 별다른 제재를 하지 않는다. 임신하면 자퇴해야 하는 우리의 현실과는 사뭇 다르다. 친구와 일부 어른들은 임신을 축하해 주기도 한다. 우리 소설에서 당사자의 주체성이 적극적으로 발휘되지 못한 데 비해 헬렌이 낙태, 출산, 입양, 양육에 관련된 문제를 혼자서 결정할 수 있었던 것은 주체로 존중받기 때문이다. 궁극적으로는 청소년이 하나의 주체로 인정받아야 하겠지만, 아직 우리 사회에서는 요원한 소망이다. 또 그와 같은 결정을 당당히 내릴 수 있었던 것은 부모의 도움이 아니더라도 출산과 양육이 이루어질 수 있는 사회 여건 덕분이기도 한 점을 생각하면, 『이름 없는 너에게』가 우리 사회에 시사하는 바는 적지 않다.

4. 나가며

지금까지 네 편의 작품을 통해 청소년 소설에 재현된 십 대의 성과 임신을 살펴보았다. 「울 엄마 딸」에서는 미혼모의 딸로 태어나 고등학생의 몸으로 임신하지만, 가족들에게 따스하게 받아들여지는 여학생을, 『쥐를 잡자』는 학생이 임신한 것 자체를 재앙으로 생각하는 우리 사회의 분위기 때문에 낙태 후 심각한 정신적 외상에 시달리다 자살하는 십 대를 그렸다. 『키싱 마이 라이프』는 낙태 비용을 마련하지 못해 전전긍긍하고, 출산한다 해도 사회적·경제적 문제에 부딪혀 아이를 키우지 못하는 미혼모를 형상화했다. 『발차기』는 책임을 회피하는 미혼부와, 아이를 키우고 싶지만, 낙태를 강요하는 어른들 때문에 고민하는 학생을 나타냈다.

청소년 소설 즐겁게 읽기

아무래도 작가인 어른의 시각에서 다루다 보니 임신한 여학생의 고통과 절망이 강조되어 '함부로 성관계를 갖게 되면 이렇게 죽을 만큼 힘들단다. 그러니 절대 성에 관심을 가져선 안 돼.' 하는 목소리가 어떤 것보다 압도적인 건 사실이다. 주인공이 겪는 절박함은 첨예하게 그려졌지만 『이름 없는 너에게』의 헬렌처럼 세상과 대결하거나 기존 세계의 모순과 억압을 뛰어넘으며 새로운 자아를 찾아가는 인물은 찾아보기 힘든 점도 이런 감상을 뒷받침한다. 임신인 것을 알았을 때 승애는 집으로부터 달아나고, 주홍은 죽음으로 도피한다. 하연과 경희는 모든 결정을 부모에게 미룬다. 임신했지만 이들은 문제를 이겨 낼 힘을 갖고 있지 못하고, 아무런 해결책 없이 자기의 삶을 부모에게 맡겨 버리는 것이다.

하지만 이들 소설이 얻은 성과는 아이러니하게도 이 지점에 있다. 십 대의 성적 욕망을 인정하자고도 할 수 없고, 성관계는 절대 안 된다고 말할 수도 없으며, 임신한 십 대에게 생명의 소중함만을 외칠 수도, 낙태를 권유할 수도 없는 험로를 작가들은 현실을 있는 그대로 증언함으로써 헤쳐 나오는 전략을 택하였다. 자신을 둘러싸고 있는 상황을 전체적으로 살피고 어떻게 살아가야 하는가를 결정하기에 청소년들의 시야는 아직 좁을 수밖에 없다. 따라서 손만 내밀면 쉽게 성을 접할 수 있는 현실에서 임신이 가진 폭발력이 삶을 송두리째 흔들 수도 있다는 점을 보여 주는 것은 중요하다. 이들 소설은 임신은 할 수 있으나 현실 여건상 아무것도 자기 손으로 결정할 수 없는 상황이 십 대의 맹점임을 그림으로써 성을 쾌락이나 사랑을 확인하는 도구쯤으로 여기는 십 대에게 자유와 책임의 의미를 묻고 있다.

또한 임신한 당사자들이 겪는 갈등과 더불어 미혼모에 대한 온갖 부당한 처사를 함께 드러낸 점도 높이 살 만하다. 임신시켜 놓고도 책임지지 않으려 하는 남자부터 임신한 학생에게 자퇴를 강권하는 학교, 양육비를 지원하지 않아 결국은 입양하도록 방치하는 정부에 이르기까지 모든 문제가 언급되어 있다. 자기의 삶을 스스로 이끌어 가지 못하고 결국 부모의 품으로 도망치는 미숙한 어른이 될 수밖에 없는 환경을 다룸으로써 우리가 해결해야 할 문제가 무엇인지 깨닫게 만든다.

우리 사회 한편에선 청소년의 성적 주체성을 인정하자는 주장이 조심스럽게 나오고 있다. 성에 눈뜬 청소년들이 많은 현실에서 그들을 무성적인 존재로 여기는 건 현실과 맞지 않으니 성적 의사 결정권을 존중하면서 책임감과 상대방에 대한 배려심을 가지도록 교육해야 한다는 것이다. 그런데 아침 일찍부터 밤늦게까지 학교에 갇혀 있으며 그나마 온갖 규칙으로 얽매여 사는 학생들에게 하다못해 두발이나 치마 길이마저 규정당하고 있는 현실이 먼저 개선되지 않은 채 성적 주체성을 말하기는 힘들다. 이럴 때 어려운 삶을 헤쳐 나가는 당당한 주체를 그려 이상적인 모델을 제시하는 게 중요하지만, 아이들이 스스로 결정할 수 있는 일이 아무것도 없다는 현실을 제대로 그리는 것 자체가 대안이 되기도 한다. 이들 소설의 성취가 소중한 까닭은 이 때문이다.

청소년 소설 즐겁게 읽기

청소년 소설 공모전 수상작의 공식

2011~2012 수상작 중심으로

1. 공모전 수상작의 공식은 있을까?

최근 〈학교 2013〉이라는 드라마가 큰 인기를 끌었다. 학교 가는 것을 죽어라 싫어하는 우리 집 아이도 그 드라마는 목이 빠지게 기다렸다. '가렵고 답답한 부위를 시원하게 긁어 주는 느낌' 때문이라고 한다. 〈학교 2013〉의 성공은 어엿한 문화 현상으로 자리 잡은 청소년 소설이 약진하는 원인을 짐작해 볼 수 있게 한다. 학교 폭력, 성적 스트레스, 친구와의 갈등, 부모와의 소통 부족 등 학생들이 겪는 문제를 사실적으로 그린 것이 공감대를 형성했다는 한 매스컴의 진단은 청소년 소설의 인기 요인을 설명하는 데도 적합하다 할 수 있겠다. 지금, 여기 청소년의 삶과 문제에 주목한 당대성의 구현이 청소년과의 소통을 끌어낸 것이다.[29]

그런데 청소년 소설의 급속한 성장은 이런 내적인 요인으로만 이루어진

---

[29] 여기에서 '당대성'은 시대성하고는 다른 의미를 지닌다. 어느 시대를 배경으로 하든 청소년기에 겪는 본질적인 고민과 문제를 다룸으로써 현재 청소년들의 감수성과 맞닿는다면 당대성을 지녔다고 할 수 있다. 「원더랜드 대모험」이나 「검은개들의 왕」은 1970, 1980년대를 배경으로 하지만 그런 의미에서 충분히 당대성을 획득했다고 볼 수 있다.

것은 아니다. 출판사들이 청소년이라는 새로운 시장을 적극적으로 개척하지 않았으면 그 성장은 좀 더디게 이루어졌을 것이다. 특히 여러 출판사에서 이루어지고 있는 공모전은 청소년 소설의 발전에 견인차 노릇을 하고 있다. 공모전은 작가의 저변을 확대한다는 측면에서뿐만 아니라 서사적 새로움과 미학적 완성도에 대한 기대를 채워 준다는 점에서 청소년 소설의 확장과 발전에 큰 역할을 하고 있다. 장편소설을 대상으로 청소년 문학 공모전을 하는 출판사는 7곳인데 2012년을 기준으로 사계절과 푸른책들이 10회, 비룡소가 6회, 창비가 5회 수상작을 냈고 2011년에 문학동네와 살림이, 2012년에 자음과모음도 공모전을 하기 시작했다. 세계일보는 3회까지 수상작을 냈지만, 내부 사정으로 공모전이 중단된 상태다. 최근 2년 사이에 세 곳의 출판사가 공모전을 시작했는데 앞으로 우리 청소년 문학의 확장을 점쳐 볼 수 있다.

이 글은 2011부터 2012년까지 2년 동안의 공모전 장편소설 수상작들의 경향을 살피는 것을 목적으로 하고 있다. 수상작을 통해 이상적인 청소년 문학의 상을 만나고, 현재 청소년 문학의 흐름을 확인해 보기 위해서이다. 그러나 이런 고상한 의도보다 솔직히 공모전 입상에 어떤 공식 같은 게 있지 않을까 하는 호기심이 더 크게 작용했다. 그런 게 있다면 업종을 전환해야겠다는 흑심을 품고 책을 읽다 보니 그렇지 않아도 재미있는 작품들이 더욱 술술 읽혔다. 이왕 욕심을 부린 김에 모든 청소년 문학상 수상작을 대상으로 글을 쓰면 좋겠다는 생각이 얼핏 들었지만 광범위한 내용을 정리하고 분석할 깜냥이 안 돼 얼른 접었다. 2년 동안의 분량만 해도 총 13권인데 다행히(?) 푸른책들과 살림이 2011년과 2012년에 각각 당선작을 내지 않아 대상 책이 11권으로 줄었다. 그렇다면 과연 공모전 당선작들은 공식, 즉 공통분모를 가지고 있을까? 아니면 하나의 테두리 안에 넣을 수가 없을까?

2. 가족 해체의 복합성과 멜로드라마의 탄생

공모전 수상작의 공식이 존재하는가의 의문은 금방 풀렸다. 마치 약속이나 한 것처럼 '해체된 가족 - 성장'을 서사의 뼈대로 삼는 편향성을 보였다. 2011년 수상작 5편 모두와 2012년 수상작 6편 중 5편 즉, 총 11편 중 10편이 가족 해체를 서사의 동력으로 삼고 있다. 가족의 해체는 아버지의 죽음, 엄마의 가출, 위장 이혼, 별거, 조손 가족, 이산가족, 미혼모 등의 다양한 양상으로 나타났으며, 이들이 섞여 있는 경우도 있었다.[30]

청소년 소설에서 해체된 가족 이야기는 비단 어제오늘에 나타난 것이 아니다. 2007년 이후 청소년 문학상 수상작의 대부분이 이런 가족을 배경으로 하고 있다. 2011년에 출시된 30편의 청소년 장편소설에서 이 문제를 다룬 작품도 10편 가까이 된다.[31] 심지어 동화 공모전 수상작들에서도 주

---

30 창비 청소년 문학상 4회 수상작 『내 이름은 망고』(아버지의 죽음, 엄마의 가출), 5회 『두려움에게 인사하는 법』(미혼모, 엄마의 죽음)
　　살림 청소년 문학상 1회 수상작 『펜더가 우는 밤』(아버지의 죽음)
　　자음과모음 청소년 문학상 1회 수상작 『시간을 파는 상점』(아버지의 죽음)
　　사계절 청소년 문학상 9회 수상작 『내 청춘 시속 370km』(부모의 별거), 10회 『우주비행』(이산가족)
　　문학동네 청소년 문학상 1회 수상작 『불량가족 레시피』(이혼, 사생아) 2회 『검은개들의 왕』(조손가족)
　　블루픽션 청소년 문학상 5회 수상작 『그냥 컬링』(엄마의 가출)
　　푸른문학상 10회 수상작 『나는 랄라랜드로 간다』(위장 이혼)
31 김혜정, 「청소년 문학에 나타난 가족 해체 서사 연구」-2011년 출간된 청소년 소설을 중심으로, 아동청소년문학연구, 2012.
　　세계청소년 문학상 1회 수상작 『내 인생의 스프링 캠프』(부모의 재혼), 2회 『직녀의 일기장』(아버지의 외도)

류를 이룬다는 보고가 있다.

　이런 현상은 가족 해체가 급속히 진행되고 있는 우리 사회를 직접적으로 반영한 것으로 볼 수 있지만, 이를 미메시스적 관점으로만 해석할 일은 아니다. 아동이나 청소년 소설에서 인물의 신체적·정서적·정신적 성장을 이끌기 위해 작가는 신체적 혹은 정서적 부재의 형식으로 부모를 죽게끔 하거나, 일시적으로 제거한다.[32] 고난을 극복하는 영웅적인 주인공을 내세워 인내와 용기, 사랑과 헌신, 타인에 대한 배려와 예의 등 사회생활의 덕성을 가르치기 위해서이다.[33] 실제로 세계 명작의 주인공들 — 허클베리 핀, 소공녀, 톰 소여, 키다리 아저씨의 주디, 빨간 머리 앤, 캔디까지 — 은 부모가 부재한 경우가 많다. 하지만 수상작 대부분이 한쪽으로 쏠려 있다는 것은 별다른 탐색 없이 손쉽게 작품을 만들기 위해 결핍 - 채움의 구도를 사용하는 것이 아닌가 하는 비판[34]을 받을 소지가 있다.

　가족 해체 서사에서 눈에 띄는 점은 그 양상이 복합적으로 나타난다는 점이다. 아버지의 부재 + 엄마의 죽음(김이윤, 『두려움에게 인사하는 법』, 제5회 창비 수상작, 2012), 아버지의 죽음 + 엄마의 가출(추정경, 『내 이름은 망고』, 제4회 창비 수상작, 2011), 아버지의 부재 + 엄마의 가출(최상희, 『그냥, 컬링』, 제5회 글루픽션수상작, 2011, 비룡소), 엄마의 부재 + 아버지의 부재(손현주, 『불량가족 레시피』, 제1회 문학동네 수상작, 2011)가 그것

창비 청소년 문학상 1회 수상작 『완득이』(부모 이혼), 2회 『위저드 베이커리』(부모 재혼)
블루픽션상 1회 수상작 『하이킹 걸즈』(미혼모), 3회, 『파랑 치타가 달려간다』(부모 재혼)
사계절 문학상 6회 수상작 『열일곱 살의 털』(아버지의 가출), 8회 『합체』(아버지의 죽음)

32　마리아 니콜라예바, 『아동문학의 미학적 접근』, 교문사, 2009, 105쪽.

33　원종찬, 「일하는 아이들과 유희 정신을 넘어서」, 『동화와 어린이』, 창비, 2007.

34　김권호, 「해체된 가족, 그리고 어린이 주인공」, 올해 출간된 공모전 수상작을 중심으로, 창비어린이 2009 가을호.

이다. 아버지도 없는데 엄마가 죽거나, 있다 하더라도 돌보지 않는다.

『두려움에게 인사하는 법』은 제목이 가리키는 대로 이 세상에 혼자 남게 되는 두려움을 어떻게 받아들여야 하는지를 다룬다. 미혼모의 딸로서 아빠도 모르고 큰 고등학교 2학년 여아는 암에 걸린 엄마의 죽음을 앞두고 있다. 주인공은 아버지의 부재와 엄마의 죽음이라는 이중적인 질곡에 빠져 있다. 이 소설의 장점은 감상적 허위에 빠지지 않는다는 점이다. 슬픔과 고통의 한가운데서 길을 잃을 것이라는 예측과 달리, 죽어 가는 엄마를 걱정하는 한편으로 사랑에 눈을 뜨고, 드럼을 배우러 다니고, 캠프에 참가하는 등 일상적인 생활을 유지한다. 삶의 전면적 진실(Whole truth)을 이렇게 보여 주기도 쉽지 않다. 그런데 운명을 거부하지 않고 씩씩하게 받아들이는 것이 진정한 용기임을 가르치기 위해, 자신의 존재를 모르는 생물학적 아버지가 가정을 이루고 행복하게 사는 모습을 옆에서 남몰래 지켜보는 것도 부족해 엄마를 죽음으로 몰아넣어야 했는지 의문이다. 사면초가에 처한 주인공을 통해 얻을 수 있는 것은 두려움을 극복하는 용기가 아니라 나는 그렇게 되지 않아서 다행이라는 안도감뿐이다.

『불량가족 레시피』는 막장 가족 이야기다. 제각기 엄마가 다른 삼 남매를 두고도 여자를 끌어들이는 아빠, 자식들을 미국으로 유학 보낸 후 가족에게 버림받고 실직한 데다 병까지 걸린 삼촌, 할아버지의 두 번째 부인인 할머니 등 가족 모두 상처를 지닌 점에서도, 서로를 이해하지 못하고 헐뜯는 점에서도 그렇다. 이를 견디지 못하고 언니, 오빠, 삼촌은 가출했으며, 주인공도 늘 가출을 꿈꾼다. 거기다 월세로 살고 있는 집마저 아버지가 파산하여 비워 주어야 할 판이다. 주인공은 사생아로, 아예 엄마에 대한 기억 자체가 없는 데다 감옥에 간 아버지 대신 할머니를 부양해야 하는 삼중의 덫에 걸린 상태다.

이중, 삼중으로 어려운 환경을 딛고 선 주인공에게서 독자들이 얻을 수 있는 것은 카타르시스가 아니라 연민과 동정뿐이다. 현실을 반영하고 교훈적이어야 한다는 강박 때문에 청소년 소설이 통속적인 멜로드라마를 양산해 내고 있지 않았는지 생각해 보아야 할 것이다. 주인공이 비범한 용기를 가지고 엄청난 도전에 응하는 것이 아니고, 단지 악하거나 추한 세력에 몰려 부당한 고통과 불행에 빠질 뿐이기 때문이다.

청소년이 감당할 수 없는 압도적인 불행은 청소년의 주체적인 행동을 불가능하게 하여 환경과 대결하면서 성숙하는 과정을 담을 수 없게 한다. 가족 해체가 늘어나고 있다고는 하지만, 이가 청소년들이 겪는 보편적인 문제라고 할 수는 없다. 보통의 청소년들이 겪는 갈등과 고민을 다양한 영역에서 차분히 살피는 일이 필요하다.

3. 아이 같은 어른과 어른스러운 아이

가족 해체의 복합성은 부성과 모성이 사라져 가는 것과 맥을 같이한다. 부모 자신이 여러모로 힘들기 때문에, 자기를 희생하면서 어떻게든 아이들을 보호하려는 부모의 상이 허물어지고 마는 것이다. 이 자리에 새로이 등장한 것이 이기적이고 유아적인 부모다. 자식들에게 공부 대신 일하기를 강요하고(『불량가족 레시피』), 생활의 부담을 이기지 못한 채 아이를 홀로 내버려 두고 가출해 버리는 일도 다반사다.(『내 이름은 망고』, 『그냥 컬링』, 『내 청춘, 시속 370km』)

『불량가족 레시피』의 아버지는 자식들을 돈벌이에 이용한다. 고등학생인 딸들과, 대학생인 아들에게 학교에 가지 말고 자기 일을 도우라고 명령한다. 고3인데도 수능 공부를 못 하게 하는 것에 불만을 품은 언니와, 학교가 아니라 동사무소에서 서류 떼는 일로 시간을 다 보내는 오빠는 가출하고 만다. '나' 역시 가출할 기회만 엿보고 있다. 가족을 돌봐야 할 아버지가 오히려 가족 해체의 원인이다.

자식의 존재 자체를 모르는 척하는 비정한 아버지도 있다. 『두려움에게 인사하는 법』에서 여여의 아버지는 애인이 임신한 것을 알고서도 떠나 자식을 방치했다.

아버지가 부재하거나 제 역할을 못했을 때 어머니 혼자만으로 가정을 지키던 모습도 찾아보기 힘들다. 『내 이름은 망고』의 엄마는 툭 하면 술 마시고 인사불성이 되고, 직장에 자주 지각하며, 급기야는 자기 일을 팽개치고 딸의 비상금을 털어서 잠적해 버린다. 『그냥 컬링』에서 주인공의 친구인 강산의 엄마는 고등학교 1학년인 그에게 동생 둘을 맡기고 가출하며, 『내 청춘, 시속 37km』(이송현, 사계절, 2011)의 엄마 역시 돈 되지 않는 일에 몰두한 아버지와 아들을 놔두고 멀리 떠난 후 이혼을 요구한다.

이처럼 가족 해체 서사에서 부모들이 전통적인 부모와 다르게 처신함으로써, 가족 해체만으로도 힘든 청소년 주인공은 갈등을 겪을 새도 없이 부모나 가정을 책임져야 하는 환경에 내몰리게 된다. 보호되고 양육되어야 할 시기를 잃어버리고 직업 전선으로 나서게 되는 것이다. 상황이 이런데도 이들 작품에서 문제아나 반항아는 단 한 명도 찾아볼 수 없다. 착해도 너무 착하다. 주인공들은 기면증이라는 병을 부모가 알까 봐 혼자서 병을 앓으며(김영리, 『나는 랄라랜드로 간다』, 푸른책들, 2012), 오토바이를 사기 위해 아르바이트로 모은 돈을 아버지가 기르는 매를 위해 포기한다(『내 청춘, 시속 370km』). 엄마의 죽음으로 고아가 될 처지인데도 아버지의 새로운 가정을 위해 자신의 존재를 숨기는 성숙한 면모를 보이며(『두려움에게 인사하는 법』), 가출할 기회만 엿보다가 아버지가 사업에 실패하여 감옥에 가자 자신이라도 가정을 지켜야겠다는 사명감에 불타오른다(『불량가족 레시피』).

청소년 주인공은 단순히 착하기만 할 뿐 아니라, 부모의 역할까지 대신 떠맡는다. 가출한 엄마 대신 엄마의 일을 훌륭히 해내며(『내 이름은 망고』), 학교를 그만두고 아르바이트를 해서 동생들을 먹여 살리기도 한다(『그냥 컬링』). 할머니를 부양하기 위해 자신감을 주고 우울증을 떨쳐 버리게 해 준 유일한 숨통이었던 '코스프레' 취미를 접은 것으로도 모자라 돈을 벌기 위해 자발적으로 휴학한다(『불량가족 레시피』). 시련 속에서 어긋나기는커녕 어찌 된 셈인지 수상작 속의 청소년들은 훌쩍 철이 들어 버린다. 해체 가정의 아이들이 대체로 학교 폭력을 저지르거나, 가출하여 비행 청소년이 된다는 일반적 통념을 깨고 싶었을까?

『내 이름은 망고』에서 수아는 소녀 가장이다. 부모가 없어 동생들을 돌보아서가 아니라, 무책임하고 철없는 엄마를 '보모처럼'(27쪽) 돌보기에 그렇다. 이혼한 엄마는 빚쟁이에 쫓겨 캄보디아로 도피한 후 알코올 중독에 우울증까지 앓고 있다. 그런데 수아는 성인인 엄마도 감당하기 힘든 '흙바닥의 현실'(21쪽)에서 엄마 대신 가이드 역할을 해내며 어려움을 극복한다.

『그냥 컬링』에서 눈길을 끄는 인물은 주인공의 친구인 강산이라는 아이이다. 위기에 처한 주인공을 도와주고, 불의에 타협하지 않는 강산은 가출한 엄마를 대신해 우유를 배달하고, 편의점에서 아르바이트를 하며 동생들을 돌본다.

이들 소설에서는 씩씩하고 건강한 사람이 돼 가는 과정이 제대로 나타나지 않는다. 아무런 갈등 없이 성장해 버린 결과는 상상 속에서 빚어진 거짓 성장이다. 독자는 다양한 삶에 대응하며 자기 삶의 주체로 성장하는 인물과 함께 할 기회를 잃어버린 채 대견하고 훌륭한 영웅들만 만나게 되는 셈이다.

수장작들에서 부모들은 가출하고, 무책임해서 자식의 속을 썩이는 반면, 청소년은 의젓하게 부모 대신 일을 하며 동생들을 떠맡고 가정을 지킨다. 착하기만 한 인물은 현실감이 없는 것은 둘째 치고, 외부의 잘못을 개인의 윤리적이고 도덕적인 행동이나 각성으로 해결한다는 점에서 문제다. 그렇게 되면 사회 비판 의식이 결여될 뿐 아니라, 부모나 사회의 잘못도 개인이 착하면 해결된다는 식으로 생각하기 쉽다. 개인과 사회, 개성과 보편성, 내면과 객관성 사이의 갈등 양상과 내면의 질감을 보여 줄 때, 청소년 문학이 추구하는 성장은 의미를 가진다는 지적[35]을 눈여겨볼 필요가 있다. 가족 해체가 가속화되더라도 너희들은 동요하지 말고 굳건하게 가정을 지켜야 한다는 소망, 가정은 어떤 경우에도 지켜져야 한다는 가족 이데올로기가 청소년 소설을 지배할 때 성장은 이루어지지 않을 것이다.

4. 사회 불평등에 대한 자각

청소년기는 쾌활, 순진, 소박, 우애, 정의감으로 지탱되는 세계의 주민에서 고독, 불안, 증오, 질투, 차별이라는 인생의 그림자를 알아 가는 시기

35　강유정, 「장르로서의 청소년 소설」, 『세계의 문학』 2009 봄호.

다.[36] 이 세상이 밝음으로 가득한 곳이 아니라, 어둡고 힘겨운 곳이라는 것에 점차 눈떠 간다. 청소년은 '나'와 세계의 연관성을 점차 이해하며 사람이 사는 사회가 다 같지 않고 계급이나 계층에 따른 차별과 불평등이 존재한다는 것을 인식하게 되는데, 그에 대한 통찰을 보여 주는 작품들로『그냥, 컬링』과『원더랜드 대모험』(이진, 제6회 블루픽션상 수상작, 비룡소, 2012), 그리고『우주비행』(홍명진, 제10회 사계절 문학상 수상작, 2012)을 들 수 있다.

『그냥 컬링』은 컬링이라는 생소한 스포츠를 소재로 한 작품이다. 무기력한 청소년에서 컬링을 통해 친구의 소중함을 알게 되고 삶의 활력을 찾는다는 내용이다. 그런데 이보다 주의를 끄는 대목은 계층 간의 갈등이 나타난 부분이다. 학교 이사장 아들은 자신에게 굴복하지 않는다는 이유로 가난한 아이를 못살게 굴고, 야구부에서 쫓아내기까지 한다. 심지어 성폭행이라는 죄를 뒤집어씌워 구속되게 만든다. 결국 가난한 아이는 부조리에 저항하지 못한 채 학교를 자퇴하고 만다. 이 소설은 '왕따'를 친구 간의 세력 다툼이 아니라, 계층 간의 갈등이라는 면에서 새롭게 접근했지만, 부자는 악, 가난한 사람은 선이라는 식의 단순한 인식에 머물러 있다. 그러다 보니 인물들은 살아 있지 못하고 작위적이 돼 버렸다. CCTV라는 명백한 증거가 있는데도 무조건 이사장 아들 편을 드는 경찰이나 교사들이 대표적인 예이다.

『원더랜드 대모험』은 보통의 청소년 소설이 빈부 간의 격차나 계층 간의 갈등에 눈감거나 주변적인 이야기로 다루고 있는 데 반해, 청소년이 계층과 계급 간의 차이에 눈떠 가는 과정을 담은 보기 드문 소설이다. 자신이

---

36 스나다 히로시,「아동문학에서의 금기」『창비어린이』 2009 가을호.

사는 빈민가와 다른, 화려하고 부유한 세계를 접하면서 소년은 우리 사회의 불평등한 모습을 서서히 알게 된다. 그런데 작가는 이를 정공법으로 다루지 않고, '원더랜드'라는 놀이공원에서의 신나는 모험담을 능청스레 하는 것으로 채운다. 표면적 이야기는 가난한 주인공이 처음으로 문을 여는 '원더랜드'의 입장권을 구하는 과정과 그곳에서 펼쳐지는 서바이벌 게임을 담고 있다. 손에 땀을 쥐게 하는 스릴 있는 이야기 속에 체불된 임금을 받지 못하는 노동자, 가난한 사람에게는 기회가 닿지 않는 복지의 사각지대, 최루탄에 맞아 죽은 학생과, 군인의 총에 맞아 죽은 삼촌의 이야기가 무겁지 않게 끼어든다.

이 소설에는 집에 관한 서술이 유독 많다. 이는 계층의 불평등을 드러내기 위한 것이다.

서울 곳곳에 판잣집을 짓고 살던 가난한 사람들은 집에서 쫓겨나 전혀 모르던 이 동네에 지어진 벌집으로 이사를 왔다. 벌집의 크기는 아파트처럼 똑같이 정해져 있어서 식구가 몇 명이건 간에 그 집에 비집고 들어가 살아야 했다. (20쪽)

잠깐 조용해지나 싶더니 오 분도 지나지 않아 다시 통곡 소리가 들려왔다. 우리 동네에서는 딱히 눈을 쓸 일이 없다. 귀와 코만 있어도 충분하니까. 식사 시간에는 옆집과 이어진 벽 너머로 방귀 소리와 트림 소리가 들려왔고, 늘 김치 냄새, 라면 냄새, 썩는 냄새, 타는 냄새, 방금 싼 똥 냄새까지 이웃에서 나는 온갖 냄새에 둘러싸여 살았다. 어느 집에서 부부 싸움이 나고 어느 집에서 밥을 태워 먹었는지 구태여 눈으로 보지 않아도 훤히 다 알 수 있었다. 그만큼 우리 동네 집들은 다 닥다닥 붙어 있었다. (31쪽)

드라마에 나오는 물건을 집에 두고 산다니, 부잣집이 다르긴 다르다. 부반장네 집 현관이 딱 우리 집 부엌만 했다. 나는 신발을 벗고 운동장처럼 광활한 거실로 발을 내디뎠다. (55쪽)

미국과 일본의 놀이공원도 가 보았고, 원더랜드를 거침없이 무시하는 1번. 현실 속에 지어진 꿈의 세상인 원더랜드와 1번의 삶은 똑같았다. 나의 현실과 1번의 현실은 명백하게 달랐다. 똑같은 시간, 똑같은 나라, 똑같은 중학생으로 살아가는데 각자 사는 현실은 1번의 말처럼, 차원이 달랐다. (133~134쪽)

위 인용문은 차례로 '나'의 집과 부반장의 집, 그리고 '1번'이 사는 세계를 서술한 것이다. 아무리 발버둥 쳐도 수돗가와 변소를 공동으로 사용하는 벌집에서 떠날 수 없는 주인공에게, 자기 집보다 더 큰 현관을 가지고 있는 '부반장'네 고층 아파트, 미국과 일본을 제집 드나들듯 하는 '1번' 아이의 세계가 진짜 원더랜드다. 그래서 정신을 차릴 수 없을 정도로 아찔했던 '꿈과 판타지 세상 원더랜드' 놀이공원의 경험은 이에 비하면 '별거 아닌' 게 돼 버린 것이다. 이 책은 놀이기구와 빈부 격차라는 이질적인 소재를 중첩해 매끄럽고 조화롭게 펼쳐 나간 작가의 내공이 돋보인다.

『우주비행』은 탈북 소년 이야기다. 교육부 자료를 보면 탈북자의 20%가 청소년이라고 한다. 이들이 남한 이주 후 겪는 사회 부적응은 심각한 문제로 떠오르고 있다. 청소년기 자체가 심리적·정서적 혼란을 겪는 시기인데다, 문화적 충격까지 더해져 이중의 고통을 겪을 것은 뻔한 것이다.

그런데 이 작품엔 남과 북의 차이에서 비롯된 갈등이 크게 드러나 있지 않다. 서사의 중심이 아직 중국에서 빠져나오지 못하고 소식이 단절된 누

청소년 소설 즐겁게 읽기

나에 대한 그리움과 안타까움에 놓여 있기 때문이다. 컴퓨터가 장난감처럼 흔하다는 정도의 문화적 차이가 소소하게 드러나 있을 뿐이다. 더군다나 주인공이 학교도 다니지 않고 집에서 검정고시를 준비하기 때문에 적응 과정에서 오는 갈등도 찾아보기 힘들다. 그가 피시방이나 복지관에서 만난 또래들에게 자신의 신분을 끝까지 밝히지 않으니 탈북민이라서 겪는 차별을 그릴 여지도 없게 되었다. 따라서 그와 또래들이 처음 만나 겪는 문제는 여기의 청소년이 겪는 그것과 다를 바가 없고 그나마 밴드 동아리를 하면서 이마저도 쉽게 해소된다. 소설이 단조롭고 밋밋한 까닭이 여기에 있다.

탈북자로서 겪는 차별과 고통은 쉼터에서 만난 완규라는 아이를 통해 간접적으로 그려진다. 완규는 그중에서 가장 똑똑한 애로, 또래 중 유일하게 고등학교에 다닌다. 그는 의욕을 가지고 열심히 학교에 다녔지만 결국 교복을 벗고 만다. 아이들이 하는 대화를 알아들을 수 없어서 그들 사이에 끼지 못하고, 점차 공부도 따라가지 못하기 때문이다. "우리는 출발선이 다르다. 아무리 이를 악물고 열심히 달려도 똑같아질 수 없다."는 완규의 절규로 탈북자의 차별을 짐작할 뿐이다. 완규가 주인공이었더라면 소설이 좀 더 역동적이지 않았을까?

5. 특이한 소재와 새로운 기법

공모전 수상작 하면 가장 먼저 떠오르는 이미지는 아마도 새로움, 신선함일 것이다. 기존의 관습에서 벗어난 참신한 작품일 것이라는 기대에 걸맞게 소재나 기법 면에서 새로운 작품이 많았다. 생소한 취미인 컬링과 매조련(『그냥 컬링』, 『내 청춘, 시속 370km』) 그리고 희소병인 기면증을 소재로 한 작품(『나는 랄라랜드로 간다』)도 있었고, 시간에 대한 철학적 사유를 시도하기도 했다(김선영, 『시간을 파는 상점』, 제1회 자음과모음 수상작, 2012). 추리소설에 판타지를 결합한 기법을 선보이기도 했으며(선자은, 『펜더가 우는 밤』, 제1회 살림 수상작, 2011), 엽기적이면서 기이한 내용의 작품도 보였다(마윤제, 『검은개들의 왕』, 문학동네 2회 수상작, 2012).

『내 청춘, 시속 370km』는 전통문화인 매사냥을 소재로 한 작품이다. 동준의 아버지가 회사를 사직하고 매를 훈련하는 응방을 차리는 바람에 가족의 단란함이 깨진다. 엄마는 가정을 돌보지 않는 아버지에게 이혼을 요구하기까지 한다. 아버지와 어머니, 아버지와 동준의 사이를 매가 가로막고 있지만, 동준은 아버지를 도와 매를 키우며 아버지와의 간격을 좁혀 나간다. 전통문화를 지켜 가는 사람의 고통과 외로움이 핍진하게 서술되어 있으며, 야생 매를 길들이는 과정과 아버지와의 거리가 줄어드는 과정이 자연스레 포개지며 감동을 준다. 처음부터 끝까지 유머러스한 문장이 작품의 재미를 높인다. 재미와 감동이 함께 있는 드문 작품이라 할 것이다.

『시간을 파는 상점』은 아버지가 죽은 후 시간의 소중함을 뼈저리게 느낀 주인공이 '시간을 파는 상점'이라는 인터넷 카페를 개설한다는 이야기다. 미카엘 엔데의 『모모』처럼 시간을 사고팔고, 저축하는 등의 이야기일 것이라는 예상을 깨고 심부름 대행 센터에서 일어나는 에피소드를 담고 있다. 내가 시간을 들여 해야 할 일을 남이 대신 해 줌으로써 늘어난 시간이 어디에 어떻게 쓰이는지, 가속이 현대인이 안고 있는 여러 문제들 즉 과도한 경쟁이나 물질 숭배, 자기 소외, 영혼 상실 등에 어떻게 연관되는지를 탐구할 거라는 예측은 어긋났지만, 또래와의 연대를 통해 문제를 해결해 가는 에

청소년 소설 즐겁게 읽기

피소드는 충분히 매력적이었다.

『펜더가 우는 밤』은 아버지의 죽음을 파헤치기 위해 추리 기법과 판타지를 도입하여 긴장감과 함께 재미를 선사한다. 하지만 두 기법을 한꺼번에 사용한 것은 과도한 욕심이라 생각된다. 치밀하고 정교하게 사건의 틈새를 맞춰 가는 것이 추리소설인데 막다른 지점에서 파트너인 귀신이 가진 신물의 도움을 받아 잘 구축된 긴장감을 스스로 허물어 버렸다.

이들 작품이 소재나 기법 면에서 새로움을 추구하고 있다 하더라도 청소년이라는 테두리를 의식하는 데 비해 『검은개들의 왕』은 카니발식 상상력으로 기존 질서를 전복하는 청소년을 다룬다. 고아나 마찬가지인 주인공들은 기존 질서 체계에서는 불가능한 영웅적 소양이나 마력을 가지고 있다. 환상 소설과 무협 소설, 엽기, 모험담을 마구 섞어 놓은 듯한 이 소설은 형식에서뿐 아니라, 문학적 장치를 풍부하게 사용하고 있다는 점에서도 기존의 작품들에서 볼 수 없는 얼굴을 하고 있다. 예를 들어, 심리적인 불안과 공포를 '검은개'에 투사한 것이나, 삶에서의 혼란을 '두 개의 달'로 상징하고 있는 것이 그렇다. 인간의 악을 다른 대상에 이입한 점에서는 『파리대왕』과, 모험담이라는 점에서는 톰 소여나 허클베리 핀을 닮았다. 또 무협지 풍의 허풍이나 과장이 심하다는 점에서는 박민규의 「절(羅羅)」을, 엽기적이라는 점에서는 백민석의 『목화밭 엽기전』을 연상시키지만, 이 작품은 어느 한 장르에 속하지 않는 풍부함으로 눈길을 끈다.

시골에 사는 세 명의 중학생이 중심인물인데, 이들 모두 부모가 없다. 주인공은 엄마가 죽고 아버지가 집을 나간 후 장애인인 삼촌 집에서 숙모의 냉대를 견디며 산다. 친구인 동치는 춤 선생인 엄마가 잠적한 후 의붓아버지에게 학대받는다. 홍두는 소아마비를 앓고 있으며 부모가 교통사고로 사망한 후, 종이 상자를 줍는 할아버지와 어렵게 살고 있다. 이들의 가정사를 장황하게 나열하는 이유는 보통 아이들과 다른 기이한 행동들이 심각한 애정 결핍에 닿아 있기 때문이다. 이들이 사람들이 외면하는 미친 할머니를 좋아하고 따르는 것은 그녀가 건네는 싸구려 사탕이 주는 짧은 동안의 위로와 따스한 품 때문이며, 검은개를 그토록 두려워하면서도 도망하지 않고 맞서는 이유는 홀로 세상과 대면해야 한다는 것을 알기 때문이다. 검은개의 등장이 단순히 호기심을 끌기 위해서가 아니라는 것은 다음의 구절로 확인할 수 있다.

> 불현듯 언젠가 또 다른 검은개와 맞닥뜨릴지 모른다는 생각이 들었다. 어쩌면 지금 내 앞에 죽어 있는 검은개는 앞으로 만나게 될 수많은 개 가운데 하나일 뿐이었다. 지금 이 순간 세상 어딘가에서는 검은개의 외피를 뒤집어쓴 수많은 괴물이 발아하고 있을 것이다. 그리고 마침내 시기가 도래하면 검은개들의 왕이 모습을 드러낼 것이다. 검은개들의 왕은 내 삶을 송두리째 파괴하고 나를 지옥의 구렁텅이로 몰아넣을지 모른다. 나는 검은개들의 왕에게 무릎을 꿇고 머리를 조아릴지, 아니면 맞서 싸울지 선택해야 할 것이다. (267~268쪽)

이처럼 검은개는 내면에 자리 잡은 근원적인 공포, 혹은 세상이 주는 두려움을 상징한다. 이 소설의 압권은 부모의 사랑과 보호를 받지 못하는 아이들이 미친 할머니와 함께 달빛을 받으며 은어를 손으로 잡는 장면, 그리고 검은개를 죽인 후 주인공이 눈을 맞으며 하나씩 허물을 벗는 장면이다. 개를 죽이고 개에게 물리는 잔혹함을 상쇄시키는 서정성이 돋보인다.

『검은개들의 왕』에는 삶이란 두 개의 달 중 진짜를 찾는 힘겨운 여정이며 그 결과가 어떻든 자기의 힘으로 맞서 싸워 가야 한다는 교훈이 풍부한 문학적 장치 안에 잘 녹아 있다. 청소년 소설이 문학임을 확인시켜 주는 작품이라 할 수 있겠다.

6. 청소년이 없는 청소년 소설

처음에 농담 비슷하게 공모전 당선작의 공식 운운했는데, 최근 2년간의 작품에선 공교롭게도 공식이 또렷하게 존재했다. 작가나 출판사가 짠 것이 아닐까 싶게 비슷비슷했다.

주인공은 중학교 3학년에서 인문계 고등학교 2학년이고, 가족 이야기가 많다. 사별이나 이혼, 혹은 비혼으로 가정은 해체되었지만, 주인공은 모범적일 정도로 착하다. 가정 형편으로 방황하지도, 부모와 갈등을 빚지도 않으며, 술이나 담배, 자학으로 회피하거나 우울증을 앓지도 않는다. 학교 한 번 빠진 적 없을 정도로 착해 빠졌다. 이들은 해체된 가정의 중심이 되고, 아예 학교를 쉬고 일을 갖고 부모나 동생들을 돌보기도 한다. 이들의 친구로는 다문화 가정 아이가 한 명씩 있으며, 부모의 결핍은 엄마의 친구인 '이모'가 대신 채워 준다. 또한 이들은 보통 사람이 접하기 힘든 운동을 하고 잘 모르는 악기를 연주하며 희소병을 앓는다. 마지막으로 주인공들은 아무 갈등 없이 훌쩍 성장해 있다.

작품들을 다 읽어 본 사람이라면 이처럼 단순하게 요약한 것에 코웃음을 치기는 힘들 것이다. 내용의 차이에도 불구하고 아쉽게도 11편의 작품 중 몇 편을 제외하고 뚜렷한 변별점을 찾기 힘들었다.

청소년 소설은 청소년기에 겪는 고민과 갈등에 초점을 맞추려고 작정한 장르이다. 얼핏 꼽아 보아도 청소년이 겪을 수 있는 외부적인 문제로 부모와의 갈등, 가족 해체와 같은 가정과 관련된 문제, 학업 부적응, 시험 불안, 등교 거부, 학교 폭력이나 집단 따돌림 등의 학교와 관련된 문제, 흡연이나 약물 남용, 성 일탈과 같은 사회 영역의 문제들로 나눠 볼 수 있다.

최근 청소년 소설은 동성애, 임신, 낙태, 자살 등의 금기를 깨면서 외연을 넓혀 오고 있었다. 그런데 대부분의 수상작이 소재나 주제 면에서 새로운 데로 나가지 못하고 오히려 기존의 양상보다 축소된 경향을 보였다. 청소년의 속마음을 대변하거나 위로해 주고 때로는 세상과 맞설 힘을 주기는커녕, 문제의 해결마저 청소년의 이해와 양보, 희생을 강요하고 있어 어른의 로망만 잔뜩 풀어놓았다. 청소년 소설에 정작 청소년은 없는 것이다.

그보다 더 큰 문제는 착한 주인공의 설정이다. 어른의 역할을 순순히 해내는 청소년은 얼핏 보면 당당하고 독립된 주체로서의 청소년을 그린 것처럼 보이지만 실상 어른들의 기대와 소망으로 만들어진 대상화된 청소년을 창조한 것에 불과하다. 이럴 경우 사회와 타인의 잘못을 비판하는 지성을 갖추지 못하고 모든 일을 개인의 잘못이나 반성으로 해결할 수 있다는 생각을 갖게 만든다는 점에서 문제다. 현실성 없는, 낭만적이거나 계몽적인 인물들은 동일시를 끌어내지 못해 독자들로부터 외면받을 가능성이 크다.

청소년 소설의 제일 과제는 다양한 분야로 관심을 넓히는 일이다. 물론 무엇보다는 어떻게 다루느냐가 중요한 것은 사실이다. 같은 소재라도 얼마든지 새롭게 다가갈 수 있겠지만 우선은 비슷한 소재에서 벗어나는 것이 필요하다. 가족 해체가 가속화되고 있지만 아직 대부분의 청소년은 평범한 가정에서 생활하고 있다. 마땅히 청소년의 대다수를 차지하는 이들의 내면에도 주의를 기울여야 한다.

공모전 수상작들을 읽는다는 건 잘 차려진 뷔페에 와 있는 것 같았다. 읽어야 할 책은 높이 쌓였지만, 부담되기는커녕 재료, 모양, 맛 어느 것 하나 빠진 것 없는 음식들 앞에 선 것처럼 설레고 즐겁기만 했다. 다 읽고 난 후 솔직히 어떻게 수상작이 되었는지 이해가 안 가는 작품도 있었지만 대체로 만든 사람과 뽑은 사람의 정성과 노력 덕분에 독서의 즐거움을 흠뻑 누렸다. 출판사별로 다른 색깔을 확인하는 재미도 쏠쏠했다. 설령 공식이 있다고 하더라도 감히 아무나 선뜻 다가갈 수 없는 곳에 당도한 작가들에게 축하와 경의를 표한다.

2부

작품 비평

광포한 현실 미약한 환상

구병모, 『위저드 베이커리』, 창비, 2009

1. 청소년과 판타지[37]

청소년 소설에 대한 관심이 그 어느 때보다 뜨겁다. 출판업자들이 소비의 주체로 떠오른 청소년을 '골드 에이지'라 인식하고 그들을 대상으로 한 소설을 발간하고 있는 것도 이유지만, 자신들이 당면한 상황과 문제를 다룬 소설을 청소년이 갈망해 왔기 때문이다.[38] 『봄바람』(박상률, 1997), 『유진과 유진』(이금이, 2004), 『어느 날 내가 죽었습니다』(이경혜, 2004), 『스프링 벅』(배유안, 2004), 『주머니 속의 고래』(이금이, 2008), 『열일곱 살의 털』(김해원, 2008), 『완득이』(김려령, 2008)이가 꾸준히 베스트셀러 목록에 들어 있는 것이 증거이다.

---

37 용어의 반복을 피하기 위해 판타지와 환상을 같은 의미로 쓰고자 한다. 판타지의 경우 환상과 환상 문학 둘 다의 의미로 사용하였는데 이는 "판타지가 인간의 심리적 현실이나 양식 개념으로 사용될 때 환상이나 공상으로, 장르 개념으로 사용되었으면 환상 문학, 또는 환상 소설이라고 옮겨야 한다."(김경연, 「한국 아동문학 판타지론」, 『우리들의 타화상』, 창비, 2008, 157쪽)는 의견을 따른 것이다.

38 정혜경, 「이 시대의 아이콘 '청소년'(을 위한) 문학의 딜레마」, 『오늘의 문예비평』 2008 겨울, 121쪽. 필자는 청소년 소설의 독자는 교사와 부모, 청소년이라고 본다. 선생님이 소개하면, 엄마가 사 주고, 청소년들이 읽는 삼원구조라는 것이다. 청소년 소설이 문학 교육적 관점과 성장에 대한 강박, 화해로운 결말에서 벗어날 수 없는 이유는 작가가 이 구조에서 자유로울 수 없기 때문이라는 분석이다.

청소년 소설 즐겁게 읽기

청소년 소설이 읽히는 이유는 문학성 있는 작품이 많이 등장하기 때문이기도 하지만, 과거 금기시되어 온 자살, 낙태, 성, 근친상간, 이혼, 성폭행, 집단 따돌림 등의 소재를 다룬 덕분이다. 청소년의 세계 역시 복잡한 현실의 일부분이라는 인식을 기반으로 현재 학생들이 겪고 있는 일들을 담으면서 공감을 얻어내고 있다. 또한 『완득이』에서 보다시피 무거운 주제를 가볍게 풀어내고, 재치 있는 문체를 사용하는 등 창작 기법 면에서 작가들이 청소년 독자를 의식하고 있기 때문이기도 하다. 경쾌한 문체와 빠른 전개, 청소년이 사용하는 어투의 사용 등으로 독서의 중압감을 덜어 준 것도 한 요인이다.

이처럼 청소년 소설이 하나의 장르로 떠오르자 질적 도약을 위한 애정 어린 주문도 많아졌다. 이를테면, 교육적 성격을 잃지 않되 문학성을 담보해야 한다[39], 청소년을 주체로 인식하고, 내면을 다층적으로 보여 주면서 그들이 하고 싶은 말을 쏟아 내는 장이 되어야 한다[40], 자기 발견의 계기를 적극적으로 제공하여 올바르고 자율적인 주체 형성에 도움을 주어야 한다[41]는 것이 그것이다. 또한 현재 청소년이 당면한 사안을 발굴하고 아이들의 말투와 풍속, 사고방식 등을 적극 반영함으로써 '지금 여기' 청소년의 삶에 좀 더 가까이 다가가고[42], 청소년의 문화나 의식과 함께하려는 공감대가 우선되어야 한다[43]는 주장도 새길 만하다. 당대 청소년의 삶을 다룸으로써 공감을 끌어내고, 자아와 세계가 갈등하고 대결하는 과정을 보여 주어 주

39 정유정, 「장르로서의 청소년 소설」 『세계의 문학』 2009 가을호.
40 오세란, 「청소년 문학과 청소년 문학이 아닌 것」 『창비어린이』 2009 봄호.
41 유성호, 「청소년 문학의 미학과 교육」 『오늘의 문예 비평』 2009 봄호.
42 조태봉, 「지금, 여기 청소년의 발견과 그들의 이야기」 『시작』 2009 여름호.
43 황선열, 「'지금 여기'에 놓인 청소년 문학의 현실과 전망」 『아동청소년 문학의 새로움』 푸른책들, 2008.

체성 형성에 도움을 주는 것도 중요하지만 무엇보다 문학성을 갖춰야 한다는 것이 청소년 소설에 대한 바람이라고 할 수 있다. 결국 좋은 청소년 소설은 일반 독자가 읽어도 좋은 소설이어야 하는 것이다.

그런데 청소년 독서의 대부분을 차지하고 있는 것은 판타지나 무협물이다. 전반적으로 독서를 기피하고 있으면서도 대부분의 중·고등학교 심지어 대학교에서도 대출 일 순위는 판타지 소설이 차지하고 있는 것이 현실이다. 이에 대해 학부모나 교사들은 학생이 판타지를 읽는 것은 시간 낭비일 뿐이라고 우려하곤 한다. 환상과 밀접한 관계를 갖는 동화를 읽고 자라난 청소년이 곧바로 일반 소설에 진입하기에 앞서 그런 소설을 읽는 것은 발달 과정상 자연스러운 것인데도, 판타지 소설은 저급한 문학으로 폄하를 받아 온 것이 사실이다. 동화에서는 상상력을 키워 주는 본질적인 속성으로 인정받는 판타지가 유독 청소년에게 해로운 것으로 받아들여지는 이유는 무엇일까? 그것은 현재 청소년이 안고 있는 문제를 다루지 않고 오히려 그것을 망각하게 하기에[44] 머잖아 현실 세계와 대면해야 할 그들에게 현실을 인식할 힘을 길러 주지 못할 것이라는 판단이 작용하기 때문이다.

이런 우려에도 불구하고 청소년이 판타지에 탐닉하는 이유는 그들이 만화와 영화, TV 등 영상 매체의 영향을 강하게 받은 데다, 척박한 교육 환경이 그들을 벼랑으로 내몰기 때문이다. 그들은 골치 아프고 억압적인 현실을 떠나 잠깐이라도 모든 것이 가능한 환상의 공간에서 달콤한 위무를 받고 싶은 것이다. 따라서 독서 시간이 절대적으로 부족하고, 무거운 주제의 고전에 넌더리를 내는 학생들에게 한 발짝이라도 다가가기 위해서는 이러한 판타지를 적극적으로 활용할 필요가 있는데,『위저드 베이커리』는 그런

44 김중신,「청소년 문학의 재개념화를 위한 고찰」,『문학 교육학』 2002 여름, 32쪽.

점에서 눈길을 끄는 작품이다.

청소년 소설에 대한 비평이 많이 나오고 있지만 청소년 독자를 의식한 작품론은 드문 실정이다. 청소년 소설과 마찬가지로 비평 또한 그들에게 도움을 주어야 하는 것은 당연한데도 소수 전문가를 위한 글들이 대부분이다. 이 글은, "독특한 마법사 모티프로 낯선 성장 서사를 구축하여 기존 청소년 문학의 상투성을 극복한 작품"[45]으로 "청소년 문학의 현주소를 대표"[46]한다고 평가받는 『위저드 베이커리』를 자세히 읽어 청소년이 작품을 이해하고 독서의 즐거움을 느끼는 데 도움을 주고자 한다.

2. 냉정한 가족과 절망적인 현실 세계

계모, 마법사, 화덕, 과자로 만든 집, 새(파랑새는 하얀 새로 변주된다.)라는 소재를 그대로 가져왔다는 점에서 『위저드 베이커리』는 『헨젤과 그레텔』의 현대판이라 할 수 있다. 무엇보다 '친부모에 의한 자식의 유기'라는 잔혹한 사건을 기본 서사로 삼은 점이 그렇다. 화자도 두 작품의 친연성을 숨기지 않는다.[47] 그런데 동화에서는 주인공이 과자로 만든 집과 마녀를 만났을 때 이를 아무렇지도 않게 받아들이고 자신을 버린 아버지와 갈등 없이 행복하게 사는 데 비해, 소설의 경우 주인공이 환상 세계로 진입하면서 이 사실을 선뜻 받아들이지 못하고 머뭇거리며, 갈등을 일으킨 가족들과 쉽게 화해하지 못한다는 점에서 차이를 보인다. 가장 큰 차이는 『헨

---

45 정혜경, 「닫힌 결말 속의 인공 낙원」, 『창비어린이』 2009 가을호, 46쪽.

46 정유정, 앞의 글. 198쪽.

47 주인공은 빵 가게의 오븐 안으로 숨을 때나, 엄마가 호주머니에 빵을 넣어 주고 버렸을 때 헨젤과 그레텔을 떠올린다. (21쪽, 103쪽)

젤과 그레텔』에는 부모에게 버림받은 아이의 절망스러운 내면이 나타나 있지 않다는 점이다. 저항할 수 없는 운명에 던져진 아이의 내면이 마녀와 과자로 만든 집이라는 신기하고 달콤한 이야기에 묻혀 버린 것이다. 『위저드 베이커리』가 주목한 것은 바로 그 지점이다. 소설은 버림받은 아이의 아픔, 불안과 결핍을 환상으로 치유해 주고자 한다.

그런데 우리 사회 현실을 반영하여 가족의 해체로 버림받거나 방황하는 아이를 다룬 이야기는 넘쳐 난다.[48] 이와 같은 갈등은 대개 부모의 사랑을 다시 확인하는 것으로 해결되어 주체의 역할이 수동적이라고 비판받아 왔다. 그렇다면 『위저드 베이커리』의 새로움은 자신에게 닥친 어려움을 어떻게 능동적으로 해결해 가는지에 달려 있다고 할 수 있다.

고등학교 1학년인 '나'는 심하게 말을 더듬는다. 책을 읽거나 글을 쓸 때면 아무렇지도 않은데, 미리 글로 써 두지 않으면 간단한 대답도 명쾌하게 하지 못한다. 이 증세가 나타나기 시작한 것은 초등학교를 졸업할 무렵이다.

여섯 살 이후 '나'는 한 번도 따스한 사랑이나 배려를 받아 보지 못했다. '나'는 여섯 살 때 엄마에 의해 전철역에 버려진다. 엄마는 '내' 손에 휴지와 빵을 쥐여 준 채 역 구내에 놓아두고 다시 찾지 않는다. 대신 어떤 이가 빵을 허겁지겁 먹다가 토하고 있는 '나'를 발견하고 역무실에 맡기는데, 역무원은 토하다가 기절까지 한 '나'를 그대로 방치한다. 경찰의 방문이나 성가신 호출을 피하기 위해서다. '나'를 맡긴 사람의 항의를 받고서야 역무원은

---

48 김권호, 「해체된 가족, 그리고 주인공」 『창비어린이』 2009 가을호, 187쪽.
필자는 공모전이 해를 거듭할수록 비슷비슷한 소재와 내용의 작품들이 많은데 그중에서도 가장 자주 등장하는 소재는 가족 해체를 배경으로 한 것으로, 이는 어린이에 대한 별다른 탐색 없이도 결핍-채움의 구도로 손쉽게 작품을 만들어 낼 수 있다는 생각에서 나온 것이라고 진단한다.

허겁지겁 병원에 입원시키고 경찰에 이 사실을 알린다. 그런데 '내'게 성의를 보인 그 사람마저 사례는 필요 없으니 앞으로 귀찮게 하지 말라고 부탁한다.

이 소설의 인물들은 하나같이 이기적이고 냉정하다. 역무원은 쓰러진 아이를 그냥 방치하며, 그나마 동정심을 보였던 사람조차 귀찮은 일이 생길까 봐 서둘러 발을 뺀다. 그런데 이런 냉정한 태도는 가족 구성원들에게서 더욱 두드러진다.

경찰이 확인해 본 결과 '내'가 버려진 지 일주일이 넘었는데도 실종 신고가 없었다. 엄마가 '날' 버린 것도 충격적이지만, 아빠나 친척 그 누구도 '나'를 찾지 않은 것 역시 '나'에게 깊은 상처로 남는다. 아버지와 연락이 닿았을 때 그는 애 엄마가 생사를 헤매고 있어 경황이 없었다고 변명한다. 나중에 안 사실이지만 엄마가 '나'를 버리고 자살한 것은 아빠의 외도와 폭력 때문이었다. 직접 버린 건 엄마지만 아빠 역시 실종된 '나'를 찾지 않은 점에서 '나'를 버린 것이나 마찬가지다.

4년 후 아버지는 '내' 의사를 묻지도 않은 채 여덟 살짜리 딸이 하나 있는 초등학교 선생과 재혼한다. 신데렐라나 백설 공주의 새엄마 같은 사람은 이 세상에 절대로 없다고 장담하던 아버지의 말과는 달리, '내'가 배 선생이라 부르는 새엄마는 교묘하게 '나'를 학대한다. 밥을 해 주거나 옷을 세탁해 주지도 않으며 '나'와 한 공간에 있는 것조차도 못 견뎌 한다. 그래서 '난' 집으로 오는 길에 빵을 사서 끼니를 해결한다. 이런 상황에 대해 아버지는 늘 방관자다. 한 번도 '내' 편이 돼 주지 않고 '날' 이해해 주려고도 않는다.

이런 일을 겪으면서 '난' 점점 말하기가 힘들어진 것이다. 한 문장을 말할 때도 "……. 그, 얘기를, 왜…… 저한테 하세요. 아버지한테…… 물어보

세요."(31쪽)라고 할 정도다. 이처럼 말없음표 사이에서 간신히 이어지고 말은 어둡고 절망적인 삶의 무게에 힘겨워하는 화자의 고립감과 단절감을 효과적으로 드러낸다.

학교 선생님들도 '나'를 이해하거나 도와주려고 하지 않는다. 대답을 잘하지 못한다는 이유로 '귀싸대기를 날리'고, '가학 취미가 있거나 그날따라 수업하기 싫은 극히 일부의 선생을 제외하고는' 누구도 말을 시키지 않는다. '내'가 얼마나 심각하게 정신적 내상을 입고 있는지 그가 꾼 꿈을 통해 상세히 나타난다.

> 그때 등에서부터 무언가 관통하는 느낌이 들었다. 다음 순간 아래를 내려다보자 배에 기다란 뭔가가 꽂혀 있었다. 실과 같이 가느다란 창이 내 몸을 꿰고 섬광을 내뿜었다. 관통한 자리에서 구멍은 점점 더 넓어지고, 그 자리에서 붉은 내장들이 피거품을 물고 흘러내렸다. 쏟아지는 내장 사이사이로 검은 어둠이 찬란하게 제 몸피를 키우며 드러났다. 바람이 그 어둠 사이로 들락거리며 뼈마디를 뒤흔들고 지났다. 빛나는 창을 잡자 손에 불이 붙어 그대로 타들어 갔다. 혈관이라는 게 아직도 내게 남아 있다면, 온몸의 혈관을 타고 뜨거운 불이 흘렀다. (156~157쪽)

이렇게 피를 철철 흘려 가며 난도당한 채 겨우 버텨 가던 '내'가 더는 집에서 살 수 없는 사건이 일어난다. '나'는 세탁하려다 의붓동생인 무희의 팬티에서 우연히 핏자국을 발견한다. 성폭행의 범인으로 영어 학원 강사를 고소하지만, 무고로 풀려나고 진짜 범인이 누구냐고 새엄마가 다그치자, 무희는 손가락으로 '나'를 지목한다. 배 선생이 경찰에 신고하려고 하자 '나'는 다급하게 뛰쳐나오게 된 것이다. 그 상황을 보고서도 무표정하게서 있는 아버지는 '내' 절망을 심화시킨다.

현실의 공간은 누구도 '나'를 이해하거나 사랑해 주는 사람이 없는 황폐한 곳이다. 가족과 선생님 모두 '나'에게 적대적이다. 위에서 언급한 역무원이나, '나'를 역무실에 맡긴 사람, 무희가 다니는 학원 원장과 강사, 그리고 성폭행 조사를 맡은 검사조차 타인에 대한 이해심과 배려라고는 없다. 그런데 이처럼 현실 세계가 나쁜 사람만 가득 찬 곳이라는 설정은 지나치게 현실을 단순하게 그리고 있다는 점에서 문제다.[49] 선과 악, 이성과 감성, 배려와 배신, 따스함과 비정함 등 상반된 면모를 지닌 사람들의 복잡성을 무시한 채 한 면만 부각하면, 독자가 자신을 등장인물과 동일시함으로써 자신도 의식하지 못하는 내면을 발견해 가는 깨달음의 즐거움과 인식의 고양을 맛볼 수 없게 되는 것이다.

주인공을 압도하는 지나치게 불행한 환경 역시 그가 주체성을 발휘할 여지를 주지 않기에 청소년 소설에 적합하지 않다. 세계가 너무 강대하면 자아가 겪는 불행한 상황에 초점을 맞추게 되어 청소년기에 만나게 되는 고민과 갈등, 혼돈 등이 제대로 형상화될 수 없고, 주인공이 이와 대결함으로써 성숙하는 과정을 담을 수 없기 때문이다.

마지막으로, 의붓딸에 대한 성폭행이나 친부모에 의한 유기, 악독한 계모의 학대라는 소재가 현재 우리 청소년이 보편적으로 겪는 문제가 아니라는 점을 짚고 넘어가고자 한다. 독자의 체험과 동떨어진 소재는 현실을 비판하는 힘이나 삶에 대한 비전을 제공해 주지 못한 채 흥미의 대상으로

---

49 강유정, 앞의 글, 200~201쪽.
   필자는 『위저드 베이커리』가 지나치게 어둡기 때문에 현실성이 없다고 지적한다. 고전 설화나 소설 속에서나 발견되는 고난의 연속과 닮았다는 것이다. 그래서 주인공이 현실적으로 갈등을 겪는 사실적 인물이라기보다는 작가의 의도를 전달하기 위해 선택되고 조형된 인물이라고 비판한다.

만 머물 뿐이다. 개별적인 가정의 특수한 사건이라는 틀에 갇히게 되면 자신과 현실을 비판하고 새로운 지향점을 모색해 보는 계기를 마련해 주지 못하게 되는 것이다.

이제 '내'가 환상 세계로 도피할 이유가 주어진 셈이다. 누구에게도 기댈 수 없는 고립무원의 처지에서 '합리적인 사고 체계는 퓨즈가 나간 듯 모두 끊어져 버린'(54쪽) 것이다. 작가가 판타지를 도입한 것은 청소년의 눈높이에 맞추려는 것이지만, 그만큼 현실을 암울하게 보고 있기 때문이기도 하다. 소망하는 삶이 환상을 통해서만 충족될 수 있다는 비관적인 현실 인식이 판타지와 결합하게 된 배경이다.

3. 치유의 공간으로서의 '빵집'

집을 뛰쳐나온 '나'는 24시간 영업하는 빵집으로 숨는데, 마음과 몸 모두 상처투성이인 '내'가 빵집을 택한 것은 필연적이라 할 수 있다. 빵은 음식의 환유이자, 어머니의 사랑에 대한 상징이다. 어머니가 자신을 버릴 때 쥐여 준 빵을 주인공이 자신도 모르게 갈구하는 장면을 보자.

> 몇 년이 지난 뒤 보름달 또는 대보름 아니면 정월대보름이라는 이름이 붙어 있는 여러 짝퉁 버전의 빵을 학교 매점에서 만날 수 있었지만, 그 찬바람 속에서 먹은 대보름 빵과 같은 맛은 두 번 다시 찾을 수 없었다. 속이 뒤집혀 다 토해 버렸으면서도 그것이 그때까지 먹은 세상 모든 빵 가운데 제일 맛있었다고 기억되다니 참 역설적인 일이었다.

나는 정체를 알 수 없는 어떤 흔적을 찾아 딸기 크림이나 오렌지 크림이 함유된

쉰내 나는 싸구려 빵들을 지속적으로 섭렵했다. 그리고 그와 똑같은 맛을 찾는

데에 결국 실패하고 나서야 엄마의 영원한 부재를 실감했다. (111쪽)

다 토해 버렸으면서도 엄마가 준 빵이 가장 맛있었다고 기억하고 그와 똑같은 빵을 찾아다니는 것은 '내'가 얼마나 절실하게 엄마의 사랑을 그리워하는가를 나타낸다.

점장은 빵집에 머물 것을 허락해 준 대신, 그가 운영하는 인터넷 쇼핑몰을 관리해 달라고 말한다. 그곳에서는 소원을 이루어 주는 마법의 빵을 판다. 그 빵은 학교나 회사에 가기 싫을 때 먹으면 도플갱어가 나타나 대신 가 주거나, 실연의 상처를 빨리 잊도록 도와주며, 사귀고 싶지 않은 사람에게 먹이면 물러나게 해 준다. 그런데 이 빵에는 마법을 이용하면 긍정이나 부정 어느 쪽의 변화든 그 힘이 자신에게 부메랑이 되어 돌아올 수 있다는 경고문이 붙어 있다. 회원 가입 안내문에도 "모든 마법은 자기에게 그 대가가 돌아오는 것을 전제로 합니다. 자신의 행위로 인한 결과를 책임질 수 있는 분만 가입하시기를 바랍니다."(63쪽)라는 경고문이 제시된다. 이는 마법의 힘을 이용할 수 있지만 그 결과의 책임을 면할 수 없다는 것을 강조하고자 한 것이다.

라이벌인 친구가 창피를 심하게 당하도록 하여 결과적으로 자살하게 만든 것 때문에 죄책감을 느끼는 여고생, 짝사랑하는 사람에게 빵을 먹여 애인으로 만들었지만, 그의 집착 때문에 괴로워하는 20대 여성 인물들은 선택과 책임을 강조하기 위해 등장시킨 이들이다. 마법사가 죽은 사람을 살려 내어 그 때문에 뜻밖의 결과로 후회하고 있다는 삽화 역시 자신이 선택

한 일에는 반드시 책임이 뒤따른다는 주제와 닿아 있다.

　'나'는 이런 일련의 사건을 보고 들으며 자신의 상황을 하나씩 돌이켜 본다. 이는 주인공이 꿈을 꾸는 것으로 처리되는데, 꿈속에서 '나'는 외면하고 싶은 기억과 정면으로 마주침으로써 자기 잘못을 깨닫는다.

> 낭패감과 동정이 적절히 반죽된 무희의 눈길, 내 꼴을 보고 조금 후회할까 말까
> 망설이는 듯한 배 선생의 침착한 입술 선. 그리고 여전히 모호의 극치를 달리는
> 아버지의 표정.
> 그 얼굴을 보자 비로소 결심할 수 있었다. 아버지는 이미 내 아버지이기를 거부
> 하고 배 선생의 남편이기를 택했다. 저편에 서 있는 사람들. 이쪽에 비틀거리며
> 서 있는 나. 참으로 아름답고 감동적인 가족사진이었다.
> 상처는 새로 돋는 살의 전제 조건 (157쪽)
> (중략)
> - 나 알아요. 나도 처음부터 거절하고 당신한테 아무것도 주지 않으려 했다는
> 거…… 내가 받고 싶은 게 없었으니까. 그게 가장 바람직한 선택이라고 생각했는
> 데…… 지금까지 당신이 나한테 했던 일들은 내 선택에 대한 대가 정도로 생각해
> 둘게요. (158쪽)

　'나'는 꿈을 통해 자신이 새엄마에게 냉소적이고 무관심으로 대할 것을 선택했다는 것과 아버지 역시 '자신의 아버지이기를 거부하고 배 선생의 남편이기를 택했다.'는 사실을 새로이 알게 된다. '내'가 겪은 상황은 어느 정도 내가 선택한 것이기도 하므로 감내해야 한다는 것, 그리고 아버지와 새엄마, 죽은 엄마도 각자 자신이 선택한 길을 간 것뿐이라는 것을 깨달으

면서 가족에 대한 원망과 분노를 해소한다. 자기의 입장만을 중시하는 자아 중심주의에서 벗어나 모순투성이인 어른의 세계를 이해하게 된 것이다. '나'는 마침내 온몸의 힘을 쥐어짜 자기 몸을 관통하던 '창'을 뽑아내고 아무것도 두려운 것이 없게 돼 '미소'를 짓는다.

도피했던 환상 세계에서 현실을 극복할 힘을 얻은 '나'는 점장에게서 선물 받은 '타임 리와인더'라는 마법의 쿠키를 가지고 집으로 돌아간다. 가까스로 집으로 돌아왔지만, 뜻밖의 상황이 기다리고 있다. 무희를 성추행하고 있는 아버지를 목격한 것이다. 이 상황에서 과연 '나'는 마법사가 준 쿠키를 이용해 과거로 돌아갈까, 아니면 온전히 자신의 힘으로 현실을 이겨 낼까? 작가는 마법의 힘을 이용해 과거로 돌아가는 쪽과 현실의 상황을 고스란히 받아들이는 두 가지 결말을 제시한다. 그런데 어느 쪽이든 주인공이 말을 더듬지도 않고 어른들의 결정을 수동적으로 받아들이지도 않는다는 점에서 다르지 않다. 환상 공간에서의 경험을 통해 '나'는 변화한 것이다.

그런데 이런 변화를 끌어내기 위해 군이 판타지를 도입할 필요가 있었는가 하는 의문을 품게 된다. 빵집은 현실에서의 갈등과 문제를 적극적으로 체험하고 해결함으로써 힘과 용기를 갖게 하는 역할을 하지 않기 때문이다. 주지하다시피 주인공이 현실을 대결할 힘을 얻은 직접적인 계기는 자신의 꿈을 통해서이다. 꿈속에서 자신의 상처를 하나하나 되짚어 봄으로써 고통과 마주하고 상처를 치유한다. 따라서 환상 세계가 작품 전체 구조에서 필수적인 장치인가에 대해 고개를 갸웃거리게 된다.

고작 꿈을 한두 번 꾼 것으로 막강한 현실과 대면할 용기를 얻었다는 것은 안일한 해결책이라 할 수 있다. 그렇기에 그가 얻은 힘은 허약할 수밖에 없다. 다시금 마주 선 현실 앞에서 마법의 힘을 이용할 것인지, 그렇지 않을 것인지 망설이게 되는 것도 그 때문이다. 따라서 작가가 만들어 놓은 두 가지 결말은 선택과 책임이라는 주제와 연결되는 구성이라는 점에서 흥미롭지만, 자아의 깨달음이 그만큼 미미하다는 것을 증명하는 것이기도 하다.

가정의 해체로 어려움을 겪는 주인공이 부모의 사랑을 확인하면서 갈등이 해소되던 기존의 서사와 달리, 『위저드 베이커리』는 섣부른 화해나 해결을 보여 주지 않는다. 대신 주인공이 문제 상황에 대한 자신의 책임을 깨달으면서 현실을 받아들인다. 그런데 이 변화를 성숙으로 해석하여 카타르시스를 거론하기에는 무리가 있다. 위에서 살펴본 것처럼 대결하며 극복할 수 없는 압도적인 환경이 설정됨에 따라 주인공은 외부의 문제에는 눈감고 엉뚱하게도 비판의 화살을 자신의 내면으로만 돌려 버렸기 때문이다. 반성할 사람은 따로 있는데 주눅 들어 말도 제대로 하지 못하는 아이가 오히려 자신의 잘못을 깨닫고 반성한다는 이야기에 독자가 공감하기는 힘들지 않을까? 별다른 체험 없이 꿈을 한 번 꾼 것만으로 현실을 받아들일 힘을 얻게 되었다는 것도 설득력이 없기는 마찬가지다. 순하고 약한 아이가 받는 고통을 서사화하고 위무하려던 계획은 선택과 책임이라는 교훈과 억지로 결합하면서 착한 아이 이야기로 변질되어 버렸다고 할 수 있다.

4. 마무리

『위저드 베이커리』는 긴장감 있는 사건 전개, 흥미롭고 충격적인 소재와 함께 환상 세계와 현실 세계 간의 긴장 관계를 잘 구축하는 데 성공하였다. 판타지적 요소를 사용하여 독자와의 거리를 좁히고 청소년 문학의 영역을 확대한 점도 성과라 할 것이다.

작가는 『헨젤과 그레텔』에서 지나쳐 버린, 버림받은 아이의 절망적인 내면에 주목한다. 과거의 동화가 오늘날 소설에 되살아난 이유다. 그런데 이 소설 속의 아이는 더욱 끔찍한 상황에 직면해 있다. 엄마의 자살, 아버지의 외도와 폭력, 자식에 대한 무관심, 새엄마의 학대는 저항할 수 없는 압도적인 현실로 아이의 운명을 옥죈다.

주인공이 위험을 피해 찾아든 빵집은 환상의 공간으로 변모하면서 현실 세계의 고통을 치유하고 회복할 힘을 준다. 그곳에서 주인공은 여러 인물이 갈등하는 모습을 보며 세계에 대해 눈을 뜬다. 또한 자신의 지나온 삶을 꿈을 통해 돌아보면서 뿌리 깊은 피해의식과 상처를 치유하고 현실과 맞대면할 힘을 얻는다. 주인공에게 새살을 돋게 만든 진정한 마법의 힘은 마법사가 아니라 스스로가 가지고 있었던 셈이다. 하지만 그곳에서의 경험이 주인공의 문제와 직접적으로 연관되지 않는다는 점에서 환상성의 도입이 필연적인가 하는 의문을 품게 된다.

독자는 소설의 인물과 교감하면서 낡은 껍데기를 깨고 새로운 나를 발견하며 성장하게 된다. 이것이 독서에서 얻는 인식의 확장이다. 그런데 모두가 냉정한 인물뿐인 환경은 암울한 우리 현실을 반영한다손 치더라도 개연성이 떨어진다. 독자가 동일시를 느끼지 못하고 남의 일과 문제라고 여기게 되면 흥미의 차원으로 머물게 되어 성숙의 길로 이끌지 못하고 만다. 자아와 세계가 대립하는 과정에서 겪는 고뇌와, 갈등 속에서 얻는 성장을 추체험할 기회를 얻지 못하게 되는 것이다

이 소설에서 청소년 독자는 현실에 어떻게 대응하며 살아야 하는가 하

는 깨달음을 얻기보다, 불행한 환경에 압도당하는 가련한 주인공만 만나게 된다. 그런데도 작가는 이가 어느 정도 자신이 선택한 것이므로 받아들여야 한다는 해법을 제시한다. 가족의 사랑을 받지 못한 아이의 아픔과 상처에 대해 '선택과 책임'의 중요성을 강조하는 것은 도덕적인 설교를 위한 것일 뿐 본질적인 해법이라 할 수 없다.

『위저드 베이커리』는 마법사가 등장하고 자식 유기, 가족 내의 성폭행 등 금기의 영역을 소설의 세계에 끌어들임으로써 흥미를 끄는 데는 어느 정도 성공했지만, 청소년의 문제를 사회 구조적인 차원에서 접근하지 못한 채 개별적인 가정의 특수한 문제로 한정해 버렸다. 성과가 없지는 않지만, 인물의 복잡한 면모를 단순화하고 부정적인 측면만 일방적으로 부각한 인물의 형상화, 문제의 본질에서 벗어난 추상적이고 안일한 해법, 전체 구조와 관련이 없는 환상성의 도입이 아쉬움으로 남는다.

제대로 된 청소년 소설은 청소년이 주체적으로 사는 모습을 담아야 한다. 현실과 맞부딪쳐 삶이 무엇인지, 어떻게 살아야 하는지 고뇌하며 성숙해 가는 과정을 그려야 하는 것이다. 이런 관점에서 보면 청소년 소설의 문제는 현실의 청소년들이 어떻게 살고 있는지와 바로 연결된다. 그들이 주체적으로 행동하도록 다양한 길을 열어 두기는커녕, 입시에 꽁꽁 묶어 둔 채 조그마한 일탈도 허용하지 않는 게 우리의 현실이다. 그런데도 현실에는 눈감은 채 청소년 소설의 주인공에게만 주체성을 요구하지 않았나 싶다. 지금처럼 우리 청소년들이 자신만의 시간표를 만들 기회를 박탈당한 채 입시 경쟁에 얽매여 지옥을 사는 한 좋은 청소년 소설이 나오기는 어려울 것이다. 문제는 소설이 아니라 현실이다.

청소년 소설 즐겁게 읽기

학교라는 지옥을 비추는 거울

이상권, 『난 할 거다』, 사계절, 2011

『난 할 거다』는 학교에서 겪은 갈등으로 죽음 앞에 선 주인공이 자신이 진실하게 열망하는 것이 무엇인지를 깨닫고 삶에 대한 희망을 찾는다는 이야기를 담고 있는 소설로, 시련과 고난을 통해 자아 정체성을 확립해 가는 개인을 다루는 성장소설의 문법을 충실히 따르고 있다. 학교라는 제한된 배경, 고통과 극복이라는 단일한 플롯, 기억하기 쉬운 평면적 인물의 배치 등의 겉으로 보이는 단순성에도 불구하고 이 소설이 흡입력을 가지는 이유는 학교 교육의 누적된 모순 속에서 진정한 자아를 찾아가는 화자의 고투가 핍진하게 묘사되어 있기 때문이다.

청소년 소설에서 학교가 주된 배경이 되는 이유는 청소년 삶의 바탕이 되는 곳이자 그들이 겪는 갈등이 발생하는 지점이기 때문이다. 학교를 배경으로 한 학교 소설을 교사-학생 간의 갈등, 학생-학생 간의 갈등을 다룬 것으로 나눠 볼 수 있는데,『난 할 거다』는 교사-학생 간의 갈등을 다루고 있는 소설의 계보를 잇는다. 그런데 학생-학생 간의 갈등을 다룬 작품에서도 교사는 그 갈등과 무관하지 않다. 양자의 갈등을 해결해야 할 교사가 오히려 그들의 갈등을 부추기거나 심화시키는 역할을 담당한다.『아우를 위하여』(황석영),『우리들의 일그러진 영웅』(이문열)에서 조영래 일당과 엄석대가 막강한 힘을 가질 수 있었던 것은 말 잘 듣고, 질서정연한 반을 만들기 위해 그들을 반장으로 임명하고 비리를 묵인하는 담임이 있었기 때문이다. 『우상의 눈물』(전상국)에서 담임은 학급의 문제아가 모멸감을 느끼고 자퇴하게끔 뒤에서 몰래 반장을 조종하는 인물이다.

학생-학생 간의 갈등도 그렇지만 성인이자 권력을 쥔 교사와 학생 간의 갈등이 학생의 고통과 절망을 더욱 심화시킬 것은 당연하다. 그래서 나는 교사-학생 간의 갈등을 다룬 작품을 지옥형 소설이라 부르고자 한다. 그런 명명이 지나치지 않은 것은 보호라는 미명하에 통제가 지나칠 때 학생들이 체감하는 학교는 감옥을 넘어 지옥이 되기 때문이다. 이런 소설은 마리아 니콜라예바가 말한 이종성(Heterology) 즉 교사와 학생 간 힘의 '불균형성, 불평등성, 비대칭성'을 탐구한다. 『열일곱 살의 털』(김해원)에서 학생부장인 오광두와 체육 교사인 '매독'은 귀밑 3cm까지로 학생의 머리를 규제하면서 체벌하고, 『위저드 베이커리』(구병모)의 담임은 이혼과 엄마의 자살로 글을 쓰지 않고는 한마디도 할 수 없는 아이에게 대답을 제대로 못한다고 발길질하고 뺨을 때린다. 『파랑 치타가 달려간다』(박선희)에서 학교장은 학생들의 자유로운 밴드 활동을 허락했다가 학부모의 항의로 강제 철폐한다.

그러면 천국형 학교 소설은 없는 것일까? 『완득이』(김려령)에 지금까지의 부정적인 교사에 대한 이미지를 전복하는 교사가 등장한다. 『완득이』의 성공 요인을 여러 면에서 분석할 수 있겠지만, 권위적이며 폭력적인 교사와는 거리가 먼, 유쾌하고 발랄하며 거침없는 담임 '똥주'의 캐릭터가 큰 요인이라 할 수 있다. 열등감에 빠진 문제아를 변모시키고, 헤어진 아버지와 어머니의 사랑을 회복시킬 뿐 아니라, 장애인 아버지를 위해 안정된 직업을 얻어 주는 전지전능한 슈퍼맨과 같은 교사의 출현에 독자는 환호했다. 그런 교사가 실제로 존재할 수 있는가 하는 리얼리티는 제쳐 두고, 그랬으면 하는 소망스러운 존재를 원한 것이다. 이처럼 학교가 천국이냐 지옥이냐는, 규율이나 규제 자체보다는 전제형인가, 방관형인가, 조력형인가, 민주형인가 하는 교사의 역할에 좌우됨을 알 수 있다. 교사라는 요인을 지우고도 우리 학생들은 세계에 유례없는 공부의 양과 강제 자율 학습, 외형에 대한 규제, 친구들과의 경쟁, 부모의 압력으로 매우 힘들다. 여기에 교사의 억압이나 편견, 차별, 멸시가 더해졌을 때 어린 학생들이 체감하는 학교는 지옥 외 다른 이름을 붙일 수가 없을 정도다.

『난 할 거다』는 지옥형 학교 소설의 대표작이라 할만하다. 교사학생의 갈등을 중심축으로, 이에서 파생되는 급우의 무시, 선도부원의 무자비한 폭력 등 우리 학교가 안고 있는 온갖 모순들이 집약되어 있기 때문이다. 그곳에서 개인의 존엄성은 짓밟히고, 영혼이 파괴되며, 화가, 과학자, 교사가 되고자 했던 꿈과 희망은 산산조각이 나 버린다. 작가는 일인칭 주인공 화자를 설정하여 학생이 겪은 처참한 인권 유린의 과정을 생생하게 증언함으로써, 독자의 공감과 친밀감을 끌어낸다. 그러면 줄거리를 살펴보도록 하자.

화자인 시우는 시골에서 중학교에 다닐 때는 똑똑했지만, 대도시 고등학교에 진학한 후엔 '문제아, 학습부진아'로 낙인찍힌 학생이다. 시우는 시골 중학교에서 꽤 공부를 잘해 '판검사 아니면 외교관'이 될 거라는 친구의 부러움과 기대를 받으며 대도시인 광주의 고등학교로 진학했다. 시우의 고난은 입학 첫날 이발한 지 일주일밖에 되지 않았는데도 '도라무통'이라 불리는 체육 선생님에게 머리가 길다고 지적을 받는 데서부터 시작된다. 수업 첫 시간, 영어 선생님이 책을 읽어 보라고 하자, 시우는 갑자기 '눈 앞이 아득해지면서 글자들이 요동치더니 까만 점으로 변해 버리는' 이상한 증상을 겪는다. 당황해서 읽어 보려고 애썼지만 '글자들은 세포분열을 하면서 무슨 암호처럼 이상한 모양으로 변하고,' 너무 당황한 바람에 '오히려 머리가 멍해지고 팔다리가 마구 후들거리면서 이번에는 책장이 노랗게 다시 빨갛게 보이다가 까매져 버린다.' 환경의 변화로 인한 긴장감 때문에 난독증과 공황 증세가 겹쳐 나타난 것이다. 이를 알 리 만무한 교사는 책도 못 읽는다며 몽둥이로 체벌한다. 그런데 일시적이라 생각했던 증상은 오래도록 지속된다. 그 결과 국어, 독일어, 수학 등 모든 시간마다 시우는 대답을 안 하거나, 책을 읽지 못해 슬리퍼, 출석부 등 다양한 도구로 매를 맞는다.

집에서 달달 외울 정도로 공부해 오는데도 선생님께 이름만 불리면 공황 상태가 돼 버리는데, 공부시키고 가르치겠다는 열의가 강한 교사일수록 매질의 강도가 심하다. 어느 장을 넘겨도 폭력적인 장면이 넘친다. '엉덩이부터 장딴지까지의 살은 피와 멍울이 으르렁거리는 전쟁터' 같은 처참한 모습이다. 급우들의 눈초리도 차가울 수밖에 없다. 유일하게 마음을 터놓은 친구는 지나친 규제로 자퇴하고 만다.

큰맘을 먹고 담임 선생님에게 사정을 말하기 위해 찾아갔지만, 50대의 담임은 방과 후에 테니스를 치느라 시우에게 눈도 맞추지 않는다. 시우는 자신을 증명하기 위해 시험공부에 전력을 쏟지만, 시험 날마저도 증세가 나타나 시험을 망치고 만다. 또 다른 국어 선생님의 배려와 지지로 글쓰기에 재미를 붙이면서 학교생활에 적응해 가지만, 유일하게 자신을 응원해 주던 그 대신, 새로운 국어 교사가 부임하면서 위기에 처하게 된다. 수학여행 감상문을 잘 써 상을 받을 것이라고 담임이 미리 얘기해서 크게 기대했는데, 시상식 날 상은 부반장에게 돌아갔던 것이다. 다른 사람의 글을 베꼈을 거라고 새로 온 국어 교사가 말하는 바람에 수상자 명단에서 빠진 것이다. 설상가상으로 선도부원들에게 폭행당해 정당방위를 한 것이 오히려 가해자로 둔갑해 두 달간의 정학을 받는다. 그들은 서울대 갈 모범생들이므로 거짓말을 하지 않는다는 것이었다.

교사들의 낙인, 담임의 편견, 성적으로 인한 차별이 행해지고 꿈과 희망이 짓밟히는 곳에서 시우는 어떻게 살아남을 수 있을까? 이런 위기와 절망을 어떻게 극복할 수 있을 것인지에 독자의 관심은 모아진다. 『열일곱 살의 털』에서 일호는 당당히 학생의 권리를 주장하여 승리하지만, 『위저드 베이커리』의 주인공은 압도적인 불행을 이기지 못하고 마법의 빵집이라는 판타지 속으로 도피해 버렸다. 『파랑 치타가 달려간다』의 강호는 파란색의 바이크를 타고 숨 막히는 집과 학교로부터 탈주했다. 현실에 대한 적절한 대응 방식은 작품의 감동을 좌우할 뿐 아니라 작품의 새로움과 연관된다는 점에서 중요한 의미를 지닌다. 그렇다면 이제 이 작품에서는 어떤 해결책을 모색하고 있는지 살펴볼 차례다.

절망의 끝자락에 선 시우는 죽음을 생각하고 바다를 찾아간다. 그곳에서 오열하다가 '쓰고 싶다. 뱉어도, 소리쳐도 풀리지 않는 한을 쓰고 싶다.'는 열망을 발견한다. 그는 '나를 욕한 놈들, 비웃은 놈들'에 대해 글을 쓰겠다는 다짐을 하며 책이 있고 글을 쓸 수 있는 학교로 돌아가겠다고 마음먹는다. 작가가 되겠다는 열망과 다짐이 시우를 구원한 것이다.

이 소설은 시우가 왜 글을 쓰겠다고 한 것인지를 밝혀 나가는 글이자, 그

다짐에 대한 결과물이기도 한 순환적 구조를 띠고 있다. 주인공이 겪는 고통을 사실적으로 그려 냈을 뿐 아니라, 고통을 극복하기 위해 제시한 독서와 글쓰기라는 해법도 자연스럽다. 그런데 언뜻, 고통의 원인은 따로 있는데, 해결을 엉뚱한 데서 구하는 게 아닌가 하는 생각이 들 법도 하다. 하지만 시우에게 책이 어떤 의미였는지를 살펴보면 고개를 끄덕이게 된다.

> 나는 지나칠 만큼 상상력이 풍부한 사람으로 변해 가고 있었다. 책을 보다 보면 내 감각은 늘 현실을 초월하였다. 마침내 나는 선생님이 되어 학생들을 다독거려 주기도 하고, 학교에 들어갈 때마다 피에로 복장을 한 선생님들이 달콤한 유자차랑 빵을 나눠 주면서 오늘 하루도 즐겁게 생활하라고 손을 흔들어 주는 상상까지도 했다. 책 앞에서는 불가능이 없었다. 적어도 책을 볼 때만큼은 내가 학교에서 당하는 것은 물론 불안한 내일까지도 잊을 수 있었다. 그러니 거의 병적으로 책에 집착할 수밖에 없었다. 걸어 다니고 잠잘 때만 빼고는 언제나 책을 보았다.
>
> (89쪽)

인용된 부분에서 볼 수 있듯 책은 시우에게 현실의 각박한 삶을 유지하게 만든 마법의 세계였다. 독서와 글쓰기는 훼손된 자존심을 복원하게 하고, 암흑 같은 학교생활을 견디게 해 주는 유일한 빛이었다. 글쓰기를 통해 비로소 한 사람의 인간으로 대접받을 수 있었다. 따라서 죽음과도 같은 고통을 글을 쓰겠다는 신념으로 극복하겠다는 것은 충분히 설득력 있다. 그러나 글쓰기 하나만으로 지옥 같은 학교를 떠받칠 무게를 지닌다고 하기엔 어딘지 미흡하다. 이 미흡함을 메워 주는 존재가 어떤 환경에서도 시우를 믿어 주는 어머니다.

청소년 소설 즐겁게 읽기

"시우야, 어매는 말이다. 느그 선생님 말을 듣고 이렇게 말했다. '내 자석을 함부로 나쁘게 말하지 마씨요. 내 자석은 절대 그런 학생이 아니요. 선생님이 뭔가 오해가 있는 모양이요. 그놈은 아직까지 누구하고 쌈박질 한 번 안 해 본 놈이요. 술이요? 어려서부터 단술이랑 막걸리 먹어 봤응께, 맘이 고달프면 한두 잔씩 할 수도 있는 것 아니요. 그것이 뭣이 문제요. 글지만 누굴 때리고, 누굴 해코지할 놈은 아니요. 내가 촌사람이라고 말 함부로 하시면 곤란하요." (176쪽)

이처럼 전적으로 아들을 믿어 주는 어머니가 있기에 드디어 절망 극복의 서사는 오롯이 완성된다. 어머니는 평생 농사만 지었지만, 자연의 이치를 터득한 인물로 눈에 보이는 것만 아는 학교의 교사들과 대비된다. 시우가 갈등을 겪을 때 들려준 어머니의 말을 읽어 보자.

"새싹은 약해 보여도야. 실제로는 나이 먹은 박달나무보다 더 강해야. 이 세상에서 가장 강한 것이 새싹이여. 어린 것, 막 시작하는 것, 그런 것이 강해야. 사람도 마찬가지다. 어른들이 강해 보여도…… 아니여. 애기들만큼 강한 것은 없다. 알았지야?" (142쪽)
"함박꽃은 다 피어서 지고 있고, 고것이 지면 또 다른 꽃이 피고, 또 지고 나면 피고 지고……, 세상이란 그런 것이다." (166쪽)

평생 농사만 지은 어머니의 말은 마치 잠언과도 같이, 시우와 독자 모두를 가르친다. 땅을 헤치고 나온 어린 순처럼, 어린 학생도 강한 힘을 가지고 있고, 꽃이 피고 지듯, 삶이란 좋을 때와 나쁠 때가 있다는 가르침이 시우에게 현실을 이겨 낼 힘을 준 것이다.

혼히 문학을 사회를 비추는 거울이라 한다. 『난 할 거다』는 1970, 1980년
대의 학교를 배경으로 하지만, 현재의 교사, 학부모, 학생 누가 읽어도 자
신을 비춰 보게 할 것이다. 교사는 학생과 소통하지 않고 일방적으로 추측
해 버리는 것이 얼마나 큰 잘못인지를, 학부모는 자식에게 어떤 존재가 되
어 주어야 하는가를, 학생들은 위기와 절망을 어떻게 극복해 나가야 하는
지를 이 소설을 통해 선명히 볼 수 있을 것이다. 요즘 청소년들이 보기엔
문제를 일으킨 원인에 대해선 침묵한 채 내면에서 돌파구를 찾는 시우의
행동이 답답해 보이겠지만, 독자 나름대로 대응 방안을 머릿속으로 모색
해 보게 한다는 점에서 충분히 현재적이다.

이제 교사가 폭행을 일삼는 지옥 같은 학교는 없다. 요즘 교단은 학생을
몽둥이로 체벌하기는커녕 오히려 학생으로부터 폭언이나 폭행을 당했다
해도 놀랍지 않게 되었다. 물론 추락한 교권은 회복되어야겠지만, 이가 교
사-학생 사이를 예전의 비대칭적, 수직적 관계로 돌이키자는 의미여서는
안 된다. 힘 있는 교사의 이해와 양보가 더 많이 이루어져 학생과 수평적
인 관계를 이룰 때 학교는 좀 더 행복해질 것이다.

교사의 폭력은 사라졌지만, 학교는 아직도 심각하게 병을 앓는다. 여전
히 학생들은 교사와 소통하지 못하는 경우가 많고, 경쟁으로 인해 진정한
친구를 사귀기 힘들며, 부모들은 한술 더 떠 독서도, 취미도 차단하고 오로
지 공부 기계가 되기를 바란다. 그런데 이가 학교만의 문제가 아니라는 것
은 누구나 아는 사실이다. 학벌 중심주의, 학교 간의 서열이 존재하는 한,
개인에 의한 각성은 한계가 있다. 학교 소설이 앞으로 더 많이 생산되어야
하는 이유가 여기에 있다. 학교와 사회가 가진 여러 병폐를 직시하게 함으
로써 더 나은 세계를 꿈꾸게 하는 소설이 나오기를 기대해 본다.

　　　　　　　　　　　　　　　　청소년 소설 즐겁게 읽기

『난 할 거다』는 자신의 정체성을 힘겹게 찾아가는 모습을 감동적으로 묘사해 내고, 오래도록 기억에 남을 아름다운 어머니를 성공적으로 형상화했지만, 시우를 고통에 빠뜨린 폭력을 나열하는 데 치중할 뿐, 그들의 문제가 어디에서 연유된 것인지를 깊이 있게 파고들지 않는다는 한계를 지닌다. 물론 학생에 대한 교사 개인의 배려와 이해심 부족도 문제지만, 근본적인 문제는 인권 유린이 아무렇지도 않게 자행된 시대와 밀접한 관계가 있다. 그것을 논의하지 않은 채 교사 개인의 잘못으로만 환원해 버린다면, 진정한 해결책이 나올 수 없다.

학교의 잘못을 사회와 연결해 총체적으로 조망하지 못했다는 아쉬움에도 불구하고 지나간 시절을 얘기하면서도 현재를 통찰하게 한다는 점에서 『난 할 거다』는 좋은 청소년 소설이란 어떤 것인가 하는 물음에 답하는 소설이다.

비는 반드시 그친다

오문세, 『그치지 않는 비』, 문학동네, 2013

1. 이탈한 자가 문득

"여행을 하자."라는 문장으로 시작되는 이 소설은 첫 문장만으로도 독자의 호기심을 단박에 끌어낸다. 가정과 학교, 학원의 뻔한 테두리를 벗어난 여행은 갖가지 모험담으로 가득 채워질 것이기 때문이다. 여행기는 그것 자체로 기본적인 재미를 끌어낼 수 있다. 하지만 우리 현실에서 가출이라면 몰라도, 청소년과 여행의 조합은 얼마나 생뚱맞은가? 다들 알다시피 보통 학생에게 학기 중의 여행은 언감생심이다. 기껏해야 가정 체험 학습으로 가족과 이삼 일간 여행을 갈 정도일 뿐이다.

아니나 다를까? 아버지에게 알리지도 않고, 집 안에 있는 돈을 배낭 가득 채워 밤에 떠나는 모양이 어쩐지 위태롭다. 가출은 가정에 대한 불만에서, 여행은 외부에 대한 궁금증과 호기심에서 시작된다. 가출은 집으로 돌아오지 않을 것을 전제로 하지만, 여행은 귀환을 목표로 한다. '어디로 갈지도 모르고', '기약 없는 여행'이라고 하는 걸 보면 가출인 것 같은데 본인은 한사코 여행이라고 주장한다. 발언과 반대되는 행동의 격차에 더 호기심이 생긴다. 제3회 문학동네 청소년 문학상을 차지한 『그치지 않는 비』이야기다.

이 작품은 문학성과 대중성을 고루 갖춘 제2회 수상작 『검은개들의 왕』 (마윤제)에 이어 기대를 모으고 있는데, 공모전 수상작들에서 흔히 보이는 '가족 해체-청소년의 성장'이라는 구조를 띠고 있다. 무너진 가족 이야기에 '아, 또!'라는 생각이 먼저 들었다. 그도 그럴 것이 「청소년 소설 공모전 수상작의 공식」에서 살펴본 바에 의하면 2011년부터 2012년까지 청소년 문학상 당선작 11편 중 10편이 해체된 가족 문제를 서사의 동력으로 삼고 있었기 때문이다. 그 글 말미에 적었듯 이제는 작가들이 보통 학생의 성장통에도 관심을 기울여 주길 바랐던 것이다.

그런데도 이 작품에는 눈길을 끌 만한 요소가 많다. 그동안 우리가 만난 주인공들은 엄청난 시련 앞에서도 눈물을 삼키고 웃음을 보여 주는 씩씩한 인물들이었다. 부모의 죽음이나 이별로 가족이 해체되는 상황에서 더욱 단단해졌다. 부모의 빈자리를 채우며 두 발로 선 그들은 건강한 청소년의 상을 보여 주기에 부족함이 없었다. 하지만 이들이 청소년의 실제 모습이라기보다는 어른들이 소망하는 모습에 가까웠다면, 이 작품은 청소년의 내면에 근접하고 있다. 또 엄마의 친구나, 선생님 같은 어른의 도움을 받아서가 아니라 미약하나마 자신의 힘으로 성장하고 있다.

가족의 죽음으로 인한 상실과 좌절의 질감을 생생하게 보여 줌으로써, 고통을 겪는 청소년의 육성을 듣는 듯한 느낌을 주는 것도 이 작품의 특징이다. 그런데 그 목소리는 어둡거나 과장되지 않고 담담하다. 그가 마침내 '반짝이는 별'을 보게 되었을 때 박수를 보낼 수 있었던 것은 '마음속에 비가 오고 있는' 상황을 회피하지 않은 채 내면을 정직하게 응시함으로써 얻은 결과이기 때문이다. 청소년의 입장에서 고통과 상처를 이겨 나가는 과정을 다룬 이 작품은, 과정보다는 성장한 결과에만 집중했던 최근 청소년 소설의 결락 부분을 채워 준다는 점에서 의의가 있다.

『내 인생의 스프링 캠프』(정유정, 비룡소, 2007), 『하이킹 걸즈』(김혜정, 비룡소, 2012)가 여러 명의 인물이 함께 여행하면서 예상치 못한 모험과 시련을 통한 성장을 시도한 소설인 데 반해, 『그치지 않는 비』는 혼자 하는 여행을 택함으로써 내면에 더욱 집중할 수 있었다. 현대 소설에서 여행담이 대체로 내면으로의 탐색을 본질적인 목표로 삼는다는 점에 비춰 볼 때, 고독한 여행은 자아의 성찰과 존재론적 전환이라는 주제를 표현하는 데 맞춤하다고 할 수 있을 것이다. 그런데 이런 여행에서는 동반자들과 만들어 내는 좌충우돌이 없어 이야기의 폭이 좁아질 수 있다는 위험을 안게 된다. 이 소설에서 '유령'이라는 있으면서도 없는 파트너를 불러온 것은 이런 함정을 피하기 위한 현명한 전략이라 할 수 있다. 혼자이면서도 혼자가 아닌 여행은 여행에서 오는 단조로움을 극복하게 해 주고, 대화 형식을 통해 자신을 객관화하도록 돕기 때문이다. 그런데 가출이든 여행이든 '나'는 왜 집에서 나오게 되었을까?

2. 그치지 않고 내리는 비

언제부터였는지, 나는 막연하게나마 내가 떠나야 한다는 걸 알고 있었다. 누군가는 술주정뱅이 아버지의 탓이라고 할 것이고, 또 누군가는 부쩍 예민해진 청소년기의 감수성 탓이라고 할 것이다. 아니면 특수한 집안 사정, 혹은 문제투성이의 사회 탓이라는 사람도 있겠지, 그 모든 설명이 다 일리가 있다. 그렇지만 어느 것도 완전하지는 않다. (99쪽)

우리가 한 가지 이유만으로 행동하는 경우는 많지 않다. 주인공이 집을 나가게 된 배경도 그렇다. 위의 인용문에서 보는 바대로 그의 가출에는 '술주정뱅이 아버지', '특수한 집안 사정', '문제투성이 사회'가 복합적으로 작용했다. 그는 이처럼 여러 불만을 안은 존재로, 그가 집을 나간 것은 낭만적인 여행을 위해서가 아니었음을 알 수 있다. 그럼, 그의 문제를 자세히 살펴보자.

'나'는 교통사고로 갑작스럽게 어머니를 잃는다. 어머니의 죽음은 가족 모두에게 충격인데 그것을 감내하는 방식은 다 다르다. '내'가 흐트러짐 없이 모범적으로 학교생활을 하는 데 반해, 형은 자신을 아무렇게나 방치하며 살아간다. '내'가 지나칠 정도로 감정을 억누르고 살았다면, 형은 과도하게 폭력을 행사하며 주위 사람들을 괴롭힌다. 극단으로 치닫던 둘의 생활은 마침내 형의 자살로 막을 내린다.

어머니의 사고사에 이어 하나뿐인 형의 자살은 주인공의 삶을 연이어 강타한다. 형이 죽자 '내' 생활도 급격히 무너져 내린다. 이성을 잃고 집안 살림을 모조리 부수는 것은 물론, 학교에서도 친구를 때려 전학 가게 된다. 전학 간 학교에서는 그 전까지와는 정반대로 '유령'처럼 살아간다. 폭력으로 자신의 존재감을 확인하던 '나'는 이제 반대로 아무런 행동을 하지 않음으로써 세상으로부터 멀어지고 있었다.

사업에 실패한 후 술에 의지해 살던 아버지는 어머니가 죽은 후 보상금마저 술로 탕진하며 생활한다. '나'를 보호해 주기는커녕, 오히려 '내'가 아버지를 보살필 정도이다. 형이 자살했을 때 술에 대한 의존이 더 심해진 아버지는 '내'가 자퇴할 때도 막지 않는다. 아버지는 우리 사회가 서로 도움을 주며 사는 따스한 곳이 아니라, '서로가 서로를 잡아먹는 괴물들이 사는 곳'이라 늘 말한다. 그는 크리스마스에 다른 사람을 때리라며 야구 방망이를 선물할 정도로 일그러진 인물이다.

'내'가 다니는 학교 역시 '모의고사 등급이 인생의 등급'이라고 가르치고, '순수한 열정과 패기는 폐기'된 채, 공부를 잘하든 못하든 '힘센 놈이 자기보다 약한 놈을 잡아 누르는' 곳이다. 집이나 학교에서 '나'에게 가르친 건 이 세상은 폭력이 난무한, 살기 힘든 곳이라는 것이다. 결국 '나'는 살아갈 의지를 잃고 대학에 장학생으로 갈 수 있는 실력인데도 자퇴하고 만다.

주인공은 혼자서 감당할 수 없는 크나큰 상처를 입었는데도 가정과 학교에서 아무런 보호나 위로를 받지 못한 채 방치된 상태였다. 상담 선생님과 얘기해 보지만 큰 도움이 되지 않는다. 따라서 그의 자퇴와 가출은 단순한 반항이나 일탈이 아니라 살기 위한 필사적인 몸부림이라 할 수 있다. 새롭게 삶을 정립하기 위해 과거 세계와의 결별과 충전이 필요했던 것이다.

3. 언제든, 누구든 비를 맞는다

처음 집을 나설 때는 초등학교 동창생을 만나야겠다는 것 외, 별다른 목표가 없었던 주인공은 터미널에서 만난 할아버지와의 대화를 통해 남쪽으로 간다는 목표를 구체화하게 된다. 단순 가출이, 목적이 있는 여행으로 전환점을 맞게 된 것이다.

할아버지를 포함하여 길에서 만난 열한 명의 사람들은 이런 식으로 '내'게 영향을 미친다. 다소 힘들더라도 나머지 열 명을 나열해 보도록 하자. 여비의 절반을 훔쳐 간 동갑내기 여자, 공원에서 도움을 준 노숙자, 잘나가는 의사였던 거리의 음악가, 햄버거 가게에서 우산을 쥐여 준 미세스 산타

클로스, '케세라세라'라고 새긴 명함을 주는 목사와 청소년 상담소 소장, 역에서 풍선을 나눠 주는 광대, 초등학교 짝이었던 19번, 그리고 기차에서 만난 도서관 사서와 병에 걸린 여자가 그들이다. 나열하기에도 숨 가쁘게 많은 인물은 소설이 지루할 틈을 주지 않는다. 끝까지 재미있게 읽을 수 있는 것은 이들과의 만남이 빚어내는 에피소드 덕분이다.

이들은 직접적 혹은 간접적으로 주인공이 삶의 의미를 되찾는 데 기여하고 있다. 버스에서 만난 동갑내기 여자는 '내'가 잠이 든 틈에 배낭 안에 들어 있던 돈의 절반을 훔쳐 가 버리는데, 남겨진 절반의 돈은 주인공에게 아직 많은 것이 남아 있다는 상징으로 읽힌다.

거리에서 만난 악사는 주인공에게 '인생은 하고 싶은 일만 하면서 살기에도 너무 짧'기 때문에 '세상이 정해 놓은 틀'에 얽매이지 말라고 가르친다. 그는 우리 사회가 '학교나 학교 바깥이나 괴물'들이 있는 곳이긴 하지만, '괴물들의 세상'이라기보다는 '터프한 나라'라고 해석함으로써 주인공이 아버지가 가르친 부정적 세계관에 얽매이지 않도록 하는 역할을 담당하고 있다.

이들이 삶에 대한 교훈을 제시하는 인물이라면 햄버거 가게에서 만난 할머니는 주인공의 상처를 치유하는 데에 본격적으로 관여한다. 그래서 별명도 '미세스 산타클로스' 다. 할머니는 "길을 걷는 사람이라면 언제든지 비가 올 수 있다는 걸 알고 있어야 해요."라고 말하며 '내'게 우산을 쥐여 준다. 그 우산은 바깥의 쏟아지는 비를 피하기 위한 것이기도 하지만, 주인공의 마음에 내리는 슬픔을 가려 주기 위한 선물이기도 하리라. 그뿐만 아니라 그녀 역시 앞의 할아버지처럼, 그에게 어디로 가는지, 좋아하는 게 무엇인지, 여행 중 무엇을 찾았는지 물어봄으로써 주인공 스스로가 답을 찾을 수 있도록 유도하고 있다. 할머니를 만난 후 '몰아치는 비에 맞서서 단단하게 발을 딛고 한 발 한 발 앞으로 나아갈 힘을 얻게 된 것은 '장정 두 사람이 써도 충분히 크고 튼튼한' 우산 덕이 아니라, 자신을 믿어 주고 스스로를 돌아보게 만든 할머니의 따스한 사랑 덕이라고 할 수 있다.

기차에서 만난 여자와 남자는 "길을 걷는 사람이라면 언제든지 비를 맞는다."는 할머니의 가르침을 예증하는 사람들이라 할 수 있다. 연애도 하지 않고 가족을 위해 쉼 없이 일만 해 왔으나 죽을병에 걸려 후회하는 젊은 여자와, 불치병으로 친구를 떠나보낸 사서는 주인공에게 언제든, 누구든 피할 수 없는 불운을 만나게 된다는 것을 알게 해 준다. 내가 겪은 일이 나만의 특별한 것이 아니라는 것을 알게 되면서 주인공은 자신의 상황을 한 발짝 떨어져 볼 수 있게 된 것이다. 이 세상에 의지할 사람이 한 명도 없다고 생각하고 좌절하는 여자에게 어머니가 있듯, 자신에게 아직 아버지가 남아 있다는 것을 새롭게 인식하는 계기가 되기도 한다. 그들과의 만남을 끝으로 기차에서 내렸을 때 비가 한풀 꺾여 있다는 것은 주인공의 슬픔이 어느 정도 약해졌다는 것을 의미한다.

4. 비는 반드시 그친다

길에서 만난 사람들은 모두 주인공의 스승이라 할 수 있다. 그런데 짧은 시간에 많은 것을 가르치려 하다 보니 어떤 이들은 별다른 대화를 하지 않았는데도 마치 예언자처럼 주인공의 상황을 꿰뚫고 있다. 처음 만났는데도 주인공의 의중을 짚어 내면서 막무가내로 "남쪽으로 가느냐"고 몇 번이나 확인하는 할아버지, 만나자마자 우산을 건네주며 주인공의 상처를 대놓고 치유하려는 할머니, 비를 피해 들어오는 사람들에게 분장으로 눈물을 감춘 채 "오늘도 좋은 하루를 보내고 있습니다."라는 글씨가 붙은 풍선을 선물로 쥐여 주는 광대가 그들이다. 그들은 자신의 역할을 서둘러 해치우고 있다고 느끼게 하는데, 등장인물의 숫자를 줄이는 대신에 소통하는 시간을 늘렸더라면, 이들이 교훈을 전달하는 도구로 소비되지 않았나 하는 혐의에서 좀 더 자유로웠을 것이다.

주인공과 그럴듯한 관계를 맺는 인물은 초등학교 짝인 19번 여학생과 '케세라세라' 목사 정도이다. 그러니만큼 이들의 역할은 크다. 자신과 같이 가족의 죽음을 겪은 19번 여학생과 만나면서 자신을 괴롭히던 것의 정체를 알게 된 것이다. 어머니의 죽음 자체보다 어머니에 대한 기억이 사라져 간다는 것을 받아들일 수 없었고, 형도 그 나름으로는 최선을 다해 살았다는 것을 깨닫게 되면서 주인공은 있는 그대로의 자신과 형의 죽음을 비로소 받아들일 수 있게 된다.

'케세라세라' 목사와의 만남은 이 소설에서 가장 인상적이다. 타인의 선의가 때론 폭력이 될 수도 있다는 점을 날카롭게 그려냈기 때문이다. 학기 중에 여행하기 때문에 주인공은 가는 데마다 주목받는다. 목사는 그에게 조건 없이 음식과 숙소를 제공하지만, 그를 집으로 돌려보내기 위해 애를 쓴다. 어린 시절 가난을 못 이겨 가출했다가 도둑이 되었던 자기 경험에 묶여 상대를 제대로 보지 못하는 것이다. 목사는 비록 선의를 지녔다 하더라도 편견에 사로잡히면 의도치 않은 피해를 준다는 점을 드러내는 인물이다. 그런데 그가 주인공을 곤혹스럽게 할수록 이 세상이 '서로가 서로를 잡아먹는 사람들만 사는 곳'은 아니라는 것을 증명하는 셈이 되어 재미를 준다. 또한 가출 청소년과 노숙자에게 봉사해 온 그의 좌우명이 '케세라세라'(될 대로 돼라)라는 것도 재미있다.

주인공은 마침내 어머니와 형의 무덤이 있는 '남쪽'에 당도하고 비가 그친 하늘에서 '수없이 많은 별'을 보게 된다. 그 별은 말할 것도 없이, 이 세상이 다른 이들을 괴롭히는 사람들로만 가득 차지는 않았다는 것, 누구나 갑자기 죽을 수 있다는 것, 그리고 아직 가족이 남아 있다는 것을 깨닫고 어두운 우울에서 벗어나게 된 주인공의 내면을 상징한다.

아무런 목적이 없었던 가출이 사람들을 만나면서 삶의 의미를 찾는 목적이 있는 여행으로 바뀌어 가는 것이 이 소설의 묘미이다. 그의 성장은 가출과 여행의 사이, 아버지의 '괴물들의 세상'과 악사의 '터프한 나라' 사이를 발견한 데 있다고 할 것이다. 물론 불과 나흘간의 일정으로 사람이 바뀌기란 쉽지 않다. 하지만 그의 깨달음이 덜 억지스러운 것은 홀로 여행하면서 자신을 성찰했기 때문이다.

연이은 가족의 죽음이나 자퇴 같은 주인공의 흔치 않은 경험은 보통의 청소년이 겪는 일은 아니다. 그러나 상처 없는 사람이 어디 있으랴? 주인공의 특별한 상황은 가정 폭력, 가족과의 이별, 친구 간의 갈등, 성적 등 이러저러한 이유로 아파 본 경험이 있는 청소년의 마음에 무리 없이 녹아들리라 본다.

주인공이 홀로서기를 기다리고 있었다는 듯, 넉넉한 모습으로 갑작스럽게 변모한 아버지와 작가의 의도에 따라 움직이는 몇몇 인물은 읽는 이를 불편하게 할 수도 있다. 그러나 『그치지 않는 비』는 오늘도 마음속에 비가 내리는 청소년 독자에게 비는 반드시 그치고, 사노라면 '수없이 많은 별'을 만나리라는 위안을 줄 것이다. 그런데 반짝이는 별을 만나기 위해 꼭 가출

청소년 소설 즐겁게 읽기

할 필요는 없으리라. 대신, 혼자만의 고독이 필요하다는 사실을 핸드폰이나 컴퓨터에 빠진 청소년들이 놓치지 않았으면 좋겠다.

십 대의 욕망과 생명력을 그리다

김선희, 『더 빨강』, 사계절, 2013

1. 욕망해도 괜찮아

태초에 빨강이 있었다. 빨강은 사람이 이름 붙인 첫 번째 색이며 세계에서 가장 오래된 색이름이다.[50] 불의 색인 빨강은 불처럼 타오르면서 모든 것을 삼켜 버릴 수 있는 뜨거운 열정, 사랑, 증오를 상징한다.

우리 사회에서 빨강은 한동안 저주의 색이었다. '빨갱이', '적화', '적색분자'라는 말은 단번에 한 사람을 파멸시킬 수 있었다. 2002년 전국이 '비 더 레드' 물결로 뒤덮인 뒤에야 빨강은 뜨거움, 열정, 생명력이라는 본연의 의미를 되찾았다.

빨강은 십 대에게는 유혹과 금기의 색이었다. '빨간색 책', '빨간 테이프', '홍등가'에서 보다시피 빨간색은 성인만의 은밀한 세계를 나타내는 상징이었다. 그런데 박성우의 청소년 시집 『난 빨강』(창비, 2010)에 이르러 십 대의 강렬한 에너지를 나타내는 색깔이 되었다. 이 시집에서 청소년은 성인의 성을 기웃거리는 주변인이 아니라 성적 욕망을 가진 주체로 우뚝 선다. 그들의 속마음을 어쩜 이렇게 적실하게 알 수가 있나 하는 생각이 들 정도

---

50 에바 헬러, 『색의 유혹』 예담, 2002.

로 십 대에 밀착된 작품을 보인 이 책에서 작가는 청소년을 상징하는 색깔로 연두와 빨간색을 들고 있다. '풋풋한 오이 냄새, 시큼한 사과 냄새, 풋자두, 풋살구 냄새가 날 것 같은 연두'로 십 대의 푸르름을, '난 빨강이 끌려 새빨간 빨강이 끌려'라며 빨간색으로 성적 호기심과 은밀한 욕망을 표현했다. 몽정을 하고 팬티를 빨다가 엄마와 눈이 마주치고, 거시기에 난 털을 면도기로 밀다 베고, 침대에 누워 야한 여자를 상상하면서 자위하고 있던 중, 잠기지 않은 문을 열고 부모가 들어온 이야기가 펼쳐진다. 『난 빨강』은 말하기 쑥스럽고 감추고 싶은 청소년의 속내를 유머러스하고 밝은 색깔의 어조에 실어 자연스럽게 표출하였다.[51]

김선희의 청소년 소설 『더 빨강』은 『난 빨강』보다 청소년의 성을 한층 노골적으로 그려 내고 있다는 점에서 눈길을 끈다. 지금까지 성과 사랑, 낙태, 원조 교제, 동성애 등을 다룬 작품이 많았지만 대부분 성을 표현하는 데에는 에둘러 갔다. 「호기심에 대한 책임감」(임태희, 『호기심』, 2008, 창비)을 보면 여러 명이 모여 비디오를 보는 장면이 나온다. 남녀 여럿이 있기 때문이기도 하겠지만 표현은 점잖다.

> 그때 몹쓸 신호가 왔다. 목구멍이 간질간질했다. 침을 삼키고 싶었다. 그런데 너무 조용하다. 무슨 일이 있어도 참아야 한다. 이 대목에서 침을 삼켜 버리면 졸업할 때까지 쪼다 꼬리표를 달고 가는 거다. 그것만은 막아야 한다. 손바닥이 땀으로 젖었다. 생각을 하는 동안에도 입 안에서 계속 침이 고인다. (190쪽)

포르노 비디오를 보면서 생기는 몸의 변화를 표현한 대목이다. 기껏해

---

51 김제곤, 「풋풋한 연두, 발랄한 빨강」 『난 빨강』 해설, 118쪽.

야 '한 녀석이 쿠션으로 아랫도리를 꾹 누르고 있었다. 얼굴은 벌겋게 상기되어 있었다.'(190쪽)로 서술되고 있다. 그렇다면『더 빨강』은 어떨까?

> 나는 밤마다 이불을 머리까지 뒤집어쓰고, 접신을 하듯 서서히 그녀를 만날 준비를 했다. 새하얀 얼굴과 붉은 입술과 조금 처졌지만 아직은 탱탱한 가슴과 붉은 젖꼭지와 풍만한 엉덩이와 허벅지, 어깨부터 발끝까지 하나로 이어지는 완만한 곡선을 이룬 아름다운 그녀의 육체가 내 침대 속으로 들어왔다.
>
> (중략)
>
> 매일 밤, 그녀는 내 침대 속으로 들어왔다. 매일 밤, 나는 그녀와 섹스를 했다. (46쪽)

「호기심에 대한 책임감」에서는 쿠션으로 가려졌던 욕망이,『더 빨강』에 이르러선 이처럼 적나라하게 드러난다. 전희, 애무, 섹스 등 19금의 단어들이 등장하고, 자위나 몽정 등 청소년의 '진짜 모습'을 거리낌 없이 보여주고 있다.

그보다 주의를 끄는 것은 청소년의 성행위를 보는 관점의 변화가 일어나고 있다는 점이다.『쥐를 잡자』(임태희, 푸른책들, 2007),『발차기』(이상권, 시공사, 2009),『키싱 마이 라이프』(이옥수, 비룡소, 2012) 등은 임신으로 학교에서 쫓겨나거나 자살하고, 아이를 입양 보내야 하는 청소년의 삶을 조명함으로써 성행위에 대한 공포심을 불러일으켰다. 성적 주체성을 인정하기보다 성교는 위험하다는 입장을 내보였다. 그건 대부분의 교사나 학부모의 의식이기도 했다. 그런데 이 작품에서 작가는 국어 선생님을 통해 성교에 대해 허용적인 태도를 보인다.

"순결을 지키는 것도 좋지만 굳이 목숨 걸고 지킬 필요까지는 없어. 섹스는 성인 남녀 사이의 사랑을 확인하고 추구하는 가장 아름다운 방법이거든. 섹스는 사랑하는 사람과 몸으로 하는 대화야. 즉 사랑하는 마음을 몸으로 표현하는 거지. 사랑한다면 서로를 깨지기 쉬운 유리처럼 아끼고 존중해 줘야 해. 서로의 몸을 존중해 주다 보면, 서로의 관계에서도 배려해 주고 존중하는 마음이 절로 생기거든. 부디 아름다운 사랑을 하기 바란다." (73쪽)

국어 교사는 강압적이고 전달자 중심이었던 성교육에서 벗어나 애무를 왜 해야 하고, 섹스할 때 어떤 마음으로 상대방을 대해야 하는지를 가르친다. 비록 '성인 남녀 사이'라는 전제를 붙이긴 했지만, "부디 아름다운 사랑을 하기 바란다."고 말한다. 이를 "부디 아름다운 섹스를 하기 바란다."로 읽어도 무방할 것이다. 주인공의 침대 옆에 아무 말 없이 두루마리 휴지를 가져다준 엄마처럼 이 책은 청소년들에게 "욕망해도 괜찮아."라고 다독거리고 있다.

성에 대한 표현 수위는 불가역적이어서 한 번 수위가 높아지면 더 높아지는 일만 남는다. "애들아 섹스해도 괜찮아. 하지만 서로를 배려하고 존중하는 아름다운 소통이어야 해."라고 작가는 말한다. 이제 꽁꽁 싸 두었던 봉인은 풀렸다.

2. 가족은 네가 지켜

'가족 해체 서사', '몰개성화된 청소년 주인공', '가족주의로의 회귀와 착한 아이 증후군', '성장 강박관념[52]은 최근 청소년 소설의 패턴을 드러내는 낱말들이다. 우리는 청소년 소설에서 부모의 이혼이나, 사별, 가출로 일찍 철이 든 인물이 빈번하게 등장한 것을 기억하고 있다. 그나마 남아 있는 한 부모조차 이기적이거나 무책임한 어른이었다. 『불량가족 레시피』(손현주, 문학동네, 2011)의 아버지는 돈벌이에 자식들을 이용했고, 『내 이름은 망고』(추정경, 창비, 2011)에서 엄마는 자신이 져야 할 책임을 딸에게 맡기고 숨어 버리며, 『내 청춘, 시속 370km』(이송현, 사계절, 2011)의 아버지는 이혼을 불사하고 자기 일에만 매진하는 인물이었다. 『그치지 않는 비』(오문세, 문학동네, 2013)의 아버지는 어린 아들을 보살피기는커녕 제 한 몸도 추스르지 못했다. 부모는 자식이나 가정을 내팽개치는 무책임하거나 미숙한 어른인 반면, 아이들은 어려울수록 단단해지고 어른스러운 면모를 보였다.

힘든 환경 속에서 흔들림 없이 제 자리를 지켜 내는 강인하고 모범적인 청소년은 일정한 감동을 선사한다. 무너진 가정이 청소년 덕분에 지탱될 때 독자는 안도하게 되고, 자신보다 힘든 처지의 친구가 어려움을 극복하는 것을 보며 자신의 고통은 별거 아니라는 위로를 받게 된다. 공포와 연민을 통해 자신의 고통이 약화되는 것 같은 느낌을 받게 되는 것이다.

『더 빨강』의 주인공인 길동은 고등학교 2학년이다. 이삿짐센터 사장인 아버지와 치킨 가게를 하는 어머니, 그리고 대학을 졸업한 형이 있다. 이 작품에서 철부지 부모와 성숙한 아이라는 구조는 극대화되었다. 기존 소설에서 철부지 같던 부모는 여기에 와선 아예 자식을 형이라 부르는 동생

---

52 김혜정, 「청소년 문학에 나타난 가족 해체 서사 연구-2011년 출간된 청소년 소설을 중심으로」, 『한국아동청소년문학』, 한국아동청소년문학학회, 2011.

이 돼 버렸다. 쉰일곱 살의 아버지가 사고로 몸을 가누지 못하는 아기로 퇴행한 것이다. 최근 청소년 소설에서 아버지가 부재하거나, 있다 하더라도 존재감이 없는 경우는 나열하기도 벅찰 정도로 많다. 강하고 든든한 아버지상의 붕괴는 어제오늘의 이야기가 아니지만, 이 소설의 아버지는 무기력하고 못난 아버지의 '종결자'라 할 만하다. 거기에 어머니가 치킨 집을 해서 번 돈과 재개발 이주 비용으로 받은 돈을 주식으로 모두 날리고 5천만 원이 넘는 빚까지 남기고 잠적해 버린 형, 아버지의 빈자리를 채워 주기는커녕 충격으로 몸져누운 엄마까지, 주인공이 처한 상황은 기존 청소년 소설의 주인공을 능가한다. 누가 힘들게 사는지 경쟁이라도 하는 듯하다. 더군다나 완득이(김려령, 『완득이』, 창비, 2008)에겐 담임 '똥주'가 있고, 수아(추정경, 『내 이름은 망고』, 창비, 2011)와 여여(김이윤, 『두려움에게 인사하는 법』, 창비, 2012)에겐 엄마나 마찬가지인 '이모'가 있어 정신적·물질적으로 도움을 주었지만, 길동이에겐 아무도 없다. 이모는 반지하방을 내주긴 하지만 정신적으로 기댈 처지는 아니다.

> 집안일은 내 몫이 됐다. 나는 밥도 짓고, 반찬도 만들고, 방에 누워만 있는 엄마와 아무것도 모르는 아버지를 보살펴야 했다. 내가 이 집에서 졸지에 서열 1위가 된 것 같고, 가장이 된 것 같은 기분이었다.
>
> (중략)
>
> 오늘 하루는 간신히 살겠지만, 내일은 또 그 내일은 어떻게 될까?
> 일곱 살짜리 아버지를 책임지고, 실의에 빠진 엄마를 위로하고, 무너져 버린 가정 경제를 일으켜야 하나? 이 문제는 성적을 평균 50점 올리는 것과는 차원이 다르다. 도무지 아무 그림도 떠오르지 않았다. (136~137쪽)

하루하루 살길이 막막한 처지로 갑자기 전락했지만, 길동은 위에 언급한 소설의 주인공들처럼 아무런 갈등 없이 도덕적이고 모범적인 인물이 된다. 환경은 더욱 나빠졌으되, 인물은 더 착해졌다. 부모나 형에 대해 원망 한번 하는 일 없고 처지를 비관해 흔들리는 법도 없다. 아버지에게 맞고 자라 반감이 심한 형과는 달리 하교한 후에는 아기가 돼 버린 아버지를 씻기고, 밥 먹이고, 놀아 준다. 잘못을 저지르면 형은 아버지를 사정없이 구타하지만, 길동은 너그러이 감싸 준다. 이런 것에서 오는 스트레스를 길동은 야한 동영상을 보는 것으로 해소한다. 서먹했던 아버지와의 관계는 그를 돌봄으로써 오히려 돈독해진다. 가정이 깨질 것 같은 위태로움은 이렇게 청소년의 희생으로 균형을 잡는다.

이 소설이 지향하는 바는 분명하다. 인연을 끊었던 아들이 찾아오자 건설 회사의 협박에도 절대 열지 않던 대문을 활짝 여는 뒷집 할머니의 에피소드에서도 확인할 수 있듯, 어떤 상황에서도 가정은 지켜져야 하고 가족은 어떤 잘못을 저질러도 감싸 주어야 한다는 생각이 그것이다. 가족 공동체의 위기는 곧 사회적 위기의 원인이기 때문에 가정은 어떻게든 유지되고 존속되어야 한다는 가족주의가 투영되었음을 엿볼 수 있다. 가족이기 때문에 용서받고 갈등이 해결되는 가족주의는 사회의 문제도 가정의 문제로 축소해 버리거나, 청소년이 사회문제로 인식을 확대하면서 성장해 가는 데 방해된다고 비판받을 소지가 있다.

사실 힘들 때 가족의 사랑은 큰 힘이 되고 어려움을 이겨 내는 기반이 되기도 한다. 하지만 가정이 흔들릴 때 가장 타격을 받는 사람은 어린이나 청소년일 것이다. 부모라는 든든한 보호막 아래서도 정체성의 혼란이나 미래에 대한 불안으로 마음의 갈피를 잡지 못하는데, 갑작스러운 가정과

청소년 소설 즐겁게 읽기

가족의 해체는 더 말할 필요도 없을 것이다. 그들에게 "네 자리를 지켜.", "너는 흔들리지 않아야 해."라는 말은 기존의 청소년 문학에서 줄기차게 했던 말이다. 다시 반복하지 않아도 충분히 알고 있던 바다. 이제 좀 더 그들의 마음을 붙잡아 주고 위무해 줄 목소리가 필요하지 않을까?

가족의 소중함을 그리는 이야기는 늘 힘이 세다. 아기가 돼 버린 아버지를 위해 손에 물집이 잡히면서 목마를 만들어 주고, 아버지가 집을 잃었을 때 차라리 안 왔으면 하다가도 추레한 몰골로 돌아오자 맨발로 달려 나가는 대목과, 집을 옮겨야 할 상황에서 자신을 학대하던 큰아들을 애타게 찾으러 다니는 아버지를 볼 때 우리의 마음은 사르르 녹는다. 이 소설의 암울한 상황이 힘들게 보이지 않는 것은 이처럼 가족에 대한 따스한 정이 흐르기 때문이다. 하지만 서먹했던 부자 사이가 사고 이후 급격히 변화되거나, 멍 가실 날이 없게 자신을 폭행하는 아들을 기다리는 아버지의 모습은 설득력이 떨어진다. 가족 사이의 사랑과 정은 본능에서가 아니라 서로에 대한 배려와 존중에서 나오는 것이기 때문이다. 폭력적인 재개발 철거나 지방대생이기 때문에 취직을 못하는 형의 문제, 그리고 가정 폭력의 심각성이 가족의 사랑으로 극복될 수 있는 것처럼 느끼게 하는 것도 생각해 볼 문제이다.

3. 생명은 소중한 거야

『더 빨강』에서 작가는 마음껏 욕망해도 괜찮다고 청소년을 다독이는 한편 생명이란 소중한 것이라는 메시지를 전달하는 데 공을 들이고 있다. 뜨거운 불의 색이기도 하면서 피의 색인 빨강은 생명력을 상징한다는 점에서 두 주제는 빨간색을 통해 매끄럽게 이어진다.

길동이 '더 빨강 - 고추를 좋아하는 사람들의 식도락 모임'에 가입하면서 독자는 더 많은 청소년의 고민을 만나게 된다. 힘든 유학 생활엔 관심이 없고 그저 투자한 거액의 돈이 아까워 닦달하는 엄마를 둔 '고추조아', 시도 때도 없이 아버지에게 맞는 '마파두부', 어렸을 적에 유괴당한 후 부모의 과도한 보살핌에 힘겨워하는 오미령은 각기 상처 입은 청소년을 대변한다. 이들이 매운맛을 찾아다니는 이유는 고통을 통해 고통을 잊고자 하기 때문이다. 이통치통이랄까? 길동이 야동으로 삶의 중압감을 견디고 있었다면 이들은 정기적으로 모여 극도의 매운 음식을 먹음으로써 스트레스를 해소한다. 하지만 이들을 치유해 준 것은 매운 음식이 아니라, 자신의 고통을 공감하는 사람들을 만났다는 데 있지 않을까? 단 한 명이라도 자신을 이해해 주는 사람이 있다면 삶의 무게는 훨씬 가벼워지기 때문이다.[53]

고통의 경중을 비교하긴 힘들지만, 누구보다 힘든 상황에 놓인 길동이 친구들의 자살을 막는 위치에 놓인 점은 아이러니하다.

> "왜 죽어? 너희는 억울하지도 않냐? 자신들이 불쌍하지도 않아? 제대로 한번 살
> 아 보지도 못하고 죽긴 왜 죽어? 누군 안 힘든지 알아? 난, 난 정말…… 그래, 말
> 을 말자. 하여튼 나 같은 인간도 사는데 너희가 왜? 도대체 왜?
>
> (중략)
>
> 이렇게 부탁한다. 제발 자살은 하지 말자. 아무리 인생이 고해라고 해도 한 번 제

---

53 비슷한 처지에 놓인 친구들끼리 연대를 통해 고통을 이겨 내는 모습은 청소년 소설에 흔히 나타
난다. 『나는 누구의 아바타일까』(임태희, 사계절, 2007), 『프루스트 클럽』(김혜진, 바람의 아이들,
2005), 『길 위의 책』(강미, 푸른책들, 2005)은 글쓰기를, 『시간을 파는 상점』(김선영, 자음과모음,
2012)에는 친구와의 여행을 통해 고통을 이겨 낸다.

대로 헤엄이나 쳐 보고 죽어야지. 죽으면 모든 게 끝이야. 끝. 그냥 먼지처럼 사라

지는 거라고." (178~179쪽)

펩사이신 분말을 청산가리로 오해한 길동이 회원들을 만류하며 한 말이다. 다행히 '고추조아'나 '마파두부' 모두 자살하기 위해서가 아니라, 단순히 매운 음식을 만들어 먹으려고 여행 간 것이 밝혀진다.

최근 신문 기사에 따르면 OECD 회원국의 청소년 자살률은 낮아지고 있는 반면, 우리나라에서는 10년 새 57%나 증가해 세계에서 2위를 차지하고 있다고 한다. 성적, 가정불화, 경제적 어려움, 외로움, 학교 폭력으로 자살하는 청소년이 많은 현실에서 길동의 오해는 충분히 개연성을 갖는다. 한갓 소동으로 끝나고 말았지만, 작가가 청소년에게 전하는 메시지는 희석되지 않는다. 힘든 환경에서도 삶에 대한 희망을 잃지 않는 길동과 어떻게든 살기 위해 매운맛을 찾아다니는 '더 빨강'의 회원들을 통해 작가는 이렇게 외친다. "생명은 소중한 거야. 그러니까 절대로 죽지 마."

4. 진짜 청소년 이야기?

바야흐로 19금 전성시대다. 쇼걸을 보는 것 같은 걸 그룹의 섹시 경쟁은 치열해지고, 예능과 드라마에서 노골적이고 욕망에 충실한 이야기가 넘쳐난다. 전문가들은 현실이 나아질 기미가 보이지 않고 답답할 때 더 자극적이고 감각적인 콘텐츠를 원하기 때문이라고 분석한다.[54]

---

54 http://star.ohmynews.com/NWS_Web/OhmyStar/ at_pg.aspx?CNTN_CD= A0001952673&C-MPT_CD=P0001

중학생들이 포르노 비디오를 본다는 것을 모르지는 않았다. 유치원 때, 형 덕분(?)에 일찍 눈을 떴다는 녀석도 있었지만, 여자애들이 보통 5·6학년 때 초경을 치르는 것처럼, 남자애들은 그 무렵 포르노에 입문한다고 했다. 하지만 중학교 3학년 교실에서 한 반 전체가 감상하리라곤 아무도 예측하지 못했다. 자기 자녀가 그것 때문에 시험을 망쳤다는 항의 전화를 받고서야 교사들은 교육용 비디오 플레이어와 대형 티브이가 그런 용도로도 쓰일 수 있다는 것을 알게 되었다. 자기네들 몇몇이 부모가 없을 때 은밀하게 공유할 것이라고만 생각했지, 신성한 학교에서 그것도 시험 날 아침 반 전체를 대상으로 빨간 테이프를 틀 것이라고 어느 교사가 상상이나 했겠는가? 어떤 중학교에서 있었던 실화다. 이렇게 남학생들의 성적 호기심은 상상을 불허한다.

『더 빨강』이 청소년의 성을 솔직하게 그린 것은 요즘의 사회적 분위기와 무관하지 않겠지만, 그보다 청소년 시기의 욕망을 직시했기 때문이라 할 것이다. 성적 행동을 하는 길동을 보며 미소 짓는 학생이 많았으리라. 그런 이유로 길동이 '만들어진 표정, 만들어진 연기, 만들어진 욕망, 야동 속의 모든 행위가 진짜가 아니라 만들어진 허상'(203쪽)이라는 것을 깨닫고 마지막 남은 야동까지 삭제했을 때 공감하는 청소년이 몇이나 될지 의심스럽다. 포르노 보는 것을 스트레스로 인한 일탈이나 비행이라고 보는 것은 남학생의 생태를 모르기 때문이 아닐까?

『더 빨강』의 매력은 무엇보다 불과 피의 색인 빨강의 상징성을 활용하여 뜨거운 성적 열망과 싱싱한 생명력을 매끄럽게 전달한다는 데 있다. 힘든 시기의 한복판을 인생의 매운맛을 보는 것으로 비유하고 있는 점도 참신하다. 심리적 고립감을 이기기 위해 매운 감각을 찾아다니는 아이들은 안쓰럽고, 힘들수록 강해지는 가족애는 통속적이라는 걸 알면서도 충분히 감동적이다. 가벼운 문체와, 단순한 여행을 자살 여행으로 오해하는 해프닝이 어우러져 '삶은 소중하므로 자살해선 안 된다.'는 무거운 주제를 부담스럽지 않게 전달하고 있는 점도 장점이다. 회복하기 요원한 가족의 붕괴를 그린 이유는 그런 환경에서도 씩씩하고 건강하게 지내는 청소년을 보면서 독자가 자신의 상처를 이겨 낼 수 있도록 하기 위한 것으로 보인다.

그런데 뜨겁고 매운 상황에 놓인 청소년은 잘 드러난 반면, 인물의 발전 양상이 드러나지 않아 아쉽다. 고통과 시련을 겪는 인물이 타고난 성품으로 그것을 넉넉히 견디고 있을 뿐, 이를 능동적으로 이겨 내는 과정이 나타나 있지 않다. 아니, 처음부터 그럴 여지가 없었다고 하는 게 옳을 것이다. 아버지의 불치병, 가정 경제의 파탄, 가정 폭력 등 혼자의 힘으로 극복할 수 없는 어려움에 직면해 있었기 때문이다. 따라서 부당하게 고통받고 있는 길동이 '내 힘으로 외로움을 극복'(203쪽)하겠다고 다짐하거나 심지어 '지금 나에게는 매운맛이 가장 매력적이다. 진짜 매운맛을 알고 나면 다른 맛을 더 잘 알 수 있을 것 같다.'(206쪽)고 하며 현재에 충실하겠다고 하는 것은 그가 겪는 문제에 대한 적절한 해법이라 하기 힘들다. 이런 말들은 정체성의 혼란이나 가치관의 혼돈 등 성장통을 앓고 있는 인물에게나 어울리기 때문이다.

주인공이 독특한 상황에 부닥치게 되면 흥미를 줄 수 있지만 독자가 자기 삶의 문제로 받아들일 여지는 그만큼 줄어들 수밖에 없다. 요즘 청소년 소설들에서 흔히 드러나는 문제에서 이 작품도 자유롭진 않다. 멀리 청소년을 떨어뜨려 놓고 바라보게 할 게 아니라, 그들의 삶에 밀착해 들어갈 때 '단맛, 신맛, 쓴맛, 짠맛, 매콤 씁쓰레한 맛, 시큼털털한 맛, 달콤 짭짜름한 맛'(205쪽) 등 삶의 복잡한 맛은 저절로 우러나는 게 아닐까? 이렇게 맛깔 나게 글을 쓰는 작가라면 앞으로를 기대해도 좋을 듯하다.

진로 고민에 대한 세 갈래 해법

오채, 『그 여름, 트라이앵글』 비룡소, 2014

며칠 전, 최근 출간된 청소년 소설 12권 중에서 3권을 추천해 달라는 부탁을 받고 읽게 되었는데 그때 눈에 든 작품 중 하나가 이 책이다. 제4회 마해송 문학상을 받은 오채가 썼다.

작은 빌라에 네 가족이 깃들어 산다. 외할아버지와 둘이 사는 고등학교 1학년 소월, 그녀의 소꿉친구로 가족이라곤 엄마뿐인 형태, 화방을 하는 할아버지와 배우 지망생 '맑은 아저씨'가 그들이다. 그 외 등장인물로, 소월과 형태의 죽마고우 시원이 있다. 등장인물의 유형과 성격은 기존의 청소년 소설과 비슷한 데가 많다. 엄마는 죽고 아빠는 가출 상태인 주인공. 뚜렷한 직업 없이 빚만 잔뜩 지고 돌아와 자식에게 걱정을 끼치는 철없는 아빠. 아이 같은 어른과 어른 같은 아이. 부모의 억압 때문에 불행한 '엄친아' 친구와 공부는 못하지만, 매력적이고 당당한 친구는 이미 여러 작품에 등장한 바가 있다. 그런데도 새롭다는 인상을 주고 뒷심이 짱짱해 단숨에 읽게 만든다. 그 힘의 근원을 찾아본다.

첫째, 어른과 아이의 대립적 구도에서 벗어나고 있기 때문이다. 우리 사회는 사람을 성인과 미성년자로 구분한다. 미성년자는 미숙함, 철없음, 어리석음, 무지함, 약함들을 속성으로 지니고 있어서, 훈육과 계도의 대상이다. 기본적으로 가정, 학교, 사회는 이런 눈으로 아이들을 다룬다. 어른은 그들보다 더 지혜롭고 성숙하기 때문에 그들의 잘못을 바로잡아 줄 의무와 책임이 있다고 생각한다. 문제는 상대적 성숙을 절대적인 것으로 착각하고 아이들을 억압한다는 데 있다. 자신이 우월하고 옳다는 확신에 빠져 그들을 규제하고 닦달하고 몰아붙이는 것이다.

이 작품의 미덕 중 하나는 어른을 성장을 끝낸 완결된 존재로 그리지 않는다는 점이다. 그들 역시 잘못을 저지르기도 하고, 자신의 길을 발견하지 못한 채 헤매거나, 아득한 앞날에 불안해한다. 형태 엄마는 미용사를 꿈꾸는 형태에게 화가가 되기를 종용한다. 자식을 망치는 줄도 모르고 자기의 꿈을 자식에게 투영하는 부모의 전형이다. 소월의 아버지는 그 나이가 되도록 일정한 직업이 없다. 대학을 졸업한 이도 길을 찾지 못하기는 마찬가지다. '맑은 아저씨'는 배우가 되겠다는 생각으로 오디션을 보러 다니지만, 꿈을 이룰 수 있을지 확신하지 못한다. "하루는 용기가 나고 힘이 불끈 솟았다, 하루는 두려워서 꼼짝을 못 하겠고 그래."(176쪽)라는 고백은 청소년 소설에서 만나기 힘든 어른의 솔직한 속내다. 형태 엄마는 여러 강연을 찾아다니며 공부하고 몇 날을 앓은 후에야 가까스로 자신의 욕망을 내려놓을 수 있었고, 소월의 아빠는 이것저것을 시도하며 길을 찾고자 한다. 어른도 아이처럼 성장통을 앓으며 입체적으로 변화해 가는 모습은 작품에 생기를 불어넣으며 현실적 인물에 가깝다는 인상을 준다.

미숙한 어른의 틈을 어른 같은 아이를 내세워 메우는 것도 아니다. 그들 역시 또래가 겪는 갈등의 한가운데 서 있다. 소월은 아직 진로를 정하지 못해서, 형태는 엄마의 반대 때문에, 명문 예고에서 1등을 하는 시원은 바이올린이 진짜 자기 길인지 몰라 힘겨워한다.

어른들도 미완의 존재라는 것을 인정하게 되자 청소년이 주체성을 발휘할 공간이 넓어졌다. 어른에게 일방적으로 끌려가거나, 어른처럼 행동할 필요가 없어진 것이다. 어른이 아이에게 명령을 내리거나 강요하지 않고 서로 도우며 성장한다. 반려견을 잘 돌보는 것을 눈여겨본 소월의 권유로 아빠는 애완동물 관리사 자격증에 도전하고, 형태 엄마는 진로를 결정하지 못한 소월을 위해 그와 관련된 강좌를 신청해 준다.

어른과 아이를 상보적 관계로 보면서도 아이들을 보호하려는 어른스러움을 잃지 않는 것도 믿음직스럽다. 외할아버지는 자신이 죽으면 홀로 남을 손녀를 생각해서 사위를 받아 주고, 잘 키울 자신이 없어 집을 나갔던 소월의 아빠는 딸을 위해 미미한 돈이나마 저축하려던 것이 밝혀진다. 옥탑방에 사는 '맑은 아저씨'는 시원이 홀로 서려고 가출했을 때 그를 보호하기 위해 방을 내주고, 화방 할아버지는 소월에게 그림 도구를 제공한다. '훼손되어선 안 되는 세계'를 지켜 주려는 이들을 보며 청소년 소설에서 어른다운 어른들을 만난 게 참 오랜만이라는 것을 깨닫게 된다.

둘째, 새로운 가족 공동체를 만날 수 있다는 것도 이 소설의 장점이다. 성수 빌라에 사는 사람들은 형태 엄마가 운영하는 '몽마르트 언덕 위'라는 식당에서 십 년째 밥을 같이 먹으며 지낸다. 위에서 살펴본 것처럼 소월에게는 엄마, 형태에게는 아빠가 없고, 화방 할아버지와 옥탑방 '맑은 아저씨'는 홀몸이다. 이른바 '정상 가족'은 하나도 없다. 그래도 결핍이 없다. 서로가 부족한 점을 보완해 주기 때문이다. 형태 엄마는 소월의 건강뿐 아니라 진로 문제까지 챙기고, 소월이 아빠는 형태 엄마가 아플 때 그녀 대신 밥상을 차린다. 소월이 할아버지가 쓰러지자 화방 할아버지가 먼저 달려오고, 형태 엄마는 도시락을 싸 온다. 혈연으로 맺어진 가족만큼이나 진한 정을 나누고 있는 것이다. 여기서 '몽마르트 언덕 위'라는 식당 이름을 눈여겨볼 필요가 있다. '언덕 위의 하얀 집'을 떠올리게 하는 이 이름은 가족이 아빠, 엄마, 아이로 구성된 '온전한' 형태가 아니어도 얼마든지 행복해질 수 있다는 비전을 담고 있는 것처럼 보인다.

　해체된 가정이 늘어나고 있는 요즈음, 청소년 소설은 그런 상황에 놓인 청소년들이 가야 할 길을 제시하곤 했다. 시련 앞에서도 제자리를 굳건히 지키는 바람직한 모습이 그것이었다. 이는 중요한 시기에 자칫 삶을 방기할지 모른다는 작가의 안타까움에서 비롯된 것이겠지만, 청소년에게 과도한 짐을 지운다는 비판을 받아 왔다. 이 작품은 이웃과 함께 가족을 이룰 수 있다는 대안을 제시하여 청소년에게 지웠던 짐을 덜어 주면서, 사회적인 문제마저도 가족 내부의 것으로 한정해서 보는 가족주의에서 벗어나고 있다. 이런 관점을 비현실적이라고 할 수는 없다. 예를 들어 '셰어 하우스'라고 한 집을 여러 사람이 함께 쓰면서 유사 가족이 되는 경우도 있다. 이를 확대한다면 얼마든지 성수 빌라 같은 공동체를 이룰 수 있을 것이다. 설령 현실에 없더라도 상상력을 통해 바람직한 대안을 제시하는 것이 문학의 역할이라면 이 소설이 내세우는 확대된 가족 형태는 눈여겨 볼만하다.

　마지막으로 지금 청소년의 일반적인 고민을 담았다는 것을 들고 싶다. '그 여름, 트라이앵글'이라는 제목이 암시하듯 이 작품은 세 명의 아이가 겪는 진로에 대한 치열한 갈등을 주재료로 하고 있다. 오랫동안 가까이에서 청소년을 지켜본바, 학생들은 세 부류로 나뉜다. 먼저, 일찌감치 진로를 확정한 축이 있다. 주로 예·체능 계열을 목표로 삼거나 의사나 교사가 되겠다는 학생들이다. 그다음은 부모의 생각과 자신의 꿈이 달라서 갈등하는 아이들이 있다. 짐작하는 대로 부모는 안정적인 직업을 원하는데, 학생은 뮤지컬, 가수 등 연예인이나 애니메이션 작가 등 성공하기 어려운 직업을 꿈꿔서 생기는 경우다. 그래도 이들은 비교적 행복한 편이다. 꿈이 있기 때문이다. 마지막으로, 뭘 하고 싶은지 모른 채 취직이 잘 되는 과나, 점수에 맞춰서 원서를 내는 유형이 있다. 절반이 넘는 학생들이 여기에 속한다. 학교나 집에서 무작정 공부만 강요한 결과다. 이들은 떠밀리다시피 진학한다.

미용사가 되고 싶지만, 화가를 만들려는 엄마와 불화를 겪는 형태, 바이올린을 전공하고 있지만 자기 길인지 회의하는 시원, 그리고 어느 길을 가야 할지 막막한 소월은 각기 세 부류를 대표한다. 이들이 갈등을 해결하는 과정을 지켜보며 응원할 수 있는 것은, 이들 중 한 명에게서 청소년 당사자나 자녀의 얼굴을 발견하기 때문이다.

시원이나 형태가 갈등 끝에 안정을 찾은 것과 달리 소월의 고민은 확실하게 해결되지 않는다. 거울을 보며 고작 '그래, 가 보자.'고 마음을 다잡는 것이 전부다. 이런 결심이야말로 현실적이다. '고통은 아무리 여러 번 겪어도 내성이 생기지 않지만, 그 순간은 반드시 지나간다.'(208쪽)는 것을 알게 되었기 때문이다. 큰 변화가 일어난 것은 아니지만 어떤 삶이든 껴안겠다는 적극적인 자세를 갖는 것만으로도 의미 깊다고 할 수 있다.

소소한 아쉬움이 없지는 않다. 불시에 찾아오는 삶의 고통을 고작 변비통에 비유한 것은 가볍다고 느끼게 하고, 빌라에 사는 사람들이 모두 착하기만 한 것은 현실성이 떨어진다. 소월 아버지의 성격에는 일관성에 부족하고, 인물들의 관계가 도식적인 점도 생각해 볼 문제다. 엄마도 없는 갓난애를 내팽개치고 나간 무책임한 아빠가 몰매를 맞으면서도 담배 피우는 중학생들의 건강과 미래를 염려해 훈계하는 것은 고개를 갸웃하게 한다.

교육에 무관심한 부자 아빠와 대조되는 극성 엄마 그리고 불만 가득한 모범생은 풍문에만 기댄 듯하다.

소월이 왜 하고 싶은 일이 없는지를 파고들었다면 더 큰 반향을 불러일으키지 않았을까 싶다. 그녀는 우리 교육의 문제점을 고스란히 지닌 문제적 인물이다. 여행이나 체험을 하면서 자신을 성찰해 볼 기회를 박탈당한 채 오직 학교와 학원만을 전전하며 획일적으로 공부만을 강요당한 결과라는 것을 드러내지 못하고 겉만 건드렸다. 이런 약점이 있지만 성장하는 어른을 등장시키고, 가족 내 문제를 이웃 공동체로 풀어간 점, 그리고 학부모나 학생 누구든 자신의 이야기라고 느끼게 한다는 것은 만만찮은 성과다.

청소년 소설 즐겁게 읽기

모든 아이는 특별하다

김봉래, 『흑룡전설 용지호』, 문학동네, 2015

1. 반갑다, 지호야

1990년대 후반 『봄바람』(박상률, 사계절, 1997)으로 시작된 청소년 소설은 『완득이』(김려령, 창비, 2008)라는 인기작을 내놓은 후에 여전히 순항하고 있다. 현재 온라인 서점에서 『위저드 베이커리』(구병모, 창비, 2009)와 『시간을 파는 상점』(김선영, 자음과모음, 2012)이 청소년 문학 베스트셀러 윗자리를 차지하고 있는 것은 개별 작품뿐 아니라 청소년 소설 전체의 성과라 할 것이다. 교사와 학부모의 권유로 읽히던 청소년 소설은 이제 학생스스로 집어 들게 된 단계에 이르렀다. 하지만 낙관은 이르다. 그들이 읽고 있는 책은 소수에 집중돼 있다. 다 읽을 수 없을 정도로 많은 작품이 쏟아지고 있지만 큰 관심을 끌지 못하고 있다. 그 이유를 작품 안과 밖에서 두루 찾을 수 있겠지만 내용 면에서 엇비슷하다는 점을 먼저 꼽을 수 있겠다.

그간 청소년 소설은 부모의 죽음이나 이혼, 폭력으로 고통에 처하거나 임신, 자살, 가출하는 청소년을 그렸다. 사회문제화된 일부 청소년을 담는 데 급급했던 것이다. 아무도 관심 가져 주지 않는 소외된 아이들의 아픔을 보듬어 주는 것도 청소년 소설이 감당할 몫이다. 문제는 비슷한 모티프와

인물들이 반복되어 하나의 패턴이 되고 있고, 극단적인 상황에 내몰린 인물들만 나왔다는 데 있다. 예외적인 인물이 청소년 소설을 지배하는 동안 정작 독자의 대부분을 차지하는 평범한 청소년은 주변부로 밀려났다. 학교 - 집 - 학원의 삼각형 속에서, 성적에 목매고, 부모의 잔소리에 주눅 들고, 친구와의 소소한 갈등에도 잠 못 이루는 평범한 아이들은 청소년 소설의 관심이 아니었다.

자신과 비슷한 갈등을 겪는 등장인물을 보면서 심리적 위안을 얻고, 문제 해결 방법의 실마리를 얻을 수 없다면 굳이 청소년 소설이 있을 필요가 있을까, 그 존재 이유에 의구심을 품을 무렵 나타난 작품이 『흑룡전설 용지호』다. 지호는 교실이나 운동장 그리고 길가에서 마주칠 수 있는 보통의 아이다. 좌절하고 불안해하는 아이들을 쫓느라 분주했던 청소년 소설이 평범한 아이에게 눈을 돌렸다는 것은 그만큼 청소년 소설이 여유로워진 것으로 해석할 수 있겠다.

그러면 먼저 지호의 프로필부터 보도록 하자. 그는 경기도 안양시 동안구에 살고 있는 중학교 3학년 남학생이다. 회사원 아빠와 전업주부인 엄마, 그리고 여동생이 한 명 있다. 취미는 자전거 타기. '운동을 잘하는 것도 아니고, 게임이나 유럽 축구에 빠삭한 것도 아니라서 남자아이들의 대화에 쉽게 끼지 못하고 여자아이들과는 짧은 대화는커녕 눈도 맞추지 못할 정도'(23쪽)로 소심하다.

그의 꿈은 평범하다. '그냥 평범한 학생으로 공부하고, 평범한 직장인이 되고, 평범하게 결혼을 하고, 평범한 가족을 이뤄 평범하게 살다가 평범하게 죽'(13쪽)는 것이다. 특별한 것이라곤 성이 용 씨라는 것뿐, '평범한 키에 평범한 얼굴, 평범한 체격'(25쪽)을 지녔다. 심지어 자전거도 경주용이 아닌 '보통 자전거'를 타는, 한마디로 대한민국의 보통 중학생 그 이상, 그 이하도 아닌 아이다. 우리 주변에서 흔히 볼 수 있는, 아침에는 비몽사몽 학교에 갔다가 밤늦게 무거운 가방을 지고 오는 학생이 지호다.

영화 〈보이후드〉(Boyhood, 2014)가 십이 년 동안 촬영하면서 특별할 것도 반전도 없는 평범한 소년의 일상을 담았지만, 우리의 삶을 있는 그대로 보여 주어 특별한 느낌을 주는 것처럼, 내세울 것 하나 없는 지호의 이야기도 그렇다. 모범생과 꼴통의 조합이나, 철없는 부모와 어른스러운 아이의 대조도 없다. 밴드나, 연극, 요리, 코스프레(게임이나 만화 속의 등장인물로 분장하여 즐기는 일), 컬링 등 특별한 활동이나 운동을 끌어온 것도 아니다. 고작 흔해 빠진 자전거를 소재로 삼았다. 특별한 것 없는 재료로 맛있는 음식을 만들어 낸다는 것은 보통의 내공이 아니다. 자전거 타는 기술과 글의 전개 과정을 결합해 독서 호흡의 완급을 조절하고, 왕따라는 학교 문제부터 노사 갈등이라는 사회문제까지 시선을 넓힌 게 밋밋함을 벗어나게 했다.

2. 모든 자전거는 다 특별해

이 작품은 '보잘것없는 미꾸라지'인 지호가 멋진 '용'이 되어 가는 과정을 그린 성장 소설이다. 겁 많고 소심하던 지호가 자전거를 타며 정체성을 찾아가고, 왕따를 주도하던 '첼시'라는 '넘사벽'(넘을 수 없는 사차원의 벽)에 대결하는 과정은 성장 소설로 읽기에 충분한 근거가 된다. 하지만 그 의의는 '성장'이 아니라, 평범한 아이에게도 특별한 데가 있다는 것을 '발견'했다는 점에 있다고 본다. 지호는 학교에서는 두각을 나타내지 못하지만, 자전거를 탈 때만큼은 다르다. 용이 그려진 검은색 모자와 옷 때문에 '드래곤'으로 통하며, 고장 난 자전거를 수리해 주고, 아픈 사람을 치료해 주면서도 대가를 받지 않아 '광야의 초인'으로 불린다. 또 자전거 타는 실력은 얼마나 뛰어난지 '드래곤이 나타나자 양재천의 살진 비둘기들이 학익진을 펼치며 드래곤의 머리 위로 호위 비행을 했다는 둥, 영역을 다투던 토끼와 너구리가 싸움을 멈추고 그에게 고개를 조아렸다는 둥, 드래곤이 자전거를 타고 양재천으로 뛰어들자 모세의 기적처럼 물길이 양 갈래로 갈라졌다는 둥……'(10쪽)의 소문이 돌 정도다. 지호에 대해 이렇게 허풍을 떠는 이유는 평범한 지호에게도 멋진 데가 있다는 것을 말하기 위해서다.

축제나 체육대회를 치르고 나면 달리 보이는 아이들이 있다. 평상시엔 존재감이 없다가도 이때만은 멋진 노래나 춤, 악기 연주나 뛰어난 운동 실력으로 일약 스타가 되는 경우를 종종 본다. 축제에서 한 아이가 전자 기타를 현란하게 연주했을 때 난리가 났다. 말을 더듬고 눈도 잘 마주치지 못했던 아이였다. 그 아이가 그렇게 멋진 면을 갖고 있다는 걸 아무도 몰랐다. 공연 이후 그를 보는 눈이 달라진 것은 말할 것도 없다. 지호도 그런 아이 중 한 명이다.

『흑룡전설 용지호』는 학교에서는 평범하지만, 자전거를 탈 때면 딴사람이 되는 지호를 통해 평범한 아이는 없고 모든 아이가 특별하다고 말하는 소설이다. "보통 자전거라는 건 없어. 세상의 모든 자전거는 다 특별해."(58쪽)라는 말은 이 땅의 보통 아이들에게 보내는 응원이다. 위에서 '성장'이 아니라, '발견'이라고 한 이유가 여기에 있다. 이가 있는 그대로 보려는, 대상에 대한 애정 어린 응시에서 나오는 것임은 말할 것도 없다.

이 작품엔 레이서가 꿈인 스텔스 형, 싼 자전거를 타고 다니는 하이바(안

전모) 아저씨, 항상 뽕짝을 트는 꿍따리 아저씨, 예고 진학을 앞둔 로미들의 고민과 문제가 등장하지만, 그중에서 핵심은 왕따 문제이다. 지호가 교실 밖에서 만났던 이들은 사실 이 문제를 해결하기 위해 동원된 인물들이라 해도 과언이 아니다. 그만큼 청소년에게 있어 왕따 문제는 정체성 형성이나 성장에 중요한 일이기 때문이다. 어른들이 지호를 응원하기 위해 학교에서 활극을 벌이는 일은 비현실적이지만, 오토바이를 타고 교실까지 들어오고 이를 쫓는 교사를 피해 복도 벽을 타고 공중을 나는 장면은 호쾌하다. 이들의 격려와 응원에 힘입어 지호가 짓누르는 두려움에 저항하며 '용사'가 되기까지의 서사는 자전거의 가속과 비례하며 숨 가쁘게 전개된다. 그만큼 흡입력 있다는 얘기다.

그런데 그 뒤 이야기는 자전거의 타이어에 펑크가 나듯 힘이 빠진다. '첼시'가 지호에게 얻어맞은 뒤 곧바로 딴사람이 돼 버리기 때문이다. 모든 면에서 교사와 아이들에게 능력을 인정받으면서 교묘하게 지호를 따돌리는 '첼시'와의 싸움은 무척이나 힘들어야 하는 것이 논리적으로도 맞다. 왕따에 대한 새로운 해결 가능성을 모색하며 지호를 응원하던 독자들은 폭력으로 문제를 해결하는 것에 허탈할 수 있다. 폭력을 폭력으로 대응하는 것이 아닌 현실에서 적용해 볼 만한 절묘한 해결 과정을 보여 주었더라면 훨씬 흥미진진했을 것이다. 더불어 교사의 무관심과 엄마의 지나친 간섭에 지호가 한 번이라도 항변하기를 바랐다면 지나친 욕심일까?

이 책을 읽고 나면 지나가는 아이들이 새롭게 보일 것은 분명하다. 숫기 없고 말주변 없는 평범한 아이에게도 뛰어난 데가 있다는 것을 알아봐 준 것만으로도 『흑룡전설 용지호』의 존재 가치는 충분하다.

삶에 대한 부정에서 긍정으로

이선주, 『창밖의 아이들』 문학동네, 2015

"당신이 사는 곳이 당신이 누구인지 말해 줍니다."라는 아파트 광고 문구는 우리를 불편하게 했다. 차마 드러내 말하지 못했던, 아파트가 우리 사회의 계층을 단번에 알아보게 하는 지표라는 사실을 노골적으로 알려 주었기 때문이다.

청소년의 꿈은 다양하지만, 그 귀결점은 '부자가 되어 큰 집, 외제 차, 예쁜 마누라(돈 많은 남자)를 얻는 것'이다. 열에 아홉은 부자 되는 것이 꿈이라고 말한다. 설마, 하겠지만 그들도 돈, 돈 한다. 돈이 없으면 인간의 존엄성을 지키기는커녕 생계를 유지하고, 아이를 교육하고, 병원에도 갈 수 없다는 불안과 공포가 우리 사회를 지배하고 있는데 아이들이라고 예외일수가 있겠는가? 하여, 우리 청소년은 미래의 풍족한 삶을 위해 유치원 때부터 그 고된 공부 노동을 감내하고 있다.

모든 중학교에서 자유학년제를 실시하고 있다. 일 년 동안 시험에 얽매이지 않고 직업을 체험하며 꿈을 찾고 진로 계획을 세우기 위한 것이 자유학년제의 취지이다. 자신이 무엇을 좋아하는지 모른 채 무조건 공부라는 하나의 줄에 서야 했던 것에 비하면, '꿈과 끼를 키우는 행복 교육'은 얼마나 다행한 일인가? 하지만 그 기간이 지나면 언제 꿈을 탐색했나 싶게 다시금 공부로만 내몰린다. 공부 외 다른 선택지가 없기 때문이다. 공부를 못하면 좋은 직장을 얻을 수 없을 것이라는 공포는 꿈도, 적성도, 영혼도 잠식해 버린다.

좋아하는 일을 하기 위해서는 기본적인 생활을 유지할 수 있는 제도가 뒷받침되어야겠지만, 돈을 행복의 기준으로 삼는 가치관을 바꾸려는 노력도 필요하다. 재벌가의 집안싸움을 예로 들 것도 없이 지금처럼 물질만 추구하는 사회에선 누구도 행복할 수가 없다. 어린 학생마저도 돈을 최고로 여기는 시대에 『창밖의 아이들』은 과연 돈이 많으면 행복한지, 진정한 행복은 무엇인지를 묻고 답하는 소설이다.

이 소설은 부잣집과 최하위층 아이의 대비, 백수 아버지, 가출한 어머니, 낙관주의라는 상투성을 지니고 있으면서도 청소년 소설 하면 떠오르는 일련의 이미지들과는 사뭇 다른 요소들을 보여 준다. 우선, 아이들이 쓰는 비속어나 비문, 그리고 단어만으로 된 짧막한 말들을 그대로 옮기지 않았는데도 청소년의 심리가 제대로 드러나 있어 요즘 청소년의 삶에 밀착됐다는 생각이 든다. 예컨대 다음 대목들을 보자.

내가 행운아파트에 산다는 걸 어떻게 알았지? 란이의 얼굴이 붉게 달아올랐다. 들키고 싶지 않았다. 낙원동에 산다는 건 알더라도 행운 임대 아파트에 사는 것까지는 들키고 싶지 않아 나름 조심했었다. (14쪽)

같은 교실에서 공부한다고는 하지만 동선이 달랐고 친구들이 달랐다. 엄밀히 말하자면 란이는 친구가 거의 없었고 클레어는 친구들에 둘러싸여 살았다. 란이가 왕따는 아니었다. 다만 속마음을 이야기하고 하교 후 떡볶이를 같이 먹을 정도의

친밀한 친구가 없었다. (22쪽)

차라리 아무 로고도 없었으면 좋았을걸……. 란이는 생각했지만, 가게도 아닌 좌판에서 산 패딩을 환불할 수는 없었다.

란이는 학교에는 입고 가지 않는 걸로 마음을 정했다. 할머니가 왜 입고 가지 않느냐고 물었지만 란이는 짧게 대답했다. 덥고 귀찮아. 할머니는 끙 소리를 내고는 더 이상 말하지 않았다. 할머니가 어떻게 알겠는가. 추위라는 육체적인 고통보다 모멸이라는 마음의 고통이 더 중요한 것을 말이다. (31~32쪽)

임대 아파트에 사는 것을 들키지 않으려고 멀리 돌아가고, 덜덜 떨면서도 짝퉁 패딩 입는 것을 죽기보다 싫어하는 것이 청소년이다. 한 교실에 있다고 해서 모두가 친구가 되는 것은 아니라는 것을 '동선이 다르다.'고 표현한 것만 봐도 이 소설이 청소년과 얼마나 가까이 있는지를 알 수 있다. 그 외에도 스마트폰이 없어 조별 과제에서 아무 말도 못 한다든가, '클레어'가 유기농 주스만 고르는 것에서 란이가 수치심과 열등감을 느끼는 대목에서도 이런 점을 확인할 수 있다. 상대적 가난을 이렇게 사실적으로 그리기도 쉽지 않다. 인물의 심리를 구체적으로 보여 주는 과정을 거쳤기 때문에 중학교 3학년에 불과한 주인공이 첫 생리를 하게 되자 가난의 대를 끊겠다며 불임 수술을 하겠다고 결심하는 것을 개연성 있게 받아들이게 되는 것이다.

란이가 사는 임대아파트는 '행운'이라는 이름을 가졌다. 분명 『난장이가 쏘아 올린 작은 공』의 '낙원구 행복동'을 참조했을 '행복구 낙원동 행운아파트'는 이름과 실체의 간격 때문에 불행이 더 강조돼 보인다. 란이는 몇 년째 백수로 지내는 아버지, 식당에서 불판을 닦아 한 달에 백만 원 남짓 버는 할머니와 함께 산다. 엄마는 아버지가 해고된 후 전세금을 챙겨 나가 버렸다. 그나마 할머니는 허리를 다쳐 언제 그만둘지 모르는 상황이다. 란이네뿐 아니라 청소 일을 하며 자살한 딸의 아이를 키우는 옆집 아줌마, 학교 폭력으로 감옥에 간 아들을 뒷바라지하는 분식집 주인 등 이웃들도 힘들게 살기는 마찬가지다. 저소득층은 이처럼 아이를 제대로 키울 수 없어 가출하거나, 자살하고, 키운다고 하더라도 그 아이는 멸시받거나 폭력에 노출되는 것을 간파한 란이는 자신을 불모의 몸으로 만들려고 했던 것이다.

란이의 대척점에 예솔이가 있다. 예솔이의 별명은 '클레어'다. 란이네 집 몇 달 치 임대료를 합친 것보다 비싼 '몽클레어' 패딩을 입고 다녀 얻은 별명이다. 그녀는 건장한 젊은 남자들이 무전기를 들고 입구를 지키는 고급 아파트에 산다. 클레어가 계층 사다리의 꼭대기에 있다면 그 아래 노스페이스, 블랙야크, 케이투, 네파를 입는 애들이 있고, 맨 아래에 길가에서 산 3만 원짜리 짝퉁 노스페이스를 흉내 낸 사우스페이스를 입는 란이가 있다.

란이는 불임 수술비를 마련하고 스마트폰을 사기 위해 전단지 붙이는 아르바이트를 한다. 중학생이 할 수 있는 일은 거의 없기 때문이다. 거기에서 조선족 불법체류자인 민성이를 알게 된다. 둘은 예솔이네 아파트에 잠입해 일하다 쫓겨나며 서로에게 연민을 느낀다. 란이의 절박함을 알게 된 예솔이는 폭력적인 아빠에게 복수하기 위해 란이에게 아빠의 병원에서 낙태 수술받을 것처럼 행동해 달라고 제안한다. 그것을 증거로 당국에 고발하여 아빠에게 타격을 입히려는 의도였다. 과연 그들의 시도는 성공할까?

꼭대기에 살면 행복하고, 밑바닥에 살면 불행하다고 여기던 란이의 생각이 바뀐 것은 의사 아빠한테서 끊임없이 폭행당하고, 아이를 낳아 몸매가 망가졌다고 생각하는 엄마에게서 사랑받지 못한 예솔이가 정신적인 면에서는 춥고 가난한 아이란 것을 알게 된 데만 있지 않다. 판잣집 출신에서 꼭대기까지 올라간 예솔이 아빠가 더 좋은 아파트인 '노블 팰리스'로 가기를 꿈꾸는 대목에 이르러 돈을 행복의 척도로 여기는 한 아무도 정신적 허기에서 벗어날 수 없다는 진실을 마주했기 때문이다.

부유층에 대한 환멸과 함께 자신이 불행한 사람이 아니라는 것을 발견하며 란이는 애초의 결심을 차츰 잊는다. 거기엔 할머니의 힘이 크다. 할머니는 집에 오는 사람에게 겨우 '설탕을 한 술 넣은 뜨거운 물'이나마 정성껏 대접하고 '누가 오지 않아도 마치 누가 올 것처럼' 늘 10인용 밥통에 꽉 차게 밥을 해서 찬이라곤 '김치하고 달걀프라이가 전부'인데도 이웃들과 식사를 함께 한다.

> 할머니가 부엌에서 된장찌개를 끓이고 있었다. 보글보글 소리가 거실까지 들려왔다. 밥이 다 되니, 모두 부엌으로 모였다. 밥을 한술 뜨려는 찰나, 현관문이 열렸다. 왜 안 오나 했다. 아줌마였다.
> "밥 좀 남은 거 있니?"
> 란이는 베란다로 가 나무 의자를 꺼내 왔다. (중략)
> 아줌마가 마지막 남은 계란말이를 먹기 위해 손을 뻗는데 민성이가 젓가락으로 계란말이를 쏙 빼 란이의 밥 위에 놓아 주었다. 아줌마가 젓가락을 든 채 황당하다는 듯이 민성이를 쳐다봤다. 란이는 부끄러웠지만 모른 척 계란말이를 먹었다. 화를 낼 줄 알았던 아줌마가 핏 하고 웃었다. 아줌마가 웃자 등에 업힌 콩이도 웃고, 콩이가 웃자 남자도 따라 웃었다. 남자가 웃는 걸 보고 할머니도 흐뭇한 표정으로 웃었다. 그러자 란이는 괜히 기분이 좋아져 웃고, 그런 란이를 보고 민성이가 활짝 웃었다. (185쪽)

청소년 소설 즐겁게 읽기

달걀프라이와 김치, 된장찌개가 전부인 밥상이지만 함께 밥 먹고 웃음이 파문처럼 번져 가는 이 낡은 방의 사람들을 누가 가난하다고 하겠는가? 넉넉한 마음으로 함께 나누며 주변 사람을 챙기는 사람이 부자 아닐까? 할머니뿐 아니라 하나라도 더 주려는 슈퍼 할아버지, 반찬 가게 아줌마도 빈곤하다고 할 수 없다. 란이는 '먹고살기 위해 찬바람을 맞으며 하루 종일 갈비 찌꺼기를 닦아 내고, 빌딩 청소를 하고, 김밥을 싸는 사람들'이 '불쌍한 사람들이 아니라 열심히 사는 사람들'이고, '누구에게도 열심히 사는 사람을 불쌍하게 여길 자격 같은 건 없다.'고 깨닫는다.

란이의 변모가 억지스럽지 않은 것은 '쉬어 터진 김치와 묵은쌀로 하루하루를 연명하는' 자신의 현실이 동화와 달리 미화될 수 없다는 것을 알고서도 나온 것이기 때문이다. 삶의 현실적 조건을 외면하지 않고 얻은 깨달음이어서 허황된다고 느껴지지 않는다.

처음엔 반어라고 여겼던 '행복구 낙원동 행운아파트'를 마지막에 이르러선 긍정하게 만드는 것이 이 소설의 힘이다. 다른 사람을 배려하고 아껴 주는 사람과 어울려 사는 것이 행복이고, 낙원이며, 행운이라는 란이의 깨달음과 일치하기 때문이다. 그래서 골칫덩이요, 짐이라고만 여겼던 콩이의 본명이 '아름'이라는 것에도 수긍하게 된다.

『창밖의 아이들』은 란이와 예솔이가 사는 두 세계가 극단적으로 차이가 나는 데다 부유한 예솔이가 아버지의 폭력으로 불행한 것 등 통속 소설의 문법을 따른 면도 있다. 하지만, 두 세계의 대비를 통해 타자의 욕망이 자신의 욕망이라고 믿었던 어리석음을 인정하고, 주체적인 눈으로 세상을 보는 힘을 얻게 된 란이의 변화는 억지스럽지 않고 믿음직하다.

란이가 자신의 힘으로 맞설 수 없는 상황을 어떻게 이끌고 갈 것인지 걱정스러웠는데 기우였다. 인물의 고민과 아픔을 깊이 있게 파고들었기 때문에 그 해결 방법도 설득력이 있다. 양극화의 문제는 반드시 해결해야 하지만, 란이가 물질이 아닌 다른 시선으로 자신과 세상을 보게 된 모습은 의미 깊다. 우리 청소년도 잘 산다는 것이 어떤 것인지 진지하게 고민해 봤으면 좋겠다.

고통 없는 세상을 꿈꾸다

김해원, 『추락하는 것은 복근이 없다』, 사계절, 2015

『추락하는 것은 복근이 없다』는 두발 규제가 우리 사회의 고질병인 성적 지상주의, 일등주의와 어떻게 연결되는지를 단정하게 짚어 낸『열일곱 살의 털』의 김해원 작가가 두 번째로 낸 책이다. 총 7편의 단편을 통해 청소년의 얼굴을 입체감 있게 부조하고 있다.

그가 형상화한 청소년은 온통 고통에 일그러져 있다. 강제적인 심부름, 왕따 등 학교 폭력에 시달리고(「가방에」, 「구토」), 친아버지에게 수시로 폭행당하며(「붉은 브래지어」), 힘없이 죽어 간다(「을지로 순환선을 타고」, 「최후 진술」, 「구토」). 놀라운 것은 이런 폭력이 심각하게 다가오지 않는다는 것이다. 청소년과 폭력, 학대, 방치, 죽음은 우리에게 이미 익숙한 연관 단어가 돼 버렸기 때문이다.

이 소설에서 작가가 아이들이 겪는 고통을 전하는 방법은 두 가지다. 하나는 날 것 그대로의 생생한 절규로, 또 하나는 유머러스하게 표현한 것이 그것이다. 청소년의 죽음을 다룬 「최후 진술」, 「구토」, 「을지로 순환선을 타고」를 제외한 나머지 네 작품은 모두 유머 코드에 기대고 있다. 가벼움과 무거움의 적절한 조화는 이 작품집에 생기를 불어넣는다. 이들 중 몇몇 작품을 살펴보도록 하자.

「최후 진술」은 반도체 사업장에서 백혈병을 얻은 '나'가 공장에서 병을 얻었다는 것을 산재 자문 협의회에서 힘겹게 증언하는 내용이다. 고작 스물두 살인 '나'가 생사를 넘나들면서 증언하고 있는 가운데, '미장원에 다녀온 게 분명'한 여자 의사와 '어차피 사람은 언젠가 죽는다. 바쁘니까 빨리 끝내자.'는 얼굴로 앉아 있는 남자는 한나 아렌트가 나치에 복역하며 무수히 살인을 저지른 이들에게서 본 악의 평범성을 떠오르게 한다. 타인에 대한 공감이나 성찰의 과정 없이 자기의 직업을 충실히 수행하는 평범한 사람들이 얼마나 비인간적인지를 보여 주고 있다.

「구토」는 다시 왕따(집단 따돌림을 나타내는 은어)가 될까 봐 왕따로 자살하는 아이를 모르는 체하고 고통스러워하는 아이의 이야기이다. 고등학교 2학년인 성아는 초등학교 6학년 때 수학여행을 갔다가 버스에서 멀미한 이후 냄새난다는 이유로 왕따 당한 적이 있다. 그것은 중학교 때까지 이어져서 3학년이 되어서야 겨우 벗어났다. 그 고통을 너무나 잘 알기에 자신도 엮일까 봐 왕따로 고통받는 아이에게 손을 내밀지 못했다. 왕따는 정신을 마모시켜 그 상황에서 벗어난 후에도 깊은 그림자를 드리운다는 것을 잘 나타낸 작품이다. 그러나 왕따의 폐해를 고발하기 위해 잘 씻지 않은 아이의 예를 제시한 것이 적절했는지 의문이다. 냄새나는 아이를 가까이하기는 쉽지 않을 뿐만 아니라, 자칫 왕따 당한 아이에게도 책임이 있다는 인상을 심어 줄 수가 있기 때문이다.

『열일곱 살의 틸』에서 가볍거나 유치하지 않으면서도 미소 짓게 하는 격조 있는 문체를 보여 준 작가는 이 작품집에서도 그 능력을 십분 발휘하고 있다. 학교의 '짱'이 자멸하는 내용을 담은 「추락하는 것은 복근이 없다」는 과장된 묘사가 허세 가득한 영진의 성격과 어울려 웃음 짓게 만든다. 어깨는 '양문 냉장고만큼이나 떡 벌어지'고, 넓적다리는 '어린아이 허리둘레'보다 큰 껌딱지(영진)는 '성창 고등학교' 서열 1번이다. 그가 학교 짱이 된 것은 위압적인 외모 때문이기도 하지만 욕을 아주 잘하기 때문이다. 그의 욕내력은 이렇다.

> 아장아장 걸으면서부터 앵두보다 작은 입술로 툭하면 내뱉은 말이 '시발'이어서 껌딱지의 엄마는 엄마 소리도 잘하지 못하는 아들이 신발을 안다고 호들갑을 떨었으나, 아들의 구강 구조가 점차 발달해 제대로 발음하게 된 뒤에야 '시발은 발에 신는 것이 아니라, 남을 발로 걷어찰 때나 쓰는 말이란 걸 알았다고 한다. 그러니까 껌딱지에게는 태초에 말이 있었던 것이 아니라 욕이 있어서, 그래서 말은 욕이고, 욕이 자신의 의사를 세상에 전하는 가장 편리하고도 적절한 수단이었다.
>
> (100쪽)

욕 신동이었던 껌딱지가 학교에서 독주할 수 있었던 것은 욕의 힘 덕분이었다. '껌딱지의 거친 입은 신체 성장과 함께 무르익어 열여덟 살에 이미 아무도 제압할 수 없는 경지'에 올라 있었다. 그래서 그가 한 때 태권도 선수였던 '이고수'에게 패배한 것은 당연했지만, 그로서는 체면이 크게 떨어진 일이었다. 영진은 자기 패거리를 모으기 위해 아르바이트해서 번 돈으로 크게 한턱을 낸다.

그런데 식당에서 거들먹거리는 준성이를 화장실에서 '손봐 준' 게 큰 사건으로 비화한다. 영웅심에 들떠 준성이 코뼈를 부러뜨렸다고 얘길 했는데, 그 건으로 거액을 물어 주고 학교에서 쫓겨나게 된 것이다. 그 사건의 실체가 밝혀지면서 껌딱지의 허세가 무너지는데 그의 추락에 웃을 수만 없는 것은, 그가 힘들게 살아가는 부모의 마음을 알아주는 속 깊은 아들이기 때문이다. 덩치만 컸지 싸움도 제대로 못하면서 입만 살아, '가오' 잡고 허풍 치기 좋아하는 영진이를 미워하기는 힘들 것 같다.

「가방에」는 학교 폭력 피해 학생을 그렸는데도 유머러스한 문체가 빛을 발한다. 입은 웃고 있는데 눈은 울고 있을 때 더 안타깝듯 유머 있는 표현은 주인공이 겪는 고통의 질감을 더 생생히 드러낸다.

경준이는 수업 시간에 띄어쓰기의 대표적인 예로 쓰이는 '아버지 가방에 들어가신다.'라는 말에 웃을 수 없다. 사기꾼인 아버지는 빚쟁이가 몰려오면 '우사인 볼트가 백 미터를 달리는 시간보다 빠르게' 가방 안으로 숨기 때문이다. 엄마는 아버지의 폭력에 집을 나간 지 오래다. 아버지마저 뚜렷한 이유 없이 집에 들어오지 않자 이번엔 친구인 듯 친구 아닌 친구 같은 애들이 집으로 몰려와 날마다 "라면을 끓여 내라."고 요구한다. 경준이는 '열흘째 33도를 넘나드는 폭염이 이어지는 좁은 반지하 집에 여섯 명을 앉혀 놓고 활활 타오르는 불 앞에서 라면을 끓여' 바치는 노역을 군소리 없이 해낸다.

패거리가 다른 문제를 저질러 벌을 받기 때문에 겨우 그들에게서 벗어났을 때, 같은 피해자인 민호가 그의 집을 찾아온다. 민호는 문제아들과는 다른 측면에서 그의 가슴에 생채기를 낸다. 경준이의 처지를 잘 모르는 민호가 "좋겠다, 두 분 다 일하시면 늦게 오실 거 아냐?" "나는 학원으로 간다. 우리 엄마 아마 학원 앞에서 기다리고 있을 거야. 우리 엄마는 물에 빠지는 나보다 학원을 빠진 나를 더 걱정할 거야. 너네 엄마도 그러시냐?"고 묻는 말에 얼버무리고 만다. 골치 아픈 패거리들보다 아무런 폭력을 행사하지 않은 민호에게서 더 큰 상처를 받는다는 것은 아이러니다.

경준이가 스스로 가방에 들어가는 장면은 압권이다. 민호가 간 후 '아주 오랫동안' 가방 안에서 나오지 않는다는 마지막 구절은 그의 아픔과 외로움의 깊이를 짐작하게 한다. 이 세상에 홀로 내버려진 경준이의 슬픔과 적막함이 고스란히 전해진다. 유머는 대상에 거리를 두고 여유를 가질 때만 나온다. 「가방에」는 누구보다 힘든 처지에 있지만 그 상황에 압도되기보다 거리를 두고 받아들이는 성숙한 인물을 감동적으로 그려 낸 수작이라 할 수 있다.

그 외 기대에 못 미치는 작품들도 언급하는 것이 좋겠다. 「표류」, 「을지로 순환선을 타고」, 「붉은 브래지어」는 조금 안타까운 작품들이다. 「표류」는 주인공이 한강에서 오리 배를 타다가 표류하면서 겪는 내용이다. 강 위에서 떠돌다가 스티로폼을 타고 태평양으로 간다는 사람과 철인 5종 경기를 하는 여자를 만나는데 그들은 '나'에게 여러 조언을 해 준다. 그런데 이런 말은 주인공의 상황과 동떨어져 있어 작가가 청소년 독자에게 하고 싶은 말들을 작정하고 한데 모아 놓은 느낌이다.

「을지로 순환선을 타고」는 지하철 선로에 떨어져 목숨을 끊은 한국의 여학생과 미얀마 민주화 운동에서 희생당한 여학생을 비슷한 나이에 죽었다는 이유로 함께 묶는 데서 무리수가 발생한다. 둘의 죽음이 모두 사회적 타살이라는 점을 말하고 싶었겠지만, 별 연관성을 찾을 수 없다. 그래서 주인공이 한국 여학생의 자살을 목격한 후 조국의 민주화를 위해 방관자적인 태도를 벗고 적극적인 행동에 나선다는 대목에 힘이 실리지 않는다.

셋 중에서 가장 아쉬운 작품은 「붉은 브래지어」이다. 가정 폭력과 유머스러운 문체가 서로 어울리지 않기 때문이다. 인혁은 사흘에 한 번꼴로 아버지에게 맞는다. '주판알 120개의 날카로운 모서리는 작은 송곳처럼 여린 피부를 파고들고, 참나무를 깎아 만든 주판 틀은 가해지는 힘의 강도를 골고루 분배하면서 통증 부위를 넓힌다.' 그렇기에 그는 '온몸으로 사정없이 가해오는 날카로운 압력을 온 힘을 다해 버틴다.' 이런 상황인데 어떻게 어린아이가 다음과 같이 여유를 부릴 수 있겠는가?

> 주판으로 말하자면 나보다 일찍 세상에 태어나 우리 아버지가 운영하는 학원에서 한때 초등학생들의 수학 실력 증진을 위해 끼워 넣었던 주산 시간에 쓰인 것으로 이십 년이나 묵었다. 개 꼬리가 묵는다고 범 꼬리 되지 않듯이(이 말은 속담을 즐겨 쓰옵는 우리 아버지가 내 변변찮은 꼬락서니를 그냥 놔두면 미래가 어떨 것인지 예측할 때 주로 하는 말이다.) 주판은 이십 년 아니 이백 년을 묵어도 야구 방망이나 골프채 같은 강력한 폭력 도구로 환생하지 않을 테니 겁낼 것 없다? 이것은 주판의 위력을 모르고 하는 말이다. (160쪽)

사흘에 한 번씩 자신을 때리는 아버지를 '꽤 부지런하고 참으로 열정적인 이 어르신'이라고 한 부분이나, 체벌 도구인 주판을 설명한 부분은 마치 남의 말을 하는 듯한 여유가 느껴진다. 인혁은 「가방에」의 경준과 비교할 수 없을 정도로 심각한 학대를 받고 있다. 여유를 부릴 처지가 아니다. 더군다나 동생이 도둑질한다고 오해한 아버지가 그토록 심한 체벌을 하는데도, 새어머니 몰래 동생을 감싸 주곤 하던 누나가 그에게 누명을 씌우며 도둑질을 계속해 왔다는 것도 이해되지 않는다. 어렸을 때 부모가 누나에게 속옷 하나 변변히 사 주지 않아서라고 변명해도 설득력이 없기는 마찬가지다. 누나가 범인인 것이 밝혀지지 않도록 인혁이 지갑을 훔치지만, 감동적인 남매애를 전하기에는 역부족이 아니었던가 싶다.

문학은 기존의 세계가 정한 문법을 끊임없이 의심하고 비판하며 새로운 세계를 추구한다. 황현산 교수가 묘파했듯 "때로는 이 세계를 수선하기도 하고, 때로는 이 세계를 깨뜨리며 저 세계로 나아가고자 한다." 그렇다면 문학이 갈망하는 저 세계는 어떤 곳일까? 그곳은 고통과 신음이 사라지고, 결핍과 절망이 없으며, 행복과 기쁨이 넘치는 살 만한 세상을 말하는 것이리라. 『추락하는 것은 복근이 없다』는 고통받는 청소년을 통해 그들이 더 이상 고통받지 않기를, 자유롭고 행복한 저 세계로 나아가기를 간절히 호소하고 있다. 그들의 고통에 둔감한 사회의 야만성에 충격을 가하는 것, 그것이 작가가 발랄한 아이들 대신 고통에 찬 청소년들을 그려 낸 이유일 것이다.

아이들에게 놀이를 허하라

김종광, 『별의별 나를 키운 것들』, 문학과지성사, 2015

1. 과거와 알파고

엄마와 아빠가 한순간의 충동을 참지 못해 태어난 형은 왜소한 체격에 근시, 심장병과 폭력 성향을 지녔다. 보험에서도 받아 주지 않는 열성 인간이다. 이런 사람은 신의 섭리로 태어났다 하여 '신의 아이'로 불린다. 유전자로 계급이 결정되는 사회에서 자연 그대로 태어난 사람은 사회 맨 아래층에 놓이게 된다. 부모는 동생만큼은 최고로 갖고 싶어 튼튼한 체격을 지니고 질병에 걸릴 가능성이 없으며 성품도 온화한 유전자를 선택해 낳는다. '인간의 아이'는 우성 유전자만 갖춘 우월한 사람이 된다. 이들은 사회 계층 꼭대기를 차지한다. 영화 〈가타카〉 이야기다.

알파고가 이세돌과의 바둑 대결에서 승리하자 이 영화가 떠올랐다. 먼 미래의 일이라고 생각했던 것들이 우리 곁에 바짝 와 있다는 느낌이 들었기 때문이다. 신체적으로나 정신적으로 완벽한 '인간의 아이'를 낳을 가능성이 한층 커진 것이다.

기대감 한편엔 급변하게 될 미래에 대한 불안이 자리 잡고 있다. 인간이 최고라는 세계관이 흔들리고 로봇이 인간을 지배할 수도 있겠다는 공포감이 든다. 지구가 우주의 중심이라고 믿었던 사람들, 사람이 신의 창조물로 여겼던 사람들이 코페르니쿠스나 다윈의 말을 들으며 가졌을 혼란에 비견하는 사람도 있다.

상상을 초월하는 미래에 어떻게 대처해야 할 것인지 그 어느 때보다 논의가 풍성한 요즘, 지나간 이야기는 낡아 보이고 불필요한 것으로 느껴지기조차 한다. 하지만 헬레나 노르베리의 『오래된 미래』라는 책이 우리가 발전이라는 이름으로 소중하고 아름다운 것들을 어떻게 파괴해 왔는지를 통해 앞으로 나아갈 바를 제시한 것처럼, 1980년대를 배경으로 한 김종광의 작품집 『별의별 나를 키운 것들』 역시 과거를 통해 현재의 우리에게 결여된 것이 무엇인지를 선명하게 보여 준다. 청소년도 재미있다고 느끼겠지만, 부모 세대가 읽으면 더욱 좋겠다. 시대가 달라졌다는 말로 간단히 치부할 수 없는 진실이 들어 있기 때문이다.

2. '나'를 키운 별의별 것들

"아이가 이번에 초등 5학년에 올라갔어요. 최근 오랜만에 서울 강남에 사는 아이 유치원 동기 엄마를 만났는데, 수학을 중3 과정까지 선행했다고 해서 깜짝 놀랐어요. 제 아이도 6학년 과정까지는 선행한 상태인데, 격차가 너무 벌어졌다는 걱정에 가슴이 덜컹하더라고요."

"아이가 보통 밤 10시에 집에 오는데, 학원 숙제가 분량이 많은 데다 너무 어려워서 새벽까지 해야 하는 경우가 많더라고요. 숙제를 못 해 가면 수강이 취소되기 때문에 어쩔 수 없이 숙제 시터를 구했어요." (○○일보, 2016.3.7.)

정도의 차이는 있을망정 우리나라 학생 중 이런 생활에서 벗어난 이는 많지 않을 것이다. 과도하게 공부하지 않으면 살아남기 힘들다는 불안이 사람들을 에워싸고 있기 때문이다.

이런 와중에 『별의별 나를 키운 것들』은 한가로운 딴 나라 얘기로 들릴 수 있다. 공부 스트레스 없이 아이들이 마음껏 뛰놀기 때문이다. 그렇다면 작가는 왜 현재 청소년의 삶과는 거리가 있는 과거 이야기를 들고 왔을까?

이 작품에는 주인공 김판돈을 중심으로 가족, 친구, 선생님, 마을 사람들이 등장한다. 사냥을 잘하는 육손이, 손재주가 선생님보다 뛰어나고, 싸움을 잘하지만 일하느라 바빠서 싸움할 틈이 없는 환기, 유명한 씨름 선수가 될 줄 알았지만 선배에게 맞는 것이 싫어 씨름을 그만둔 장사 덕남, 첫사랑 미애와 모 심기를 기막히게 잘하는 맹영득의 이야기가 구수하게 펼쳐진다.

작가의 반영이라고 할 판돈이 소설가를 꿈꾸게 된 결정적 순간을 엿보는 것도 재미있다. 어느 날 아버지가 『이솝우화』, 『성웅 이순신』, 『보물섬』세 권을 사 온다. 판돈은 이 책들 덕에 독서의 즐거움을 알게 된다. 책을 더 사달라고 조르지만, 돈이 없는 부모가 사 줄 리 없다. 할 수 없이 리어카를 끌고 친척 집을 다녀보지만 별 성과가 없다. 책에 목말라하던 그에게 학교 도서관의 개관은 단비나 마찬가지였다. 그는 친구들이 미쳤다고 손가락질할 정도로 책에 몰입한다. 자녀들이 책을 많이 읽기를 바란다면, 판돈의 부모처럼 책을 사 주지 않는 것이 한 방법이 아닐까 싶다. 초등학교도 들어가기 전에 우리 아이의 방은 동화책, 과학책, 위인전, 고전소설, 학습 만화 등의 전집으로 꽉 차 버렸다. 우리 아이가 과연 부모의 기대대로 책을 좋아하는 아이로 자랐을지는 독자의 상상에 맡기겠다.

우리는 흔히 현재는 대체로 과거보다 발전했고, 과거 사람들은 미개했다고 생각한다. 1960년대의 장발이나 미니스커트 단속, 1980년대의 삼청교육대를 떠올리며 그때 당시에는 어쩌면 그리 말도 안 되는 일이 일상적으로 일어났는지 비웃곤 한다. 깨끗한 건물, 스마트한 시스템, 첨단 기계가 그런 착각을 사실인 양 느끼게 한다. 하지만 정치 면이나 인권 면에서 우리 사회가 얼마만큼이나 발전했을까? 대통령 욕을 했다고 삼청교육대로 보내고, 농민 운동하거나 데모하는 사람을 빨갱이라고 욕하는 사람은 몇십 년 전 과거 속 인물일까? "200톤의 물을 담을 거대한 금강산댐이 무너질 경우, 수도권을 완전히 황무지로 만들, 실로 상상을 초월하는 재해가 닥치게 될 것"이라며 "댐이 터지면 중부권 일대가 물바다가 되어 서울의 63빌딩 허리까지 찰랑찰랑하게 되고 국회의사당 머리까지 꼴깍꼴깍 차게 된다."(255쪽)던 뉴스는 이제 웃고 말 에피소드에 불과할까?

G20 홍보 포스터에 쥐 그림을 그린 사람에게 대통령을 패러디했다고 벌금 200만 원이 선고된 것은 2000년대의 일이다. 대통령을 비판한 전단지를 배포한 사람이 기소된 때는 2015년이다. 농민운동을 한 백남기 씨는 경찰의 살수차에 의식을 잃고 병상에 누워 있다 목숨을 잃었고, 북한의 핵미사일 개발을 빌미로 개성공단은 오래 전에 폐쇄됐다. 이 책을 읽다 보면 현재 우리가 처한 상황의 맥락을 제대로 파악할 수 있다. 과거는 현재의 거울이다.

3. 놀이의 힘

알파고를 통해 우리는 미래를 구체적으로 그려 낼 수 있게 됐다. 지금과는 너무도 다른 세계가 펼쳐질 것이다. 동물 장기 이식이 인간과 동물의 경계를 흐릿하게 한 것처럼, 기계가 우리 몸의 장기, 팔, 다리, 눈 등을 대체할 것이고, 부모의 선택으로 신체적으로 흠결 없는 완벽한 아이가 태어날 것이다. 인공지능 변호사, 의사의 등장도 머지않았다.

이런 시점에 『별의별 나를 키운 것들』을 읽으며 요즘 아이들에게 필요한 것이 무엇인지를 생각해 본다. 이 책에서 '나'를 키운 것을 한 가지 들라면 공부도 아니고, 책도 아니다. 팔 할이 놀이다. 친구들과 미꾸라지를 잡고, 토끼몰이를 하고, 화투를 치고, 문구점에서 뽑기 놀이를 하면서 아이는 해야 할 것과 해서는 안 되는 일이 무엇인지를 배웠다.

갈수록 놀이는 천대를 받는다. 어른은 청소년이 노는 꼴을 보지 못하고, 될 수만 있으면 그 시간을 깡그리 없애고 싶어 한다. 그 결과 학업 성취도는 높아졌으되, 행복감은 최하위에 머물고 말았다. 나중에 행복할 수만 있다면야 지금의 행복쯤 저당 잡힐 수 있다고 쳐도, 친구들과 어울리고 이것저것 경험하면서 사람으로서 해야 할 것과 그렇지 않은 것을 익힐 기회는 사라져 버렸다.

처음의 〈가타카〉 이야기를 조금 더 해 보자. 청소부인 형은 선택적으로 태어난 '인간의 아이' 중에서도 가장 우수한 우성인자들만 될 수 있다는 우주항공기사가 되기를 꿈꾼다. 허약한 육체적 조건을 지녔지만, 강인한 정신력과 노력으로 모든 고난을 극복하고 그는 마침내 원하는 바를 이룬다. 허점 많은 '신의 아이'가 완벽한 '인간의 아이'를 이길 수 있었던 힘은 바로 꿈이었다.

아이를 억압하고, 부모의 바람을 투사해서는 내적인 열망이 불타오르지 않는다. 세상에 호기심을 갖고 자신의 미래를 설계하기 위해서는 좁은 독서실이 아니라 넓은 놀이터로 나가야 한다. 시대 탓, 환경 탓으로 돌리지 말자. '별의별' 사람들을 만나고, '별의별' 일들을 겪을 수 있도록 아이들을 좀 놔주라고 이 책은 말한다.

요리 실력만으로 수능을 치른다면?

이명랑, 『단 한 번의 기회』 바람의 아이들, 2016

끝 종이 울렸는데 아직 시험문제의 절반도 풀지 못했다. 조바심 때문에 심장은 타들어 가고 머리는 하얘진다. 깨어 보니 꿈이다. 학교를 마치고도 한참 뒤까지 이런 악몽을 꾸었다.

시간 가는 건 같은 속도일 텐데 칠판에 수능 D-100이라고 쓸 때부터는 2배속으로 가는 것 같다. 수험생에게는 하루하루가 피를 말리는 것 같은 불안과 공포의 나날이다. 대부분의 학생이 내신이나 학생부만으로 입학하지만, 상위권 대학들이 수능 최저 기준을 내걸고 있기 때문에 그 위력은 아직도 맹위를 떨치고 있다. 나의 미래가 온전히 단 한 번의 시험에 달렸으니, 수능은 그것 자체로 공포다.

고3만 수능의 공포에 지배당하는 건 아니다. 성적표에 석차가 기재되기 시작하는 중학교 1학년 아니 초등학교 1학년, 아니 유치원생에게까지 수능의 그림자가 짙게 드리우고 있다. 지인의 조카인 유치원생이 자기 엄마에게 했다는 하소연이 잊히지 않는다. "엄마 오늘 하루만 학원 안 가면 안 돼? 오늘은 내 생일이잖아." 아이를 사랑하면 할수록 숨 막히게 하는 이 기막힌 아이러니 속에서 아이들은 고통에 신음하고 절규하고 절망한다.

청소년 소설 즐겁게 읽기

한국 학생들은 경제협력개발기구(OECD) 국가 중 수학·과학 학업 성취도에서 최상위권을 자랑하지만, 행복도 조사에서 가장 불행한 것으로 나타났다는 보도는 수년간 반복되고 있다. 청소년 사망 원인 1위가 자살이라는 기사도 그렇다. "어린이·청소년 5명 중 1명은 자살 충동을 느낀 적이 있었고, 100명 중 5명은 3번 이상 자살 충동을 경험한 위험 집단에 속했다."는 기사는 올해도 어김없이 신문에 등장했다. 모든 자살은 사회적 타살이라는 에밀 뒤르켐의 말을 빌릴 것도 없이 우리 학생들이 자살하는 이유는 태반이 외부에 있다.

학업에 흥미가 없어 하교 시간인 밤 열 시까지 무기력하게 앉아 있는 학생들을 보면 아동 학대라는 말 외에 다른 말을 떠올릴 수 없다. 운동장에 풀어놓거나, 좋아하는 일을 할 때면 펄떡펄떡 살아나는 이 아이들을 교실이라는 우리에 가둬 놓고 공부만 강요하는 이 끔찍한 폭력은 언제쯤 끝날 수 있을까? 과연 공부는 열심히 하면 누구나 잘할 수 있을까? 내가 단 1분도 아끼지 않고 노력하면 인간 번개 우사인 볼트나 수영의 황제 펠프스 같은 사람이 될 수 있을까?

이명랑의 『단 한 번의 기회』는 대한민국 대부분의 학생이 겪는 공포와 불안에 초점을 맞췄다. 그가 원인으로 지목한 것은 성적 압박(「단 한 번의 기회」, 「신호」, 「준비물」)과 학교 폭력(「전설」, 「너의 B」)이다. 거기에 재난으로 인해 목숨을 잃을지도 모른다는 공포(「이제 막 내 옆으로 온 아이에게」)가 추가돼 있다. 모든 작품이 의미가 있지만 그중에서 「단 한 번의 기회」가 가장 눈길을 끈다. 이 작품은 하나의 잣대로 아이들을 줄 세우는 것이 얼마나 어처구니없고 끔찍한 것인지를 간명하게 보여 준다. 그가 우리 교육제도를 비판하기 위해 가져온 알레고리는 요리 만들기다.

이제 막 17세 생일을 맞는 청소년은 고등학교 입학식을 앞두고 모두 나라에서 시행하는 테스트를 받아야 한다. 시험은 3일간에 걸쳐서 시행된다. 100명의 아이가 동시에 출발하여 카트를 잡는 것이 첫 번째 '미션'이다. 카트는 50개밖에 준비되지 않았다. 카트를 잡은 학생은 5분 안에 2만 원어치의 음식 재료를 골라야 한다. 그 금액에 가까운 재료를 가져오는 순서대로 15명만이 3차 테스트를 받는다. 마지막 3차 시험은 음식 만들기다. 20분 안에 카트에 담아 온 물건들로 요리를 만들어야 한다. 음식으로 순위가 결정되면, '자녀 선택법'에 의거, 상위 1퍼센트에 속하는 부모들이 차례대로 자식을 선택할 수 있다. '나'의 조부모는 친자식을 버리고 테스트에서 1등 난 아이를 선택했다. 시험에서 2등 한 '나'는 아빠가 자신을 선택하지 않을지도 모른다는 불안감에 휩싸인다. 아니나 다를까, 아빠의 시선은 어느새 1등을 한 12번 녀석에게로 옮겨가 있다.

달리기를 잘해서 카트를 재빠르게 잡고, 2만 원에 근접하게 눈대중을 하고, 20분 내에 요리를 하는 하찮은 일에 목숨을 걸다니 얼마나 웃긴 일인가? 요리 만들기로 시험을 보는 요절복통 상큼발랄한 이야기를 기대했다면 오산이다. 웃음이 나오기는커녕 오히려 섬뜩하다. 아무 필연성이나 인과관계 없는 50개의 카트, 2만 원, 20분에 음식을 완성해야 하는 것은 50분이나 80분 혹은 120분 내에 국·영·수 문제를 풀어야 하는 대한민국 수험생의 모습 그대로 아닌가?

공부를 요리로 바꿔서 보니 우리 교육의 폐해가 도드라진다. 다양한 능력을 갖춘 아이들을 한 줄로 세움으로써 그들에게 말할 수 없는 압박감을 주고 불안과 공포에 떨게 할 뿐만 아니라 겪지 않아도 될 열패감과 자기 비하에 빠지게 하는 것이 그것이다. 그뿐이 아니다. 다소 길지만, 논의를 위해 소설의 한 장면을 그대로 옮겨 보기로 한다.

'출발'

붉은 깃발이 하늘로 날아올랐다. 나는 뛴다. 수많은 아이들이 뛴다. 나는 질 수 없다. 수많은 아이들이 나를 밀치고 뛴다. 나는 수많은 아이들의 어깨들 밀치고 뛴다. 누군가 넘어진다. 누군가 비명을 내지른다. 누군가 운동장 바닥에 나뒹군다. 그러나 나는 아니다.

나는 카트를 잡았다!

저기 봉황 두 마리가 날개를 펼치고 있는 곳에서, 누구나 다 우러러보는 VIP석에서 아빠, 엄마가 지금 내 모습을 지켜보고 있다!

나는 카트의 손잡이를 꽉 움켜쥔다. 내가 뛰어가야 할 곳을 노려본다. 그런데 카트를 잡지 못한 녀석들은 아직도 이리저리 우왕좌왕하고 있다. 그중에는 다른 녀석이 밀고 가는 카트에 치여 넘어진 녀석들도 있다. 넘어진 녀석들은 울상을 한 채 일어날 생각조차 하지 않는다. 낙오된 녀석들. 경쟁에서 뒤처진 녀석들. 이런 녀석들은 늘 똑같다. 투지가 없다. 패배와 실패를 고분고분 받아들인다.

'쳇, 한심한 녀석들!'

나는 홱 몸을 돌려 2차 미션이 시작되는 곳으로 달려간다. 나보다 머리 하나는 더 큰 녀석이 나를 향해 달려온다. 분명하다. 녀석은 내 카트를 뺏을 셈이다.

"카트는 50개…… 카트는 50개…… 카트는 50개…… 카트는 50개……."

나는 승리의 주문을 외친다. 승리의 주문을 외치며 녀석을 향해 카트를 밀고 돌진한다. 내 것을 빼앗으려는 사람은 그가 누구든 내게는 더 이상 사람이 아니다. 이 녀석도 내게는 성난 황소일 뿐이다. 나는 성난 황소를 향해 돌진한다. 카트를 밀고 돌진한다. 성난 황소는 내가 민 카트에 배를 맞고 뒹군다. 녀석이 몸을 추스르기 전에 끝장을 봐야 한다. 나는 넘어져 뒹구는 녀석의 손등 위로 카트를 밀고 지나간다. 녀석의 입에서 굉장한 신음이 터져 나온다. 나는 뒤돌아보지 않는다. 그대로 앞을 향해 뛰어간다. (12~13쪽)

이 장면은 우리 아이들이 현재 처한 상황을 가감 없이 보여 준다. '내 것을 뺏으려는 사람은 더 이상 사람이 아니고 성난 황소'라는 표현은 결코 문학적 수사가 아니다. 친구가 실수하고 잘못해야만 내가 올라가게 돼 있는 학교 구조에서 '나'와 '내 친구' 모두 짐승이 될 뿐이다. 그 안에서 배려와 공감, 양보나 협동 같은 인간적 품성이 어떻게 길러지겠는가? 앎과 삶이 괴리될 수밖에 없는 구조에서 인성교육진흥법을 제정하고 인성 지도사를 투입하면 인간다운 인간으로 자라게 될까? 여기에 작가가 이 작품을 통해 소망했을 법한 교실의 한 풍경을 소개하고자 한다.

"성적이 좋다고 개별 학생을 특별히 칭찬하지 않습니다. 그러면 학생들이 함께 어울리는 데 좋지 않기 때문이죠. 대부분의 학생들이 각자 잘하는 분야가 있으니까 그것을 골고루 칭찬해 줍니다. 어떤 학생은 스포츠를 잘하고, 어떤 학생은 수학을 잘하고, 어떤 학생은 노래를 잘하죠. 우리는 그 점을 북돋아 줘서 단 한 명이라도 '난 아무것도 못해.'라고 생각하는 일이 없도록 노력합니다. 물론 어느 방면에서든 다른 학생보다 뛰어난 학생이 있기 마련입니다. 그래도 그 학생에게 '네가 최고다.'라고는 말하지 않습니다. 그냥 '다른 친구를 좀 도와주렴.', 이렇게 하죠." (오연호, 『우리도 행복할 수 있을까』, 오마이북, 2014.)

윗글은 덴마크의 이야기다. 각자 잘하는 분야를 인정해 주고 뛰어난 아이가 그렇지 못한 아이를 도와주도록 만드는 교실에서 인성은 저절로 함양될 것이다. 학교란 모름지기 이런 곳이어야 하지 않겠느냐고 「단 한 번의 기회」는 우리 사회에 통렬히 질문한다.

가족보다 더 진한 정으로 맺어진 친구, 스승이 사라진 시대라 한탄만 했다. 실은 그들이 사라진 게 아니라, 우리 교실에선 나올 수가 없었던 것이다. 우리가 추구하는 가치는 교과서나 교육과정 안에 충분히 녹아 있어, 공부를 잘하면 인성도 좋아야 하는 것이 당연하다. 그런데 공부를 잘하는 것과 인성 좋은 것은 별개라는 말이 상식처럼 통용된다. 공부를 잘해 고관대작으로 성공한 이 가운데 탈세하거나 뇌물을 받는 등 법을 어기는 경우가 많기 때문이다. 개인의 잘못을 옹호할 생각은 없지만, 우리 교육 체계가 그런 비인간적 사람으로 성장하도록 한 책임이 있다는 건 분명하다.

「단 한 번의 기회」는 우리 사회의 가장 아픈 부분을 정조준하고 있다. 하나의 잣대만으로 평가되는 경쟁 구조 아래에서 청소년뿐 아니라 부모들도 얼마나 피폐해지는지를 적나라하게 보여 준다. 이 책을 읽고 아픈 사람이 많았으면 좋겠다. 그래서 그 병을 고치기 위한 논의가 활발해졌으면 좋겠다.

낙오에 대한 공포를 벗어나는 법

김중미, 『꿈을 지키는 카메라』 창비, 2017

몇 년 전 신도심에 새로 생긴 고등학교에 근무할 때다. 그 학교는 모든 수업을 수준별로 진행했다. 보통 영·수 정도만 하는데, 신설 학교라서인지 전면적으로 시행하고 있었다. 아침 자습이 끝나면 아이들은 성적에 의해 상·중·하로 정해진 반으로 이동했다가, 수업을 마치고 나면 원래의 반으로 돌아왔다. 그마저도 우수한 학생들은 따로 학습실에서 공부하고, 나머지 학생만 모여 야간 자율학습을 했다.

상반 교실은 지나친 경쟁으로 경직돼 있기는 했지만, 열성적이어서 교사나 학생의 만족도가 높았다. 중반 교실은 대체로 조용하고 분위기도 좋았다. 문제는 하반이었다. 진도를 나갈 수 없을 정도로 시끄럽거나 무기력했다. 말도 안 되는 대답을 하곤 서로를 조롱하거나 비하했다. 수준별 수업 이후 하반의 수준은 더 낮아졌다. 한 단계 낮은 쉬운 교재를 배우거나 같은 교재라도 천천히 배우는데, 평가 도구는 상반과 동일하니 수업할수록 격차가 더욱 벌어질 수밖에.

1년의 시행착오 끝에 영·수 과목을 제외하고 수준별 수업은 폐지되었다. 공부에 집중하는 아이, 떠드는 아이, 딴짓하는 아이, 잠자는 아이 등 각양각색의 아이들이 한데 섞이니 교사들은 어느 수준에 맞춰야 할지 난감

해졌다. 하지만 상반에서는 들을 수 없는 엉뚱하거나 기발한 얘기가 나와서 웃기도 하고, 하반에서는 볼 수 없는 뛰어난 내용이나, 우수한 발표를 하면 와-하고 감탄하는 소리가 수업에 활기를 불어넣었다. 진도는 느려졌지만 파괴됐던 생태계가 복원된 느낌이었다.

수준별 수업이 상반이나 중반의 학생들에게 효율적인 측면이 있긴 하다. 하지만 자신보다 성적이 낮은 사람에게서도 얼마든지 배울 수 있다는 점을 간과하고 있다. 못하는 아이만 잘하는 아이를 보고 배우는 것이 아니라, 잘하는 아이도 못하는 아이에게서 많이 배울 수 있다.

요즘 특목고, 자사고를 폐지하자는 말이 나오고 있다. 학교 선택권 침해를 이유로 반대하는 이들이 있는데 이는 공부를 잘하거나 가정환경이 좋은 일부 학생에게만 해당하는 말이므로 설득력이 약하다. '고교 다양성' 정책이 배움의 다양성을 해침으로써 교육의 생태계를 무너뜨리고 있다는 점을 가볍게 여겨서는 안 된다고 생각한다. 배움보다 더 큰 문제는 다양한 계층, 각기 다른 수준의 아이들을 분리해 놓음으로써 친구가 될 계기를 원천적으로 차단하는 데 있다. 엘리트 집단이 그들만의 리그 속에서 살게 되면 서민의 삶을 이해하지 못하게 되고 갈등과 대립, 반목과 분열로 치달을 수 있다. 과거 명문 대학에는 가난한 집 아이도 많았지만, 현재는 중산층이나 부유층 자녀가 대부분이라고 한다. 그나마 다양한 계층의 아이들이 함께할 시간은 고등학교 때까지다. 차등이나 차별이 아닌 다른 방법으로 수월성 교육은 얼마든지 보충할 수 있다.

이렇게 수준별 수업의 폐해가 심한데도 하반 학생이나 교사, 학부모의 반발은 그다지 심하지 않았던 걸로 기억한다. 부당함을 몰라서라기보다 그런 쪽에 신경 쓰다 보면 입시에서 불이익을 받을지도 모른다고 겁먹기 때문이다. 우리는 학교에서 겪는 차별은 목표를 위해 감내해야 하는 일종의 통과의례라 생각한다. 『꿈을 지키는 카메라』는 그것이 잘못된 것이라 말하는 소설이다. 학교의 차별은 사회의 그것과 마찬가지로 인권을 유린하는 일이라는 점을 일깨운다. 주인공은 학내의 부당함을 거부할 뿐 아니라, 사회 문제에도 참여하는데, 자신과 입장을 달리하는 사람들도 이해하고 따뜻하게 감싸안는다.

이 작품은 4년 전에 발간된 『조커와 나』(김중미, 2013) 중 한 편이다. 몇년 전 출간된 작품을 소개한 이유는 창비 출판사에서 그동안 출판했던 단편집에서 한 편씩을 뽑아 최근에 단행본으로 발간했기 때문이다. 이는 두꺼운 책을 부담스러워하는 학생들을 유인할 수 있는 획기적인 기획이라본다. 두께는 얇지만, 책이 주는 감동은 여느 두꺼운 책 못지않다. 시간이지나 잊힌 좋은 작품을 다시 불러내어 생명을 불어넣어 준다는 점에서 괜찮은 시도라 할 만하다.

『괭이부리말 아이들』, 『모두 깜언』 등 김중미 작가의 글을 읽을 때마다 "감상주의와 거리를 둔 리얼리즘의 정석을 따르고 있되, 울분과 고발이라는 경향적 색채보다는 이해와 애정을 가지고 매우 성실하게 대상을 그려나간다."는 원종찬의 평가에 고개를 끄덕이게 된다. 『꿈을 지키는 카메라』역시 리얼리즘에 충실한 작품이다. 성적에 따라 우열반으로 가르는 보충수업을 거부하는 학생과 재개발로 삶의 터전에서 내몰리게 된 시장 사람들의 이야기가 담겨 있는데, 아무런 연관성이 없어 보이는 두 상황이 쌍생아처럼 똑같은 구조라는 밝혀 보인다는 점에서 그렇다. 현실의 사실적인재현을 넘어 균열되고 단절된 것으로 보이는 것들의 본질적인 연관성을드러내 보임으로써 소외된 자들을 옹호하는 것이 리얼리즘 아니던가?

아람이가 다니는 명성고에 일 년 전 교장 선생님이 새로 부임한다. 그의 목표는 전국 학력평가 꼴찌인 학교를 전국 제일의 명품 학교로 만드는 것이다. 교장은 수준별 수업과 보충 수업을 하고 공부에 도움이 안 되는 운동부도 없애려 한다. 담임은 수준별 수업이 하반에 대한 명백한 차별이라는 것을 알면서도 '학교의 정책'이라며 아람이를 설득한다. 하지만 아람이는 도저히 보충 수업을 들을 수 없다. 왜냐하면 공부하려야 할 수가 없는 환경이기 때문이다.

하반은 엄청 무섭거나 우리 담임처럼 경험이 적은 선생님들이 주로 맡고, 명품반이나 상반은 아이들한테 인기 있고 실력이 있다고 소문난 선생님들이 맡았다. 수업을 우열반으로 나누는 것도 기분 나쁜데 담당 선생님들까지 우열을 가려 배치한 걸 보니 정말 부아가 치밀었다. (중략) 하반 교실은 원래 창고로 쓰던 공간으로, 방송 시설이나 전기 시설조차 제대로 돼 있지 않다. (12쪽)

하반에는 공부에 관심이 없는 아이들이 많아 수업 시간에 집중하지 않고 떠드는 것은 예사이고, 아예 MP3를 듣거나 휴대 전화 DMB로 드라마를 보는 애들도 있었다. 선생님은 그런 아이들과 실랑이를 하다가 몇 번씩 눈물을 쏟았다. 그런 선생님이 안쓰러워 나라도 정신을 차리고 수업을 들으려고 노력했지만, 아이들한테 공부도 못하는 주제에 모범생인 척한다고 놀림만 받았다. 하반에도 공부를 하려는 아이들이 있었지만, 수업 분위기가 제대로 잡힌 적이 없다. (18쪽)

하반에게는 실력 있는 교사가 배치되지 않고, 교실 환경도 열악하다. 옆 사람과 떠들거나 드라마를 봐서 도저히 수업에 집중할 수 없다. 아람이는 친구인 연서와 함께 보충 수업을 거부한다. 이런 차별을 받아들일 수 없었기 때문이다. 그러나 명품반에 든 연서는 담임의 회유에 넘어가 버린다.

이런 차별을 받아들이고 학교만 졸업하면 불평등이 사라질까? 작가는 그런 우리의 믿음이 얼마나 헛된 것인지를 일깨운다. '명성시 시장님이 느닷없이 명성시를 명품 도시로 만들겠다는 꿈'을 꾼다. 그러다 보니 사십 년 전통을 이어 온 아람이네 만두 가게, 연서네 옷 가게, 신발 가게가 사라질 위기다. 성적에 의한 차별은 이제 빈부 차별로 나타나고 있다.

> 명성시에서 가장 오래된 서민 지역인 중구 지역을 뉴타운으로 개발한다는 계획이 발표된 것이 이 년 전이다. 몇 배로 뛴 땅값 보상에다 목 좋은 상가 분양까지 받을 수 있는 형편 좋은 사람들은 뉴타운 개발을 찬성했지만, 시장 사람들 대부분은 재개발을 반대했다. 뉴타운 지역에 들어설 상가는 시장 사람들을 다 수용할 수 없는 데다 분양가도 턱없이 높았다. 게다가 가게를 세내어 장사하던 사람들에게는 상가 분양권을 주지 않고, 장사를 시작할 때 내고 들어온 권리금마저 되돌려받을 길이 없었다. (32쪽)

이렇게 억울한 일을 당하니 상가 사람들이 가만히 있을 리 없다. '임대 상인 죽이는 뉴타운 반대!', '누구를 위한 명품 도시냐? 서민 죽이는 명품 도시 집어치워라.'라며 대책반을 구성하고 시위한다. 연서의 엄마나 아람이 아버지도 그들 중 하나이다.

그런데 명품 학교가 명품 도시와 같은 시스템이라는 것을 파악하는 이는 거의 없다. 연서 엄마는 명품 도시 건설에는 목숨 걸고 반대하면서도, 딸이 명품반에 든 사실을 자랑스러워한다.

"그래도 나는 연서 때문에 살지. 이번에도 명품반에 들었대."

"명품반?"

"응, 걔네 학교는 보충 수업도 우열반을 나누거든."

"다행이네. 엄마는 아기 옷도 짝퉁만 골라다 파는데 딸이라도 명품이 됐으니……." (27쪽)

부조리한 행동을 하는 이가 어찌 연서 엄마뿐이랴? "우리가 여기서 쫓겨나는 거, 아빠가 잘못한 것도 없으면서 감옥 간 거 다 힘이 없어서 그런 거니까. 힘을 기르려면 성공해야 해. 우리처럼 돈 없고 백 없는 사람들이 성공하는 길은 공부하는 것밖에 없어."(69쪽)라며 학교의 처사에 눈감은 채 공부에만 전념하는 아람이 언니의 성공은, 없는 사람을 착취하고 억압하는 것 밖에 되지 않을 것이다.

주변의 일에 눈감고 공부를 잘하는 것만이 낙오의 공포에서 벗어나는 유일한 길이라고 우리는 배웠다. 그리고 성공이나 실패가 개인의 노력 여하에 달렸다고 생각했다. 작가는 아람이를 통해 다른 관점을 보여 준다.

"좋은 대학 경영학과 가서 CEO 되면, 정치인 되면 어떻게 살 건데? 우리 같은 힘 없는 사람들을 위해 일할 거야? 이게 뭐 시장 한 사람 문제야? 아니거든, 봐, 여기서 십 분 거리에 대형 할인 마트가 세 군데야. 거기다가 여기 재개발하는 건설 회사 사장이 시장 고등학교 동창이래. 그리고 그 건설 회사 꼬임에 넘어간 재개발 조합이랑 다 지들끼리 편먹은 거라고. 몰라? 아빠가 그랬어. 이건 시장 한 사람이 잘못한 게 아니라고. 언니가 힘을 가지면 그 사람들하고 싸울 수 있을 거 같아? 아빠가 재개발 때문에 시랑 싸우면서 가장 힘든 게 뭐라고 했는 줄 알아? 자기 이

익만 따지면서 전체의 이익을 위한 일에는 발 빼는 사람이라고 했어. 언니도 언

니만 성공하면 뭐 다 될 줄 알지? 절대 안 그렇다고 했어." (73쪽)

성장·성적 제일주의 아래에서 나만 잘살겠다는 이기심에 갇힐 때, 많은
사람이 불행해질 뿐 아니라 그 칼날은 언제든지 내게로 향할 수 있다는 것
을 서늘하게 일깨운다. 책의 마지막을 인용하며 글을 마치려 한다. 그 안
에 우리 모두 함께 사는 방법이 들어 있기 때문이다.

가방에서 사진기를 꺼냈다. 건너편 옥상을 바라보며 발을 동동 구르는 연서의 모

습을 찍기 위해 사진기를 들었다. 눈물 때문에 초점이 잘 맞지 않는다. 그러나 나

는 오늘 절대 사진기를 내리지 않을 거다. 연서 엄마, 연서 엄마와 함께 저 옥상으

로 올라간 시장 사람들에게서 눈을 떼지 않을 거다. (82쪽)

약자에게 '눈을 떼지 말 것', 다시 말하면 '이웃에 대한 관심'을 늦추지 말
고 '이웃과 연대하는 것'이 우리가 나아갈 방향이라고 작가는 나직하지만
단호하게 말한다. 이는, 같은 작가의 『꿍어 꿍안 꿍떰』의 주제 의식이기도
하다.

아직도 우리 사회에서 명문고는 선망의 대상이다. 명문고는 좋은 대학
에 몇 명이 진학했느냐로 판단한다. 그 몇 명을 제외한 나머지 학생이 받
는 차별을 우리는 당연한 것이라 생각해 왔다. 『꿈을 지키는 카메라』는 학
교에서의 차별이 졸업하면 끝나는 것이 아니라, 고스란히 사회의 약자 차
별 구도로 이어진다는 것을 밝혀 보인다. 사회의 불합리에 순응하도록 학
교가 학생들에게 차별을 내면화하게끔 교육하고 있지는 않은지 의구심을

갖도록 한다.

이 책을 읽고 나면 지금까지 추구해 왔던 내 꿈을 한 발 떨어져 보게 된다. 내 행복뿐 아니라 주변 사람도 아울러 보도록 이끈다. 나로 시작해 학교를 넘어 세상을 보는 눈을 틔워 주는 흔치 않은 소설이다.

젠더 교육을 위한 안내서

김고연주, 『나의 첫 젠더 수업』, 창비, 2017

　20년도 훨씬 전, 수업을 마치고 복도를 걸어가고 있었다. 교실 어딘가에서 "××년아!"라는 욕설이 크게 들려 왔다. 나한테 하는 욕이라고 생각하고 그쪽으로 고개를 돌렸다. 그런데 남학생들은 자기들끼리 장난치느라 옆에 누가 지나가는지 관심도 없었다. 내게 하는 말이 아니라는 것을 알고도 얼굴에 불화로를 뒤집어쓴 것 같은 불쾌한 느낌은 사라지지 않았다. 서로를 더욱 모욕하기 위해 여자가 들어간 욕을 한다는 것이었다. 기분은 나빴지만, 유행어로 치부하고 위안 삼았다.

　그로부터 많은 세월이 흘렀다. 그런데 아직도 그 말이 남자들 사이에 쓰이고 있다고 한다. 여자라고 가만히 있을쏘냐? 여자를 배려하지 않거나 권위적이고 가부장적인 남자를 벌레에 비유하기 시작했다. 그뿐인가? 아기 엄마나 노인, 장애인과 성 소수자에 대한 배제와 차별, 비하와 혐오가 우리 사회에 넘실댄다.

　그 여파가 우리 집에도 이르렀다. 대학 졸업반 딸이 비혼주의를 선언했다. 친구들의 생각도 다르지 않다고 한다. 따로 설명하지 않았고, 나도 이유를 묻지 않았다. 우리나라에서 결혼한다는 것은 가부장제, 시가 중심 문화 등의 불평등을 받아들여야 하고, 직업을 갖고도 집안일과 육아 대부분을 혼자 해야 한다는 의미라는 걸 모르지 않기 때문이다.

　문재인 정부는 저출산 대책을 발표하면서 "이제는 출산 장려 대책을 넘어서서 여성들의 삶의 문제까지 관심을 가지고 해결하는 쪽으로 나아가야 한다."고 말했다. 지금과 같은 상황이 지속되면 "대한민국의 근간이 흔들리는 심각한 인구 위기 상황을 맞이하게 될 것"이라는 위기감 속에 아빠들이 더 적극적으로 육아에 참여하게 만들 정책들을 선보였다. 경제적인 측면보다 인권 차원에서 저출산 문제를 해결하려는 점을 높이 사고 싶다. 우리나라 여성은 남성보다 하루에 평균 2시간 30분을 더 집에서 일한다고 한다. '독박 육아'라는 말도 있다. 이 모든 것을 감수하면서 결혼하고 아이를 낳으려는 여성이 얼마나 될까? 일본의 '일터와 가정의 균형 잡기'나 싱가포르의 '가족은 팀워크' 정책과 같은 성평등적 관점에서 대책을 수립해야 할 것이다. 가정보다 일을 우선시하는 풍토나, 가사나 육아는 여성 몫이라는 생각이 바뀌어야 한다. 더불어 남성 중심적인 가치관의 변화도 병행되어야 한다. 서로를 이해하고 행복하게 살기 위한 방법의 하나로 젠더(사회·문화적으로 만들어지는 성) 교육을 제시한 책이 있어 소개하고자 한다. 『나의 첫 젠더 수업』은 성차, 다이어트, 연애, 모성, 노동, 가부장제, 혐오 등 7가지 주제로 남녀를 둘러싼 오래된 고정 관념을 깨뜨리고자 한다. 중·고등학생을 대상으로 썼다고 하는데 초등학교 고학년이 읽어도 충분히 이해할 수 있게끔 말랑말랑하다.

　이 책의 첫 장은 여자와 남자의 차이에 대한 질문에서 시작한다. 남녀는 '목소리, 얼굴형, 골격, 근육과 지방의 양, 털의 굵기와 양, 생식기의 모양과 기능' 면에서 완전히 다른 것이 사실이다. 그런데 주변을 둘러보면 키 크고 힘센 여자도 있고, 여자처럼 곱상하고 골격과 목소리가 가는 남자도 많다.

서양과 동양 사람을 비교해 보면 그 경계는 더욱 흐려진다. 서양 여자는 동양 남자보다 털도 많고 키가 더 크기도 한다. 그런데도 일반적으로 남자는 힘세고 키가 크고, 여자는 약하고 키가 작다고 규정짓는다. 이런 규정은 거기에 미치지 못하는 사람을 무시하거나 차별하는 바탕이 된다. 남녀의 차이는 성별을 떠나 개인차라는 것, 남성성과 여성성은 본질적이거나 타고난 것이 아니라 교육된 결과라는 게 저자의 주장이다. 이를 아는 것은 성평등으로 가는 출발점이 된다는 점에서 아주 중요하다. 개인의 정체성 형성에 절대적인 영향을 미치기 때문이다. 한 장을 다 읽고 나면 갑자기 답답한 느낌이 들 것이다. 그것은 좋은 징조다. 그동안 '여자답게, 남자답게'라는 젠더 박스 속에 갇혀 있었다는 것을 인지했다는 뜻이니까 말이다.

뭐니 뭐니 해도 청소년에게 가장 큰 관심사는 외모일 것이다. 외모가 한창 변화해 가는 시기이기도 하지만, 외모지상주의가 팽배하기 때문이다. 고등학교 1학년이 되면 여학생 삼분의 일은 쌍꺼풀 수술을 한다. 핑계도 좋다. 3학년 때 대입 면접을 보려면 일찍 수술해서 부기를 가라앉혀야 한다나? 수술한 아이들 대부분은 내가 보기에도 훨씬 예뻐 보였다. 그전에도 독특한 개성이 없긴 않았지만, 확실히 눈매가 또렷하게 커지니 윤곽이 살아나는 것이다. 그렇다면 쌍꺼풀 수술만 하면 외모에 만족하게 될까? 그렇지 않은 것 같다. 기회가 있으면 어디 어디를 고치고 싶다는 말들을 서슴없이 한다. 성형만 한다면 아름다움이라는 목표치에 도달할 수 있을 거라고 믿는다.

우리나라는 일제 강점기에 근대화의 물결이 일면서 서구적인 외모를 좋게 되었다고 한다. 근대화를 이루기 위해 조선의 것들을 전부 서구처럼 뜯어고치고 싶은 '문명화에 대한 열망' 때문에 음식과 생활 습관, 외모까지 따

청소년 소설 즐겁게 읽기

라 하게 되었다는 것이다. 여기에 뿌리를 둔 외모 콤플렉스는 화장품과 다이어트 회사, 성형외과와 피부과의 전략 때문에 심화되고 있다. 한 학자가 여성 잡지에 등장한 신체의 결점을 세어 보니 '건성, 복합성, 지성, 트러블성, 탄 피부, 붉은 피부, 다크 서클, 노란 치아' 등등 무려 백오십여 가지에 이른다고 했다. 누구도 빠져나갈 수 없도록 촘촘하게 결점을 만들어, 화장품을 구입하고 병원에 가도록 유도했던 것이다. 볼 처짐이나 눈·목주름 같은 자연스러운 노화도 질병으로 여기게 했으니 말해 무엇하랴? 화장품과 다이어트 회사 그리고 병원에서 아무리 노력해도 결코 미의 기준을 충족시킬 수 없게 설계한 덫에 우리가 걸려들었다는 것을 알게 되면, 결핍 덩어리로 보았던 몸을 조금은 긍정하게 되지 않을까?

연애는 젊은이의 특권이다. 사랑하고 사랑받는 일은 가장 행복한 일이다. 그런데 둘이 사랑하면서 '연애 각본'에 따라 사랑하고 있었다는 것을 아는 이는 드물다. '연애 각본'이란 미국의 사회학자 로스와 슈워츠가 도입한 용어로 연애에는 공식적인 데이트 문법이 존재한다는 것이다.

이 각본에서는 남자와 여자의 역할이 다른데 남자는 대체로 적극적인 행동을, 여자는 소극적인 행동을 하기로 되어 있어요. 예를 들어 남자는 데이트를 제안하고, 계획을 세우고, 여자를 데리러 가고, 운전을 하고, 돈을 내고, 문을 열어 주고, 집에 데려다주지요. 반면에 여자는 남자가 주도하기를 기다리고, 남자의 제안을 받아들일지 아니면 거절할지 결정해요. (76쪽)

위의 글은 미국 사람들의 '연애 각본'인데, 우리도 크게 이와 다르지 않다. 우리의 경우 나이가 많은 남자친구를 오빠라고 부름으로써 이 각본에 좀 더 충실하다고 할까? 오빠, 동생으로 부르는 순간 역할과 위계가 정해지기 마련이다. 손위인 남자는 관계를 주도하고 여성을 지켜 주어야 하며, 아래인 여자는 보호와 돌봄을 받는 수동적이고 의존적인 역할을 맡게 된다. 데이트할 때 남자가 모든 비용을 내야 하는 것처럼 생각하게 된 것도 이와 무관하지 않을 것이다.

이 각본에 문제를 느낀 쪽은 남자이다. 같은 학생이나 직장인인 처지에 단지 남자라는 이유로 데이트 비용을 전담해야 한다는 것에 불만을 품게 된 것이다. 신기한 것은 진취적으로 삶을 개척하는 여성 중에서도 남자친구를 오빠라고 부르고 그가 데이트 비용을 모두 지불해야 한다고 여기는 사람이 있다는 것이다. 이에 남자들은 급기야 얄미운 그녀들에게 '된장녀', '김치녀', '보슬아치' 등의 비하하는 말을 쏟아내기 시작했다. 남녀 간의 갈등은 날로 격화되는 추세다.

요즘은 데이트 통장을 만들거나 분담하는 경우가 많아지고 있다고 한다. 데이트 비용에 한정하지 말고, 결혼 문화나 시가 중심 문화, 연인이나 가족 간의 호칭에 관해서도 얘기를 나누었으면 좋겠다. 남들을 따라 하는 대신 '나만의 색깔로 충만한 관계를 만들어' 나간다면 사랑하기도 아까운 시간에 서로를 비난하는 일은 줄어들 것이다.

어머니 하면 한없는 사랑과 헌신, 봉사와 돌봄 같은 단어들이 떠오른다. 그런데 과연 모성은 아이가 태어나자마자 샘솟는 것일까? 부성은 모성보다 약할까? 많은 여성은 직장을 다니면서 혹여 아이에게 희생이 부족한 것이 아닌지 죄책감을 느낀다. 나 역시 예외가 아니었다. 야근하느라 밥을 차려 주지 못한 것이 늘 미안했다. 육아와 교육은 엄마가 담당한다고 생각했기 때문이다. 모성은 본능이라는 신화는 이렇게 엄마에게는 죄책감을, 아빠에게는 '자녀 양육에 참여할 기회를 은근슬쩍 제한'하는 기제로 작동했다. 아이에게도 희생적이지 못한 엄마에 대한 불만을 품게 만드는 측면이 있다. 모성은 위대하다든가, 숭고하다는 말 대신 가족 모두의 역할을 고민해 보자는 것이 이 책의 취지다.

지금까지 성차, 외모, 연애, 모성 본능, 가사 분담, 고정된 성 역할에 대한 내용을 짚어 봤다. 우리가 당연하게 여겼던 것들이 후천적으로 사회화된 것이었다는 것을 받아들이기는 쉽지 않을 것이다. 하지만 이 사실을 받아들이고 나면 안개가 걷힌 것처럼, 우리 사회에 만연한 혐오의 방향이 잘못되었다는 것이 보인다. 그 화살은 '자신과 비슷하거나 혹은 더 약한 사람'에게 향할 게 아니라, 성 역할에 따른 고정 관념에게로 겨눠야 한다는 것을 깨닫게 된다.

성별, 외모, 성 정체성, 피부색으로 차별받지 않고 누구나 자기의 모습 그대로 자유롭게 살기를 바란다는 것이 이 책의 주제다. 사람을 존중하지 않으면서 그 위에 오만 가지 잡다한 지식을 쌓으면 무엇하랴? 학교나 가정에서 젠더 교육을 해야 하는 이유가 여기에 있다. 그렇게 되면 우리 딸들은 사랑하는 사람과 함께 기꺼이 집을 지으리라. 이 책이 견고하게 쌓인 고정 관념에 균열을 내는 도끼가 되기를 간절히 바란다.

누가 괴물인가?

손원평, 『아몬드』 창비, 2017

범죄자는 대체로 신분을 숨기고, 이웃으로부터 손가락질당할까 걱정하고, 직장에서 불이익을 받거나 취직을 못 하기도 한다. 그런데 성범죄는 예외다. 어떤 범죄도 피해자에게 원인을 돌리지 않는 반면, 성범죄에 있어서는 피해자의 행실이나 옷차림을 문제 삼았다. 게다가 피해를 밝히는 순간 가정이 파괴되고 직장이나 사회에서 매장되기도 했다. "나도 고발한다!"(Me too)는 절규는 더 이상 억지 죄인으로 살지 않겠다는 다짐과, 침묵으로 가해자를 방조하지 않겠다는 의지에서 나온 것이다. 미투의 물결은 우리 사회의 위선을 벗겨 내 끔찍하고 추악한 얼굴이 드러나게 했다. 겉으로는 민주, 평화, 사랑, 인류애를 외치면서 안으로는 지위가 낮거나 돈이 없거나 나이가 어리거나 힘이 약한 여자들에게 지속적이고 공공연하게 범죄를 저질러 왔다는 사실이 적나라하게 파헤쳐지고 있다. 사람들은 마법에서 풀려나듯 소스라치게 놀랐다. 놀랐다는 것은 우리 사회에 아직 건강하고 정상적인 감각이 살아 있다는 증거이다. 여성을 무시하고 착취하고 억압하면서 민주, 평화, 사랑, 박애, 정의, 예술을 쌓아 올리는 것이 얼마나 우스꽝스럽고 기만적이고 무의미한 것인지를 자각하기 시작했다는 의미이기도 한다.

한 사람 한 사람의 경우가 다 충격적이지만 문학가의 행태는 분노를 넘어 배신감이 들게 한다. 그들에게 도덕군자나 성자를 기대해서가 아니다. 문학은 인간이 짐승의 나락으로 떨어지지 않도록 지켜 주는 최후의 보루이자, 인간이 인간답게 살도록 보살피는 파수꾼이기 때문이다. 문학은 말 못하고, 말할 수 없는 존재들을 대변한다. 단단한 이기심의 껍질을 벗고 타인과 생명체의 아픔에 공감할 수 있도록 하는 것이 문학의 역할이다. 자기의 쾌락을 위해 그들이 여성의 아픔에 공감하지 못하고 인권을 짓밟았다는 점에서 우리가 받는 타격이 크다. 작가와 작품은 별개라 하더라도 그들 작품의 진정성은 크게 훼손돼 버렸다.

함량 미달인 문학인이 있더라도, 문학이 '다른 사람의 신발을 신고 다른 사람이 경험한 것을 이해할 수 있게 하는 강력한 수단을 제공한다.'는 사실에는 변함이 없다. 문학이 아니라면 어디에서 다양한 상황에 부닥친 타인을 이해하고 공감하는 법을 배울 수 있을 것인가? 저들에게서 보다시피 공감 능력의 부재는 사람을 추악한 괴물로 만들어 버리지 않는가 말이다. 곳곳에 사람 같지 않은 괴물이 출몰하는 지금, 감정을 못 느끼는 아이를 소재로 한 청소년 소설 『아몬드』를 읽어 보는 것도 좋겠다. 제10회 창비 문학상 당선작이다.

여기, 괴물로 태어난 아이가 있다. 윤재는 '편도체의 크기가 작은 데다 뇌 변연계와 전두엽 사이의 접촉이 원활하지 못한 감정 표현 불능증(알렉스티미아)'을 앓고 있다. 그는 웃지도 않고, 공포나 두려움, 불안도 못 느낀다. 사람이 죽는 것을 보거나 친구가 다친 것을 보더라도 별 느낌이 없다. 또한 공포심이 없다 보니 생명에 위협을 느껴도 방어 능력이 떨어진다. 가족들은 그가 괴물이 되지 않도록 필사적으로 노력한다. 편도체와 비슷한 모양인 아몬드를 먹인다거나, 감정을 느낄 수 있도록 훈련시킨다.

감정 표현 불능증을 앓고 있는 것만으로 우리는 윤재에게 호기심을 갖게 된다. 위에서도 말했다시피 공감 능력이 없는 사람은 주변 사람과 갈등을 겪을 수밖에 없기 때문이다. 그가 어떤 행동을 해서 사람들과 불화할지, 어떻게 그 병을 극복해 나갈 것인지 궁금증을 갖고 책을 읽어 나가게 된다. 그런데 얼마 안 가 이런 예측은 완전히 빗나가 버린다. 다른 데에 정신을 팔리도록 해 놓고 뒤통수를 친 느낌이랄까? 그런데 기분이 나쁘기는커녕, 상큼하고 신선하다.

윤재는 뜨거운 주전자를 집거나, 옆집 아이가 개에게 물려 피가 나는 걸 본 뒤에도 개에게 손을 내밀거나, 또래에게 맞아 죽어 가는 아이를 뒤에서 지켜보거나, 심지어 가족이 괴한에게 칼부림을 당한 모습을 보고도 무감각하다. 괴물이라고 느껴지기보다 안타까운 마음이 든다. 그런데 다음과 같은 평범한 사람들은 어떤가?

먼저, 슈퍼 아저씨. 윤재는 여섯 살 때 우연히 골목에서 불량배들에게 맞아 피투성이가 된 아이를 발견한다. 그는 한참을 헤맨 끝에 작은 구멍가게에 들어가 그 사실을 알린다. 텔레비전의 〈가족 오락관〉을 보며 웃고 있던 주인은 골목에 누가 쓰러져 있다는 말에 "그러니?"라고 대수롭잖게 대꾸한다. "어쩌면 죽을지도 몰라요."라는 말에도 "무서운 얘기를 참 태연히도 하는구나. 거짓말하면 못 쓰는 거야."라고 대답한다. 그래서 윤재는 "죽을지도 몰라요."라는 말을 '반복하는 수밖에 없다.' 그 아이는 결국 죽었다.

두 번째, 담임 선생님. 윤재의 외할머니는 길거리에서 이유 없이 살해당했다. 같이 있던 엄마도 뇌사 상태에 빠졌다. 윤재는 외할머니가 필사적으로 문을 막아선 덕분에 무사했다. 다음 해 봄, 윤재는 고등학교에 입학한

청소년 소설 즐겁게 읽기

다. 부임한 지 이 년째가 되는 담임 선생님은 윤재를 도와주고 싶은 마음에 그 사실을 모두에게 알린다.

- 자, 그리고

갑자기 담임이 톤을 높였다.

- 우리 반 친구가 아주 마음 아픈 일을 겪었다. 지난 크리스마스에 가족을 잃은 친구가 있어. 모두들 그 친구에게 격려의 박수를 쳐 주자. 선윤재. 일어나.

담임이 시키는 대로 했다.

- 윤재야, 힘내라.

담임은 먼저 그렇게 말하더니 양팔을 높이 들어 박수를 쳤다. 예능 프로에서 본, 녹화 현장 뒤에서 방청객의 박수를 유도하는 에프디 같았다. (77쪽)

세 번째, 반 아이들. 박수를 유도하는 담임의 말에 따른 아이들의 반응을 이어서 보자.

아이들의 반응은 미적지근했다. 여기저기서 치는 둥 마는 둥 박수 시늉만 하는 모습이 눈에 들어왔다. 개중 성의껏 치는 아이들이 몇 있어서 그나마 박수 소리가 들리기는 했다. 박수는 짧게 사그라들었다. 그 뒤를 이은 건 정적에 가까운 고요 속에서 나를 바라보는 수십 개의 눈동자였다.

아이들의 반응은 다양했다. 복도 멀리에서 나를 가리키거나 내가 지나갈 때 공공연히 수군대는 아이들도 있었고, 급식 시간에 일부러 내 옆에 와서 앉거나 말을 걸어 주는 아이들도 있었다. 수업 중에 고개를 돌리면 영락없이 누군가와 눈이 마주쳤다. (77~78쪽)

위로와 격려를 하는 아이들도 간혹 있지만 대체로 호기심의 대상으로 윤재를 대한다. 급기야 한 아이가 노골적으로 윤재에게 질문한다.

— 야, 엄마가 눈앞에서 죽었을 때 기분이 어땠냐?

소리가 나는 쪽으로 몸을 돌렸다. 몸집이 작은 아이였다. 수업 시간에도 선생님들에게 말대답을 자주 하고 자기의 행동으로 좌중에 어떤 분위기가 생겨나길 바라는 아이. 그런 아이들은 어딜 가나 있다.

— 엄만 안 죽었어. 죽은 건 할머니야.

내가 답하자 그 애의 입에서 호오, 하는 작은 감탄사가 흘러나왔다. 주변을 훑으며 눈이 마주친 몇몇과 낄낄대기도 했다.

— 아, 그래? 미안. 다시 물어볼게. 할머니가 눈앞에서 죽는 걸 본 기분은? (78쪽)

아이가 죽어 간다는 말을 듣고도 텔레비전의 오락 프로그램에서 눈을 떼지 않던 아저씨, 선의를 가장해 개인 정보를 공개해 버리는 담임, 친구의 끔찍했던 기억을 호기심의 대상으로 삼고 낄낄거리는 학생들. 보통의, 평범한 이들을 뭐라고 불러야 할까?

『아몬드』의 중심 서사는 감정을 표현하지 못하는 윤재와 감정 과잉인 곤이라는 아이가 서로를 이해하며 우정을 만들어 가는 과정에 있다. 그들 사이의 팽팽한 긴장감이 책을 끌고 가는 중요한 동력이고, 둘의 변화를 보는 것만으로도 충분히 흥미롭다. 위에 언급한 삽화는 그 과정에 들어 있는 소소한 에피소드에 불과하다. 하지만 작가가 정말 하고 싶은 말은 스쳐 지나가듯 다룬 이들 삽화에 담고 있는 것이 아닌가 추측해 본다. 이런 추측이 과히 틀리지 않다는 것은 윤재의 멘토이자 보호자인 심 박사를 바라보는

청소년 소설 즐겁게 읽기

시선에서 확인할 수 있다.

심 박사를 찾아간 어느 날이었다. 텔레비전 화면 속에서 폭격에 두 다리와 한쪽 귀를 잃은 소년이 울고 있다. 지금 어딘가에서 일어나는 전쟁에 관한 뉴스다. 화면을 보고 있는 심 박사의 얼굴은 무표정하다. 내 인기척을 느낀 그가 고개를 돌렸다. 나를 보자 다정하게 웃으며 인사를 건넸다. 내 시선은 미소 띤 박사의 얼굴 뒤로 떠오른 소년에게 향해 있었다. 나 같은 천치도 안다. 그 아이가 아파하고 있다는 걸. 끔찍하고 불행한 일로 고통스러워하고 있다는 걸.

하지만 묻지 않았다. 왜 웃고 있느냐고. 누군가는 저렇게 아파하고 있는데, 그 모습을 등지고 어떻게 당신은 웃을 수 있느냐고.
(중략)
멀면 먼 대로 할 수 있는 게 없다며 외면하고, 가까우면 가까운 대로 공포와 두려움이 너무 크다며 아무도 나서지 않았다. 대부분의 사람들이 느껴도 행동하지 않았고 공감한다면서 쉽게 잊었다.
내가 이해하는 한, 그건 진짜가 아니었다. (217~218쪽)

심 박사는 가족 대신 윤재를 지켜 주고 보호해 주는 이상적인 인물이다. 그의 말은 부드럽고 따뜻하다. 그런데도 타국 어린아이의 아픔에 무심한 이중적인 인간으로 묘사되고 있다. 이들 평범한 인물들은 감정 표현 불능증을 앓는 소년과 대비를 이룬다. 윤재는 감정을 느끼지만 못 하지만, 인간으로서 해 선 안 될 일을 하진 않는다. 하지만, 다른 등장인물들은 비인간적인 행태를 아무렇게나 저지른다.

이 작품의 빼어난 점은 특이한 병을 지닌 인물을 소재로 하였지만, 그것이 흥미 차원에 머물지 않고 주제와 밀접하게 얽혀 있다는 것이다. 평범한 이들이 무심코 저지르는 언행의 폭력성과 파괴력을 성공적으로 그려 냈다. 그러면서 내 안의 괴물성을 대면하게 만든다.

이해 불가한, 이상하고 독특한 사람을 일컬어 괴물이라고 한다. 괴물은 밖이 아니라 내 안에 있음을 자각하고 타인의 마음을 헤아리려고 노력할 때 우리는 괴물이 아닌 사람다운 사람이 될 것이다.

출산, 그후

박선희, 『베이비 박스』 자음과모음, 2018

1. 버려지거나 살해되거나

〈플로리다 프로젝트〉(The Florida Project, 미국, 2017)는 꿈과 환상의 나라 디즈니랜드 건너편에 있는 싸구려 모텔에 사는 사람들을 다룬 영화다. 잘 사는 미국의 초라한 민낯을 보여 주는데 주인공은 미혼모 핼리다. 스물두 살인 핼리에겐 여섯 살 난 딸이 있다. 스트립 댄서로 일하다 해고된 그녀는 관광객에게 향수를 팔거나, 사기를 치며 근근이 연명한다. 아이는 비슷한 애들과 어울리며 하루 종일 거리를 떠돈다. 식사는 피자나 소다수 등 패스트푸드가 전부다. 적절한 교육은커녕, 밥도 제대로 못 챙겨 주는 주제에 핼리는 딸을 다른 데로 보내려고 하지 않는다. 그녀는 결국 해서는 안 될 행동까지 하게 되고, 당국에 의해 딸을 입양 보내야 할 지경에 이른다.

영화를 보는 내내 차라리 좋은 부모에게 보내는 것이 아이에게 낫지 않을까 생각했다. 고생만 시키고 제대로 된 교육도 하지 않는 그런 사람도 엄마라고 떨어지지 않으려 울부짖는 아이를 보면서도 고작 그렇게밖에 생각하지 못했다. 둘이 원한다면 어떻게든 같이 지낼 방도를 찾아야 하는데 손쉽게 치워 버릴 연구만 했다. 정부에서 직접 아이를 키울 수 있게 지원하거나, 아이의 아버지를 찾아내 양육비를 강제로 부과하는 방법도 있는데 말이다.

익명 게시판에 따르면 우리나라 고등학생 중 열의 두세 명은 성관계를 갖는다고 한다. 보수적으로 잡아도 그렇다. 이런 상황인데도 주변에서 미혼모를 쉽게 볼 수 없는 이유는 뻔하다. 모두 다 알고 있지만 아무도 그것에 대해 말하지 않을 뿐이다.

청소년이 출산했을 경우 여러 난관에 부딪히게 된다. 경제적 문제, 학업문제, 호적에 올리는 문제 등 한둘이 아니다. 아동보호시설에 있는 아이에겐 한 달에 백만 원가량을 지원해 주는데, 미혼모에겐 십오만 원 정도만 준다고 하니, 직접 키우고 싶어도 그럴 수 없는 구조다. 영아 유기 건수가 한해 이백 명 이상인데 산모의 무책임하고 비윤리적인 행동만 비난해서 될 일인가 싶다.

버려진 아이들은 아동보호시설로 가서 18세까지 살거나 입양된다. 미혼모 대부분은 경제적 어려움과 사회의 부정적 시각 때문에 아이를 포기하고 해외 입양을 결정한다고 한다. 혈통을 중시하는 우리 사회에서 입양이 힘들기도 하고, 대체로 성공한 입양인만을 보도하는 매체 탓에 외국으로 입양시키면 좋은 가정에서 잘 자랄 것이라는 환상을 갖고 있기 때문이기도 하다. 하지만 해외 입양은 신중해야 한다. 영화 〈수잔 브링크의 아리랑〉(1991)의 주인공 신유숙 씨는 "아이를 보내지 마세요."라는 기고문에서 "외국으로 입양된 아이들은 외모 때문에 일상적인 고통을 겪는다."며, "스웨덴으로 입양된 아이들의 실업률은 50%이고, 자살률은 스웨덴 평균 5배가 넘는다."고 말한다. 벨기에로 입양된 전정식의 자전적 만화 『피부색깔=꿀색』(전정식, 길찾기, 2013)에서도 마약에 중독되고 자살하는 입양아가 많다는 얘기가 나온다. 정체성의 혼란을 겪는 것은 물론이고 성적·육체적 학대를 받는 사람도 많다고 한다. 2004년 이전에 미국으로 입양된 사람 중 1만 8천여 명이 양부모의 과실이나 의무 해태로 시민권을 취득하지 못한 채 언제 추방될지 모르는 상황에 처해 있다. 한국으로 추방돼 극단적 선택을 하는 사람도 나오고 있는 실정이다.

"외국으로 입양된 아이들은 성장하면서 자기를 버린 한국이 못사는 나라도 아니고 경제 선진국이란 사실 때문에 더 상처를 받습니다. 미혼모를 죄악시하고 떳떳하게 드러내지 못하는 사회 분위기 탓에 나중에 생모를 찾았는데 안 만나 주는 경우도 종종 있으니 얼마나 고통스럽겠습니까? 차라리 국내 입양이 됐다면 그렇게까지 힘들지 않을 겁니다." 전정식 씨의 인터뷰 내용이다.

그래도 이들은 운이 좋은 편이다. 이 글을 쓰고 있는 오늘도 한강에서 탯줄이 달린 사내아이 시신이 발견됐다는 뉴스와 상가 화장실 변기 안에서 죽은 태아를 발견했다는 기사가 인터넷에 올라와 있다. 이런 소식을 한 달에 한 번 정도는 접하는 것 같다. 원치 않게 태어난 아이들은 버려지거나 죽임을 당한다고 해도 과언이 아니다.

생명은 소중하지만, 과연 '태아 생명 존중권'을 들어 출산을 강제하는 것이 능사일까? 세계 최악의 출산율을 걱정하면서도 해외 입양률이 높은 모순을 어떻게 해소해야 할까? 청소년 소설 『베이비 박스』는 외면하고 싶은 사회 문제에 정면으로 질문을 하며 우리를 불편하게 한다.

2. 또다시 버려졌습니다만

『베이비 박스』라는 제목에서 짐작할 수 있다시피 이 책은 베이비 박스에 버려진 아이의 이야기이다. 그런데 가슴이 찢어지게 아리거나 눈물을 펑 펑 쏟아 낼 정도로 감동적일 거로 생각한다면 오산이다. 주인공은 두 번의 유기라는 재앙 앞에서 자기의 불행을 목 놓아 호소하지 않고 담담하고 자 연스럽게 삶을 헤쳐 나간다. 기존의 입양아 서사가 친모 찾기나 자아 찾기 에 초점이 맞춰졌다면, 이 책은 거기에 친엄마, 양엄마 등 두 엄마와의 화 해라는 미션이 추가돼 있다. 그들과의 화해가 과장되거나 억지스럽지 않 으면서도 감동적으로 그려져 있어 그 울림이 은은하면서 오래간다.

미국으로 입양된 리사 밀러는 엄마를 찾으러 한국에 왔다. 다른 사람들 이 뿌리를 찾기 위해 왔다면 그녀가 온 동기는 약간 다르다. 미국에서 또 다시 버림받았다는 것을 친엄마에게 알려 주기 위해서라나? 외로워도 슬 퍼도 울지 않고 착하기만 한 평면적인 캐릭터가 아니라 자신을 버린 엄마 를 마음 아프게 하려는 못된 심보를 지녔다. 찌질하고 속 좁고 착하지만은 않은 평범한 우리와 닮았다. '자기를 버린 엄마가 행복하게 살기를 바라지 도, 엄마를 그리워하지도' 않으며 잘 지내던 그녀의 삶에 균열이 생긴 것은 11학년 때였다.

리사는 양아버지의 유별난 사랑 아래 철저히 미국인으로 살았다. 외모 때문에 놀림을 받았지만, 아빠의 넉넉한 품 덕분에 상처받지 않았다. 그런 데 아빠가 사고로 급작스럽게 죽고 만다. 그러자 사사건건 리사를 싫어하 고 미워했던 양엄마는 그녀를 내쫓아 버린다. 열여덟, 고등학교도 졸업하 기 전이다. 아빠라는 보호막이 걷히자, 아무것도 가진 없이 두 번이나 가족에게 버림받은 초라한 존재라는 실체가 확연히 드러난다. 리사는 자신이 과연 "살 만한 가치가 있는 사람"인지 심각하게 고민하다 이런 상황을 친엄마한테 알려 주고자 한다. 그녀가 한국에 오게 된 배경이다.

리사는 어학 연수차 미국에 왔던 인연으로 '진'의 집에서 머무는데, 그녀의 마음속에 자리 잡은 복수의 독기는 진의 가족 덕에 서서히 사라진다. 진의 가족은 연극배우인 엄마와 고등학생인 랑, 대학생인 진 셋이 전부다. 진의 아빠는 몇 년 전 돌아가셨다. 리사는 또래인 랑의 방에서 묵는데, 랑은 방안에서 텐트를 치고 잔다. 리사는 '엉뚱한 애'라고만 생각했는데, 손님에게 침대를 양보하느라 텐트족인 양 했던 거였다. 진은 리사가 엄마를 찾는 동안 늘 동행하며 도움을 준다. 진의 엄마는 "식구가 따로 있겠니, 밥 같이 먹으면 식구지."라며 그녀를 가족처럼 대해 준다. 이와 같은 진 가족의 환대는 뾰족했던 리사의 마음을 누그러뜨린다. 이 책에서 리사가 눈물을 흘릴 때는 두 번인데 그 첫 번째가 진의 가족과 목욕탕에 갔을 때다.

아줌마는 욕탕에서 나와 손바닥 크기의 얇은 녹색 타월을 손에 끼우더니 랑의 등을 죽죽 밀기 시작했다.

"아야! 아야! 살살해!"

소리치는 랑의 팔을 한쪽 손으로 붙잡고 아줌마는 사정없이 밀어댔다.

"이런 식으로 복수하기야?"

랑은 아우성을 쳤다. 랑의 등은 거친 손길을 따라 발갛게 마찰 자국이 생겼다.

"때 봐라. 우동이야 우동."

아줌마는 이리저리 몸을 비트는 랑의 등을 철썩 때린 다음 샤워기 물을 뿌리고 타월을 빨았다. 그러고 나선 내 차례! 랑이 당했던 것과 똑같은 일이 반복되는 동안 나는 묘한 느낌에 사로잡혔다. 까슬까슬한 타월이 불규칙하게 등을 쓸어 나갈 때마다 가슴이 점점 뜨거워지는 것이었다. 내 팔과 등을 여기저기 붙잡는 아줌마의 손길이 느껴졌다. 맨살과 맨살이 접촉할 때마다 내 몸이 움찔움찔 반응했다. 뭐라고 설명할 수 없는 감동이 따갑게 등을 쓸고 지나갔다. 내 등을 밀고 있는 사람이 엄마라면…… 그런 생각이 들어 눈시울이 뜨거워졌다.

아픈 것도 모른 채 나는 두 팔을 늘어뜨리고 있었다. 마지막에 내 등을 물로 씻어 내고 아줌마가 등을 철썩 때릴 땐 알 수 없는 쾌감이 몸 전체로 퍼졌다.

(156~157쪽)

여기서 눈여겨볼 대목은 진의 엄마가 목욕탕에서 딸에게 했던 것과 똑같이 리사에게 한 부분이다. 그녀는 리사의 팔과 등을 잡고 때를 밀고 철썩 때리기도 한다. 리사는 등과 손바닥 사이의 맨살을 통해 '모녀 사이의 압축된 사랑'을 느낀다. 양엄마인 데이나에게 그토록 갈구했던 사랑이 '아줌마'를 통해 해소되었기에 리사의 눈시울이 뜨거워진 것이다. 가족에게 버림받은 상처가, 생각지도 못한 곳에서 가족으로 받아들여지며 상처 회복에 한 걸음 다가섰다. 진이 엄마의 다음과 같은 말이 리사에게 진정성 있게 들렸던 것도 그 때문이다.

"리사 너도 니 엄마 이해해라."
아줌마의 말에 깜짝 놀라 고개를 들었다.
"니 엄마, 자기 인생 맘대로 할 수 없었어. 결혼이 애 낳는 자격증처럼 돼 있지, 식구들 운명이 몽땅 아버지 손에 쥐어져 있지, 돈이 있는 것도 아니지, 아무것도 할 수 없었던 거라고. 그때 엄마가 열여덟 살이었다며? 그럼 뻔해. 니가 그 입장이었

청소년 소설 즐겁게 읽기

다면 혼자서 애 잘 키웠을 것 같아? 천만에. 사람 사는 거 그렇게 간단한 문제 아

니다."

(중략)

"리사."

아줌마가 나를 불렀다. 접시에 눈을 박은 채 나는 꼼짝도 하지 않았다. 목구멍으

로 넘기지 못한 샐러드가 침과 섞였다.

"니 엄마, 너 만나기 쉽지 않을 거야. 지금은 인생이 남편 손에 맡겨져 있을 거

든." (151쪽)

　리사가 자신을 버렸을 뿐 아니라, 현재 만나려고도 하지 않은 엄마를 조

금씩 이해하게 된 것은 이처럼 '아줌마'의 조언이 있었기 때문이다.

　진 가족의 환대와 '아줌마'의 조언은 리사의 마음을 조금씩 녹이지만 엄

마를 용서하게 된 결정적인 이유는 아니다. 리사는 아빠가 없다는 것 외

에 진 자매에게 부족한 것이 없다고 생각했다. 하지만 그네들에게도 남모

를 아픔이 있었다. 자매의 엄마는 친엄마가 아니라 돌아가신 아빠와 재혼

한 새엄마였다. 진 자매는 그녀가 다른 남자와 재혼한다면 헤어질 것이라

는 불안감을 안고 있었던 것이다. 남부러울 것 없이 행복해 보이던 사람들

도 자기의 처지와 다를 바 없다는 것을 알게 된 것보다 더 큰 위로가 어디

있으랴? 아무리 힘든 일이라도 혼자만 겪는 일이 아니라는 것을 알게 되면

살아갈 힘이 나는 법이다. 친모를 용서하게 된 것은 같은 여자로서 엄마의

상황을 이해한 것과 더불어 다른 사람도 실상은 자기와 다를 바 없다는 데

에서 위로받았기 때문이다.

　진의 가족은 결혼으로 대표되는 정상 가족 안에서만 출산해야 한다는

'정상 가족 이데올로기'를 해체하는 새로운 유형의 가족이다. 죽은 남편의 전실 자식과 새엄마의 결합은 정상 가족과 멀어도 한참 멀다. 그렇지만 이들은 서로 아끼고 사랑한다. 재혼도 거부하고 자매를 돌보는 새엄마는 그야말로 새 엄마다. 결혼하지 않고 아이를 낳으면 어떻고, 피가 안 섞이면 어떤가? 서로를 배려하고 존중하면 진정한 가족이 아니겠냐는 작가의 가족관은 부모-자녀 관계는 '혈연이나 입양이 아니더라도 돌봄, 책임, 계약과 유사한 관계를 지닌 모든 상황을 아우른다.'는 캐나다 오타리오 인권법(김희경, 『이상한 정상 가족』)의 소설적 적용이라 할만하다.

그렇다면 양엄마와의 관계는 어떻게 풀릴까? 작가는 둘을 극적으로 화해시키거나 억지로 상처를 봉합하지 않는다. 리사로 하여금 자신을 돌아보게 할 뿐이다.

'사랑하는 사람이 원한다면' 하는 마음으로 입양에 동의했을 때는 겨우 스물세 살, 그때는 어리고 순진한 아내였을지도 모른다. 그런데 먼 나라의 아이를 입양해 키우면서 인정머리 없고 신경질적인 여자가 되어 버린 것이다. 데이나는 나 때문에 자기 인생이 망가졌다고 믿었다.

(중략)

처음 몇 년은 마이클과 함께 사랑으로 날 키우려 했을지 모른다. 하지만 양아빠에게 병적으로 집착하고, 노새처럼 고집이 세며, 집 안을 정신없이 어질러 놓고, 나중엔 여덟 살이나 어린 동생에게 심술을 부리는 아이를 예뻐할 수는 없었을 것이다. 아니, 아시아의 작은 나라에서 데려온 문제아를 하루에도 몇 번씩 돌려보내고 싶었겠지. 서로가 서로에게 스트레스였던 데이나와 내가 수시로 전쟁을 벌인 건 당연한 일이었다. (121쪽)

리사는 자신을 미워했던 양엄마의 삶을 돌아보며 그녀를 이해한다. 참회나 용서, 포옹은 없지만 둘의 화해가 충분하다는 생각이 든다. 다른 청소년 소설과 마찬가지로 이 책에서도 잘못을 저지른 어른이 아닌 청소년의 반성과 후회로 양자의 갈등은 해소된다. 그런데도 이런 결말을 거부감 없이 받아들일 수 있는 것은 어른이라고 해서 다 잘못만 저지르지도, 청소년이라고 해서 다 착하기만 하지도 않는다는 것을 입체적으로 보여 주었기 때문이다. 또한 리사의 나이가 성년에 근접해 이런 통찰이 억지스럽지 않다는 이유도 있다.

3. 미지(Unknown)에서 미지(美智)로

윤미지. 입양서류에 적힌 리사의 한국 이름이다. 진은 '미지'가 '어떤 사실을 아직 알지 못함'이라는 뜻이라고 리사에게 가르쳐 준다. 이 말을 듣고 리사는 크게 위축되는데, 그렇지 않아도 아빠가 죽은 뒤 정체성의 혼란을 느끼던 차에 이름조차도 아무런 의미 없는 사람, 정체를 모르는 사람이라니 그럴 수밖에 없었다.

리사는 우여곡절 끝에 엄마를 만난다. 리사가 직면한 문제의 최초 원인이었던 엄마를 그녀를 용서할 수 있었던 것은 '이웃 청년을 오빠처럼 따르다 열여덟 살에 임신을 하였'지만 '아이를 키우는 건 끝내 고려되지 않았다.'는 것을 이해했기 때문만은 아니다. 위에서 언급했듯 자신의 처지를 용인할 만큼 내적인 힘이 길러졌기 때문이다.

리사는 친모에게 왜 이름을 미지라고 지었는지를 맨 먼저 묻는다. 자기의 존재 의미를 확인하고 싶어서였다.

엄마는 금장 체인이 달린 인조 가죽 핸드백에서 작은 수첩과 펜을 꺼냈다. 엄마
가 수첩에 쓰는 글자는 중국 글자 같았다. 美智.

"아름다울 미, 지혜 지. 아름답고 지혜롭다는 뜻이야. 그런 아이로 자라길……."

(195쪽)

리사는 엄마의 말을 통해 자신이 의미 있고 소중한 존재였다는 것을 알
게 된다. 누구인지도 모르는 미지(味知)의 사람에서, '아름답고 지혜로운
사람'이라는 미지(美智)로서의 정체성을 찾은 것이다. 그래서 양엄마에게
버림받았을 때는 미국인도 아니고 한국인도 아니라고 자신을 부정했지만,
이름을 알고 나선 '한국인, 미국인 둘 다'라는 긍정에 이른다. 한국 이름을
넣어 '리사 미지 밀러'라고 한 것은 그녀가 엄마와 한국을 받아들였다는 증
거다.

버림을 받고서도 리사는 친엄마를 배려한다. 이 작품에서 가장 아름다
운 장면을 꼽으라면 미국에 가족이 있다고 엄마에게 걱정하지 말라고 하
는 장면을 들겠다. 엄마를 '난처하게 하고 싶지' 않아 거짓말을 하는 대목
은 눈물겹다. 그녀는 엄마에게 다시 만나자고도 하지 않는다. 대신 혼자서
열심히 살겠다고 다짐한다.

롤러코스터 같았던 열여덟 인생의 굴곡을 경험한 지금, 내가 할 일은 그 경험 위
에 새로운 시작을 하는 것이었다. 이제 나에게 강요되었던 아슬아슬한 굴곡의 열
여덟 인생이 완결되고 있었다. 앞으로의 인생은 내가 내 힘으로 결정하고 살아갈
것이다. 천사들의 보호를 받으면서 나는 나의 수레바퀴를 돌릴 것이다.

밑도 끝도 없는 희망을 끌어내며 나는 나 자신을 안심시켰다. (198쪽)

청소년 소설 즐겁게 읽기

엄마를 보내고 리사는 '앞으로의 인생은 내가 내 힘으로 결정하고 살아갈 것'이라고 마음먹는다. 이런 결의에 신뢰를 보낼 수 있는 것은 그녀가 열여덟의 믿음직한 화자로 설정된 것과 무관하지 않다. 열여덟은 성인에 가깝기 때문이다. 하지만 '아슬아슬한 굴곡의 열여덟 인생이 완결되고 있다.'는 말에는 동의할 수 없다. 혈혈단신 이국에서 생활해야 할 신산한 삶이 이제 시작되고 있어서이다.

지난 2016년에도 334명이 해외로 입양되어 갔다. 하루에 한 명꼴이다. 그들 중에 어떤 아이는 유치원 때 리사가 겪은 일들을 똑같이 겪을지도 모른다.

"칭크 칭크 옐로 칭크 옐로 몽키"

유치원에서 나는 재미있는 놀잇감이었다. 못된 애들이 손가락으로 자기 눈 밑을 치켜올리고 혀를 날름거리는 건 보통이었다. 내 눈이 그리 작지도 여우처럼 찢어지지도 않았는데 그랬다. 심할 땐 커다란 플라스틱 통에 나를 집어넣어 끌고 다니며 고무공으로 위에서 내려친 후 나중엔 플라스틱 통을 쓰러뜨리기까지 했다 기겁해 달려온 보육 교사는 그만 멈추라며 팔을 내저을 뿐 나를 위해 아무것도 해 주지 못했다. (46쪽)

생김새가 다른 친구를 괴롭히는 애들은 물론, 어른인 '보육 교사'도 소극적으로 폭력에 가담하고 있다. 인종차별이 약화됐다고는 하나 아직도 심하다는 것은 공공연한 사실이다. 학교에 들어간다고 놀림이 끝난 것은 아니다. 신체적 폭력은 없어졌으되, 언어폭력은 더 가혹해진다.

"노란 피부의 엄마, 아빠에게 버림받고 사는 기분은 어때?" (61쪽)

"너 한국인가 하는 나라에서 팔려 온 애지? 얼마짜리야?" (62쪽)

리사는 자기의 머리카락과 피부를 아빠처럼 만들어 달라고 늘 기도한다. 그만큼 아빠를 사랑해서이기도 하지만 외모에 대한 차별과 따돌림이 심했다는 것을 의미한다. 아빠의 사랑이 충분하더라도 상처를 다 덮은 건 아니었다. 그녀는 유치원 때부터 집 밖에 나가면 길을 잃어버리는 병을 앓는데, 그 원인은 '스트레스와 공포' 때문이었다. 해외 입양아들은 대체로 유기에 대한 불안과 공포라는 '원초적 상처' 외에 정체성의 혼란을 겪는다고 하는데, 아빠의 품이 아무리 넓어도 그것까지 덮진 않았다.

우리 앞에는 경제, 통일, 교육, 취업, 불평등 해소, 인권 등 많은 문제가 산적해 있다. 다들 살기 힘들다고 아우성친다. 그렇지만 가장 시급한 것은 생명을 살리는 일이다. 갓 태어난 아이가 죽어 가고 있고, 겨우 살아남았다 해도 부모 품을 떠나 온갖 고통을 겪는다. 낳은 부모가 아이를 잘 키운다는 보장은 없지만, 최소한 같이 살 수 있도록 해 주는 게 먼저다. 언제까지 우리는 '리사 미지 밀러' 같은 사람들을 만들어 낼 것인가?

청소년 소설 즐겁게 읽기

먼 데서 온 우리 이웃, 난민

표명희, 『어느 날 난민』, 창비, 2018

1. 지구별의 난민

저 먼 남의 나라 이야기로만 생각했던 난민이 실체로 다가온 건 예멘인 오백여 명이 제주도에 입국했다는 기사를 접하고부터다. 시리아나 아프리카에서 수백만 명이 지중해를 건너 유럽으로 가다 몇천 명이 죽었다는 뉴스는 제목만 읽고 심드렁하게 지나쳤다. 부끄럽지만 강 건너 불구경하는 심정이었다. 해변에서 발견된 세 살배기 알란 쿠르디의 죽음을 안타까워한 것이 난민에 대한 관심의 전부였다.

제주도에 도착한 그들이 젊은 남성이자 이슬람교도라고 하니 경계심이 들었다. 난민법 폐지를 요구하는 국민 청원에 70만 명이 참여했다고 한다. 나처럼 생각하는 사람이 많았나 보다. 난민 지위를 인정해 달라는 단식 농성 기사에는 4천 개가 넘는 댓글이 달렸다. 그들이 들어오면 일자리가 줄어들고, 성폭행과 범죄가 늘어나므로 우리 국민을 보호하려면 받지 말아야 한다는 내용이 대다수다. 타 문화권의 난민 수용이 사회 통합을 저해한다는 의견에도 힘이 실린다. 이런 우려가 '상상의 공포에 기반을 둔 것'이라고 하지만, 종교와 민족 그리고 인종이 다르다 보니 쉽게 마음을 열 수가 없는 것도 현실이다.

우리가 멀리서 온 이방인에게만 마음을 열지 않는 건 아니다. 한 나라 안에서도 정상과 비정상을 나눠 놓고 후자를 차별하거나 혐오한다. 장애인, 성 소수자, 탈북 주민, 미혼모들의 어려움을 말해 무엇하랴? 특수학교 설립은 집값 하락이나 정서적 거부감을 이유로 주민의 거센 반발에 부딪히기 일쑤며, 성 소수자는 자신의 정체성을 드러낼 경우 손가락질 받을 각오를 해야 한다. 불이익을 당할까 봐 신분을 숨기는 탈북자도 많고, 미혼모는 퇴학이나 퇴사까지 감수해야 한다. 그들의 고통이 난민과 다를 바 없다는 점에서 심리적 난민인 셈이다.

『어느 날 난민』은 난민 지원 센터를 배경으로 난민 지원자의 삶을 다뤘다. 강민이라는 한국 아이를 연결 고리로, 이방인과 한국의 심리적 난민을 한데 묶었다. 작가는, 원하는 세계에 들어가지 못하거나 혹은 그곳으로부터 밀려나면 누구나 난민이 된다는 생각으로 책을 썼다고 한다. 우리는 누구나 조금씩 부족하다. 그러므로 '어느 날' 나도 '난민'이 될 수 있다.

사고가 유연한 젊은이가 인도주의적 관점을 보일 것이라는 생각과 달리, 신문에서 설문 조사한 결과, 외국 노동자를 많이 접한 50대가 난민에게 가장 호의적이었다. 학생들의 수용도가 낮은 것은 이방인을 만날 기회가 없었기 때문일 것이다. 대부분의 청소년 소설이 십 대의 경험을 그들 자신의 관점으로 그린 것과 달리 『어느 날 난민』에는 청소년이 등장하지 않는다. 그런데도 앞표지에 '청소년 문학'이라고 적힌 이유는 위의 조사 결과와 무관해 보이지 않는다. 청소년 독자들이 이 책을 읽고 열린 마음으로 난민을 대하고, 자신의 울타리 너머 바깥세상과 소통했으면 하는 바람에서일 것이다. 그런데도 교화하거나 계몽하려 들지 않는다. 사람의 이야기를 들려줄 뿐이다. 이 책은 난민을 나와 같은 한 인간으로 볼 기회를 제공한다.

그동안 청소년 소설은 청소년의 목소리를 내는 데 골몰했다. 그것이 청소년 소설이 어엿한 문단의 한 영역으로 자리 잡는 데 큰 역할을 했지만, 청소년에게만 읽힌다는 한계를 짓는 요인이 되기도 했다. 청소년 문학이라는 이름을 달고, 청소년의 문제뿐 아니라 우리 사회 민감한 문제를 다룬 책이 더 많이 나왔으면 한다. 그랬을 때 청소년의 시야는 더 넓어지고, 생각은 더 깊어질 것이다.

2. 벼랑에 선 사람들

이 작품의 배경은 난민 보호 센터가 있는 영종도다. 이곳은 외형상으로는 세련되고 아름답지만 황량하고 메마른 곳으로 그려진다.

> 하늘을 찌를 듯한 아파트 건물이 사방에 둘러 있고 가운데는 멋진 정원이 만들어져 있었다. 커다란 바위로 이루어진 화단에는 울긋불긋한 꽃나무들이 심어져 있고, 시냇물을 본뜬 수로가 둘러져 있었다. 마당 가운데는 분수대도 있었다. 건물 지하 유리창으로는 실내 수영장과 헬스 시설도 들여다보였다. 첨단 부대시설을 갖춘 초현대식 건물과 수려한 조경의 정원이 어우러진 단지였다. 하지만 수로와 분수대, 수영장 어느 곳도 물기라고는 없이, 하나같이 메말라 있었다. (40쪽)

영종도의 한 아파트 풍경을 묘사한 대목이다. '초현대식 건물'은 우리나라 경제상을, '물기라고는 없이 메마른' 수영장은 난민을 대하는 사람들의 정서를 상징적으로 드러낸다. 남녀노소가 섞인 난민 반대 시위대의 목소리를 들어 보자.

> 난민은 잠재적 테러리스트! 세금 갉아먹는 불청객
>
> 난민 위한 난상복지 주민들은 난감&황당
>
> 난데없는 난민 센터 갈데없는 공항 주민 (34쪽)

난민을 '불청객'이자 '잠재적 테러리스트'로 보는 이들은 화려한 아파트, 물건이 넘쳐나는 마트의 풍경과 대비되어 비정하게 느껴진다. 목숨을 걸고 조국을 떠난 그들을 돈으로 환산하는 태도는 메마른 인정의 전형 아니겠는가?

난민 보호 센터는 난민으로 인정받기 전에 임시로 머무는 공간이다. 그나마 여기까지 온 사람은 나은 편이다. 인천공항의 '송환 대기실'에서 돌려보내지는 이들도 있다. '회색 터번'을 쓴 사람은 여기에 와 보지도 못한 채 송환 명령을 받았다. '알라후 아크바르.'(신은 위대하시다.)를 입에 달고 살았지만 바람은 이루어지지 않았다. 그는 자국 대신 저세상으로 갔다.

인도 카슈미르 출신 찬드라, 위구르에서 온 모샤르 가족, 아프리카인 웅가와 프랑스인 미셸 커플, 베트남 사람이지만 국적이 없는 뚜앙이 1차 관문을 통과해 난민 보호 센터로 왔다. 일곱 살짜리 한국 아이 강민과 미혼모 해나가 그들 사이에 섞여 있다. 강민을 중심으로, 한 축에는 외국에서 온 이방인의 이야기가, 다른 한 축에는 한국인이면서 사회에서 받아들여지지 못한 심리적 난민의 이야기가 교차되면서 서사가 전개된다. 접점이 없어 보이는 이들은 '뿌리 내리지 못한 사람'이라는 공통분모를 갖고 있다는 점에서 하나로 묶인다.

찬드라는 집안에서 반대한 남자와 결혼했다. 십 년이 흐른 후 어머니가 위독하다는 연락을 받고 고향에 내려갔다가 겨우 목숨만 건진 채 도망쳐 나왔다. 오빠들은 그녀를 산 채로 구덩이에 집어넣고, 기어오르는 그녀의 어깨와 얼굴을 삽으로 내리찍었다. 그 충격으로 실어증에 걸렸다. 남편마저도 이슬람 문화와 종교의식이 뿌리 깊다는 것을 깨닫고 제삼국행을 결심했다.

모샤르는 위구르족 독립운동 무장 단체 일원이었다. 공안의 감시를 피하려고 한족 여자와 위장 결혼한 것이 조국을 등지는 계기가 되었다. 자식을 낳으면서 독립운동을 하지 않는데도 공안은 독립운동을, 조직은 배신을 빌미로 모샤르를 죽이려 한 것이다.

프랑스인인 미�셸은 자원봉사 활동에 참여하여 아프리카에 갔다가 부족장 딸 웅가를 만나 프랑스로 함께 왔다. 웅가는 짐승의 숨통을 단번에 끊어 놓을 정도로 담력이 세다. 그렇지만 부족의 전통을 어기고 외국인과 결혼했다는 이유로 파리에서 몇 차례 테러당한 후 그곳을 뜰 수밖에 없었다.

뚜앙의 아버지는 한국인으로 베트남전에 참가했던 군인이다. 현지 아가씨와 사귄 뒤로 탈영했다. 뚜앙은 메콩강의 수상 가옥 촌에서 태어났다. 여기에 사는 이들은 국적이 없다. 그 때문에 사랑하는 여자와 결혼할 수 없었던 뚜앙은 한국에 가서 국적을 얻어 살라는 아버지의 유언을 따라 우리나라에 왔다.

이들의 다른 편에 난민이나 마찬가지인 사람들이 있다. 강민과 그의 엄마인 해나 그리고 성 소수자인 허 경사가 그들이다. 국적을 가지고 있으되 이들은 한국 사회의 이방인들이다. 해나는 '하룻밤 실수'로 임신했다. 열일곱 살 때였다. '세상과의 관계를 끝내려고도, 힘 있는 남자한테 기대려고도 했으나 구원의 여신은 번번이 그녀를 저버렸다.'(114쪽) 아이를 버릴 수도 있었으나 어떻게든 같이 살아 보려고 '편의점 알바에 독서실 총무, 주방 보조' 등등을 거쳤으나 아직 아이의 출생 신고도 못 했다. 아파트 보증금 삼천만 원을 마련하고자 아이를 난민 보호 센터에 맡겨 놓고 캐디 일을 하고 있다. 해나와 강민이 영종도에서 처음 도착한 '시커먼 개펄'은 그들의 암울한 상황을 상징적으로 보여 준다.

안정된 직장에 다니고 화려한 아파트에 사는 허 경사라고 해서 행복한 건 아니다. 그의 침실 벽에 걸린 중국 배우 장국영의 '슬픈 눈빛'은 그의 것이기도 하다. 동성애자라는 소문이 있던 장국영은 많은 인기와 부를 뒤로하고 스스로 세상을 등졌다. 미혼모인 해나, 성 소수자로 추정되는 허 경사는 사람들에게 받아들여지지 않는다는 점에서 이방인이나 마찬가지다.

난민 지원자들은 천국과 지옥의 갈림길에 서 있다. 그래서 독자는 끝까지 이들에게 집중하게 된다. 난민들 한 사람 한 사람의 이야기를 따라가다 보면 그들을 피와 살이 있는 개별적이고 고유한 사람으로 인식하게 된다. 그들을 내 곁의 사람으로 받아들이게 되는 것이다. 그게 문학의 힘이다.

『어느 날 난민』은 여기에서 그치지 않고 우리가 어떻게 살아야 하는가를 생각해 보도록 이끈다. 난민들은 한 치 앞을 예측할 수 없는 환경에서도 서로 결핍을 채워 주고자 애쓴다. 찬드라는 영어, 모샤르는 요가, 웅가는 댄스, 미셸은 악기를 서로에게 가르쳐 준다. 뚜렷한 재능이나 능력이 없는 뚜앙은 민이와, 모샤르의 아들 샤샤를 가족처럼 보살핀다. 그림에 관심이 많은 샤샤에게 도서관에서 화집을 빌려다 주는 찬드라는 친누나나 마찬가지다. 부모와 형이 있는 샤샤가 부모의 숙소 대신 뚜앙의 거처에 머무르고 있다는 점을 눈여겨볼 필요가 있다. 친형이 샤샤를 보기만 하면 폭력을 저지르기 때문이다. 샤샤의 형은 한 가족, 한 민족 이데올로기의 허점를 드러내는 인물이다. 자기가 기분 나쁘다는 이유로 어린 동생에게 폭력적인 형, 따뜻하게 보살피고 기뻐하는 모습을 보려고 도서관까지 가는 수고를 마다하지 않는 이웃 중 누가 가족일까?

직장과 집이 없어 훔친 차를 타고 떠돌아다니는 해나를 받아 준 이는 허 경사다. 그는 해나에게 며칠간 집을 빌려주고, 직장을 소개해 준다. 다소 신파적이고 낭만적으로 보이는 이런 태도는 허 경사의 심리를 알게 되면 이해하게 된다. 해나를 정서적 동지로 여기고 있기 때문이다. 해나는 그의 도움으로 일자리를 얻게 되고, 민이와 함께 살 전세 자금을 모은다.

3. 절반의 성공

이 책은 등장인물 한 사람 한 사람의 절박한 이야기에 집중하게 만들고, 서로 결핍을 채워 주는 연대를 감동적으로 보여 준다. 먼 이방인과 우리 안의 소외된 사람들을 함께 다룸으로써 우리가 모두 난민일 수 있다는 점을 일깨워 주기도 한다.

그런데 난민 지원자와 한국의 심리적 난민을 한데 묶은 것은 과욕이 아니었나 싶다. 그들이 비록 심리적으로 난민과 다를 바 없다 하더라도 난민으로 인정받지 못하면 목숨이 위태로운 지원자와는 상황이나 지향점이 다르기 때문이다. 양쪽을 교차하여 서술해 놓고 결말에 이르러선 '해가 비친다.'고 낙관적으로 얘기하고 있는데 이는 해나를 비롯한 한국 국적 소유자에게만 해당될 뿐이다. 외국인과 한국인, 어린아이와 어른 등 다양한 인물이 나오면서 이야기의 내용은 풍부해졌으되, 구조와 서술 면에서 한계를 드러낸다. 난민 지원자에 비해 한국인을 다루는 서사는 개연성이 떨어지고 충실하지 못하다. 허 경사가 도난 차량을 모는 해나의 범죄를 모른 척하는 것은 물론, 며칠간 자기 방을 빌려주는 것이 그렇다. 심지어 해나가 그의 집 물건을 훔쳤는데도 문제 삼지 않는다. 표면적 이유로 자신도 해나처럼 '동생을 돌보지 못했다.'는 점을 들고 있다. 이런 해명이 설득력이 떨어지는 것은 동생이 어떤 이유로 죽었고, 그 죽음과 허 경사가 어떤 연관이 있는지 전혀 설명이 안 된 채 한 줄로 처리되고 있기 때문이다. 구색을 갖추기 위해 동성애자를 넣으려다 보니 이런 무리수가 발생했다. 동생을 지키지 못했다는 죄책감을 안고 있다고 하면서도 '슬픈 눈빛'(115쪽)을 동생의 죽음이 아니라 성적 정체성과 연결한 것도 이런 판단을 뒷받침한다.

난민 지원자와 한국인을 함께 엮기 위해 어린아이를 난민 지원 센터로 보낸 것은 그럴 수 있다고 치자. 문제는 일곱 살짜리가 서술하는 얘기의 관점과 내용이 그 나이 또래의 생각이나 행동 수준을 훨씬 넘어서고 있다는 점이다.

민이 샤샤의 그림 중에서 제일 마음에 들었던 건 사실 그의 형 진진을 그린 것이었다. 짐승 같기도 하고 괴물 같기도 한 괴상한 모습이 신기했다. 어떤 때는 동물을 갈기갈기 찢어 놓은 것처럼 끔찍했지만 한편으로 통쾌하기도 했다. 그런 살벌한 그림은 샤샤가 형한테 얻어맞고 난 뒤에 곧잘 나왔다. 그 그림에 비하면 다른 사람들 그림은 좀 싱겁거나 심심했다. (211쪽)

얼마나 왔을까. 바닥에 주저앉고 싶도록 다리가 아팠다. 그때 고층 건물이 눈에 띄었다. 부연 해무 사이로 우뚝 솟은, 여기저기 무리 지어 있는 회색빛 건물들은

청소년 소설 즐겁게 읽기

누나 말대로 SF 영화에 나올 법한 미래 도시 같았다. 민은 희망을 품고 다시 걷기 시작했다. 건물은 좀체 가까워지지 않았다. 그걸 발견하고도 한참을 걸어서 간신히 어느 아파트 정문에 닿을 수 있었다. 아파트 단지로 들어서자 메마른 분수대와 놀이터가 있었고, 지하층에는 여러 운동 기구들이 놓인 헬스장이 보였다. (245쪽)

윗글은 민이의 목소리다. 이를 일곱 살짜리 어린아이의 것이라고 느낄 사람이 있을까? 열일곱 아니, 성인의 그것이라고 해도 충분할 것이다. 대화도 마찬가지다.

- 물 빠진 건물을 걷고 또 걸어서 갔지. (270쪽)
- 지중해 거기가 난민들의 메카래. (284쪽)
- 온 세상 난민들이 그곳으로 모여든대. 그만큼 멋진 곳이라는 얘기지. (284쪽)

낱말이나 말투가 도저히 일곱 살 아이의 것이라고는 믿기 힘들다. 행동도 유치원생의 수준을 훨씬 뛰어넘는다. 난민 센터의 사람들이 이런저런 이유로 떠나자, 민도 떠나려고 한다. '혼자 살 수 있다.'며 '보물 제1호나 다름없는' 큐브를 바닷물에 던져 버리고 '난민의 메카인 지중해'로 가겠다고 숙소를 나선다. 엄마가 준 유일한 선물로 엄마의 전화번호가 적혀 있는 큐브를 버린 것은 엄마와의 정신적 탯줄을 끊고 독립적인 주체가 되겠다는 의미이다. 한 세계와 결별하고 새로운 곳으로 나아가려는 민의 행동에 카타르시스가 느껴지기는커녕 헛웃음만 나온다. 어린아이의 성장 가능성을 부정하는 것이 아니라, 그 각성이 나이에 걸맞지 않기 때문이다. 혼자 방치해 둔 탓에 생긴 듯한 폭식이나 불규칙한 수면 같은 괴상한 습관을 난민 지원 센터 사람들의 보살핌으로 극복했다고 하는 것만으로 충분한 성장이 되고 이야기가 개연성을 지니지 않을까?

이런 엇박자는 난민 지원자와 심리적 난민을 내 문제로 느끼게 하려는 마음에서 비롯된 것으로 보인다. 난민 지원자만 다루었어도 그 목표는 이루어졌으리라. 그들의 이야기를 따라가다 보면 자연스럽게 나와 같은 사람이라는 생각이 들기 때문이다.

2017년도에 미국의 한 대학교에서 연수를 받고 있었다. 미국 대통령 선거가 있던 해다. 트럼프가 대통령으로 당선되고 난 뒤 한 달쯤 됐을까, 수업 시간에 강사가 트럼프의 갑작스러운 반 이민 행정명령으로 이슬람 7개 국가 출신 사람들이 공항에 구금되거나 억류돼 있다고 말하면서 눈물을 흘렸다. 금발의 전형적인 백인인 그녀가 자기 일처럼 애석해하고 분노하는 것이 의아했다. 그들의 고통이 내게는 크게 와닿지 않았기 때문이었다.

인도적인 차원에서나 세계적인 흐름으로나 난민은 받아들일 수밖에 없다. 이러저러한 이유로 반대할 것이 아니라, 우려하는 일들이 일어나지 않도록 하는 것이 사람이자 세계 시민으로서의 도리다. 이런 인도적인 행위는 난민이라는 말을 들으면 한 방울의 눈물을 흘리는 것에서부터 시작되지 않을까? 이 책은 타인의 아픔에 깊게 공감하고 같이 아파할 기회를 준다. 이런 과정을 거쳐야 우리는 사람이 된다.

'절벽'으로 떨어진 아이는 어떻게 살고 있을까?

이상권, 『서울 사는 외계인들』, 자음과모음, 2018

1. '절벽'으로 떨어진 아이

"나는 늘 넓은 호밀밭에서 꼬마들이 재미있게 놀고 있는 모습을 상상하곤 했어. 어린애들만 수천 명이 있을 뿐 주위에 어른이라고는 나밖에 없는 거야. 그리고 난 아득한 절벽 옆에 서 있어. 내가 할 일은 아이들이 절벽으로 떨어질 것 같으면, 재빨리 붙잡아주는 거야. 애들이란 앞뒤 생각 없이 마구 달리는 법이니까 말이야. 그럴 때 어딘가에서 내가 나타나서는 꼬마가 떨어지지 않도록 붙잡아 주는 거지. 온종일 그 일만 하는 거야. 말하자면 호밀밭의 파수꾼이 되고 싶다고나 할까." (샐린저, 공경희 옮김, 『호밀밭의 파수꾼』, 민음사, 2009, 230쪽)

『호밀밭의 파수꾼』 한 부분이다. 홀든 콜필드가 아무리 껄렁껄렁한 문제아일지라도 그에게 마음이 가는 건 동심의 세계를 지켜 주고자 하는 순수한 마음이 있기 때문이다. 처음엔, 꿈이 겨우 파수꾼이라니, 너무 소박한 거 아니냐고 생각했다. 하지만 시간이 흐를수록 이보다 더 중요한 어른의 책무는 없다는 것에 공감하게 됐다. 어렸을 적의 상처는 평생을 지배하기에 아이는 어떤 경우에도 절대적으로 보호받아야 하기 때문이다.

세월이 흐를수록 뚜렷해지는 기억이 있다. 영희(가명)와의 만남도 그렇다. 내가 가르치는 아이는 아니었는데, 교사가 되어 처음 데리고 나간 백일장에서 대상을 받았다. 부반장으로 공부도 잘하고 글도 잘 쓰는 아이였다. 그런데 몇 개월 후 자퇴했다. 초등학교 5학년 때 성폭행당한 정신적 충격 때문이라고 했다. 정신적으로 불안정해서 바깥출입을 더 이상 할 수 없다는 것이었다. 그때 겨우 중학교 2학년이었다. 왜 그때 나는 가만히 있었을까, 가정 방문이라도 가서 상담이라도 한번 했더라면 하고 가끔 후회한다.

아이를 지켜 주기는커녕 '절벽'으로 밀어 버리는 어른도 많다. '절벽' 아래로 떨어진 영희는 어떻게 되었을까? 『서울 사는 외계인들』은 그런 청소년을 그렸다.

2. 그는 살아갈 수 있을까?

『난 할 거다』(사계절, 2008)에서 교사와 선배의 폭력으로 고통스러워하는 청소년을 사실적으로 담았던 작가는 이 작품에서도 폭력으로 인한 고통의 질감을 피부에 와 닿을 정도로 생생하게 전하고 있다. 이번에는 교사에게 성폭력을 당한 남학생이 주인공이다. 성폭력 피해자 90퍼센트 이상이 여자이기에 『유진과 유진』(이금이, 푸른책들, 2008)처럼 성폭력을 당한 여학생을 그린 작품은 있었지만, 남학생의 피해를 다룬 경우는 없었다. 남자아이를 주인공으로 설정함으로써 성폭력이 권력의 문제이며, 성별을 막론하고 사람의 영혼을 파괴하는 행위라는 것을 여실히 그려 냈다는 점에서 의의가 있다. '절벽'에서 떨어진 영희 같은 아이들이 어떻게 살고 있는지를 보여 주는 한 대목을 읽어 보자.

얼마 전까지만 해도 나는 이런 기억을 끄집어내는 것조차 버거웠다. 가끔 그런 기억들이 떠오르면 내 몸을 지탱하고 있던 뼈들이 흐물흐물 물러지면서 걸어 다니거나 서 있을 수가 없었고 그야말로 아무것도 할 수 없는 통제 불능 상태에 빠져 버렸다. 그런 날은 내 방에서조차 단 한 걸음도 나올 수가 없었다. 아무리 고모가 밥을 먹으라고 소리 질러도 움직일 수가 없었다. 그런 나를 이해해 주는 사람은 아무도 없었다.

(중략)

내가 이 사회 어딘가에 뿌리를 내리고, 나름대로 사람 구실을 하면서 살아가기 전까지는 그런 감정을 느낄 수 없을 것이라고 포기하고 있었다. 한마디로 나는 아무런 희망도 없이 살아가고 있었다. 살아 있으니까 그냥 살고 있을 뿐 이성적인 사고와 판단을 하는 인간이라고 할 수는 없었다. 먹고 싶은 것도 하고 싶은 것도 없었다. 사촌 동생들은 그런 내가 무섭다고 하소연을 했었다. (112~123쪽)

주인공 사우도 '영희'처럼 자퇴했다. 윗글은 자퇴한 후의 모습이다. 막연하게 짐작했던 것보다 더 끔찍하다. 무기력한 상태로 겨우 목숨만 붙어 있다. 한마디로 폐인이 돼 버린 것이다. 실제로 성폭행 피해자는 자포자기하며 자살을 시도하고, 신경질적임, 낮은 자아 존중감, 건망증 등을 겪는다고 한다. 그런데도 해마다 성폭력은 늘고 있고 그중 절반은 아동을 대상으로 한 것이라니 다각도로 예방책을 강구해야 할 것이다. 청소년 소설을 읽을 때마다 느끼는 것인데, 이들 소설의 주요 독자는 어른이어야 한다. 청소년이 겪는 고통과 아픔의 근원은 대체로 어른에게 있기 때문이다.

사우는 5학년 초등학교 때 담임에게 여러 차례 성추행을 당했다. 학교를 그만두려고 했지만, 엄마가 돌아가시는 바람에 자신의 문제를 드러낼 겨를 없이 졸업하고, 중학교에 입학했다. 병시중을 오래 하느라 자기 한 몸도 건사하기 힘들었던 아빠가 학교에 다니길 바랐기 때문이다. 하지만 오래 가지 못했다. 반 아이들의 2차 가해가 시작되었기 때문이다. 그들은 예전 일을 꺼내며 놀렸다. 견디지 못하고 전학을 갔지만 그곳 아이들도 마찬가지였다. 왜 성추행을 당했느냐, 기분은 어땠느냐, 구체적으로 어떻게 당했느냐 등을 묻고 급기야 화장실까지 따라와서 성기를 핸드폰으로 찍으려고 했다. 거부하는 그를 집단으로 구타했는데 학교는 쌍방 잘못으로 처리한다. 그렇기에 결국 학교를 그만둘 수밖에 없었다. 선생님의 반복된 성추행도 문제였지만, 또래 아이들의 끈질긴 폭력이 그를 학교 밖으로 내쫓은 것이다.

작가는 이 책에서 상처 입은 아이에 대한 몰이해가 큰 문제임을 지적하고 있다. 제목에 나온 '외계인'은 누구에게서도 이해받지 못하는 그들의 외로움을 강조하려는 것으로 보이는데, 은둔형 외톨이를 외계인으로 비유하는 게 적절한지는 생각해 볼 일이다. 그들이 동떨어진 혼자만의 세상에서 아무와도 소통하지 않고 외롭게 지낸다는 점을 강조하려는 의도였겠지만, 그들이 이질적이거나 낯선, 지구인과 다른 존재는 아니기 때문이다.

아버지의 건강이 좋지 않아 사우는 고모 집에서 살게 된다. 방안에 틀어박혀 나오지 않고, 머리카락으로 얼굴을 다 가리고, 따스하게 쏟아지는 햇볕조차 두려워 숨어 지내려는 아이를 대하는 고모는 어른의 무지와 몰이해를 대표하는 인물이다.

고모의 목소리가 들렸다. 고모는 내가 문을 열자마자 급하게 밀고 들어오더니 다짜고짜 뺨부터 때렸다. 그 충격이 유리 파편처럼 온몸으로 퍼졌다. 놀란 고양이가 신발장 밑으로 달아났다. 고모는 미친놈이라고 소리쳤다. 갑자기 벼락을 맞은 기분이었다.

"이 미친놈아, 미친놈아, 미친놈아아!"

고모가 다시 뺨을 때렸다. 이번에는 몸이 휘청했다. 그러자 고모는 카운터펀치를 맞고 휘청거리는 나를 끝장내겠다는 듯이 거칠게 몰아치기 시작했다.

나는 두 팔로 얼굴을 감싼 채 주저앉았다. 얼마나 맞았는지 모른다. 고모는 당신의 몸에서 체력이 방전될 때까지 손을 휘두르다가 내 머리를 잡고 마구 흔들어 댔다.

"너 악마니? 그렇지 않고서야 어떻게 성경책을 갈기갈기 찢어서 저 짓을 할 수가 있니?"

그제야 나는 고모가 왜 폭군이 되었는지 알았다. 내가 창문을 도배한 종이들 중에 성경책이 섞여 있었던 모양이다. 그것은 나도 몰랐으며 절대 고의가 아니다. 그래서 예수님한테는 미안하지 않았지만 고모한테는 정말 미안했다. 고모는 신이 아니기 때문에 내 깊은 마음속까지 들여다볼 수 없기 때문이다.

"아무리 고모가 밉다고, 이렇게 해서야 되겠니? 이게 무슨 짓이야? 내가 부끄러워서 살 수가 없다 이놈아! 네가 사람이니? 어서 말 좀 해 봐! 뭐라고 말 좀 해 보라고오!"

고모의 목소리가 흐느끼고 있었다.

나는 뭐라 한마디도 하지 못하고 웅크려 있었다.

고모는 벌떡 일어나더니 유리창에 붙은 종이를 마구 뜯어내다가 고개를 홱 돌렸다. 고모의 눈에서 불이 뿜어져 나왔다. 무서웠다.

"아무리 생각해도 이건, 이건, 이건…… 이 미친놈아 너 죄 받아. 넌 나중에 지옥에 갈 거야. 지옥의 불덩이 속에서 수백 수천 년 동안 고통받을 거야!"

고모가 종이를 마구 집어던지면서 소리쳤다. 끔찍했다. 수백 수천 년 동안 불덩이 속에서 벌을 받는다니. 그냥 죽어서 사라져 버렸으면 좋겠다. 모래도 바람도 아닌 아무것도 아닌 것으로.

고모가 내 머리카락을 잡아끌었다.

"이놈의 머리부터 잘라 버려야 해. 싹 밀어 버릴 거야. 어서 따라와. 어서!" (34쪽)

어른의 몰이해가 얼마나 아이를 망치고 피폐하게 하는지를 보여 주려고 길게 인용했다. 고모는 고의가 아닌 잘못을 빌미로 사우를 폭행하고 저주한다. '미친 놈', '정신 나간 놈'으로 보고 있을 뿐 그를 전혀 이해하지 못하고 있다. 고모의 폭력을 견디지 못한 사우는 결국 극단적인 선택을 한다.

고모의 폭행은 정상적인 가족이라면 잘못된 행동을 바로잡으려고 체벌할 수도 있다는 일반적인 생각에 기반을 두고 있다. 아마도 그녀는 자기의 행동이 아이를 괴롭힌 것이 아니라 교육하려는 마음에서 나온 것이라 굳게 믿고 있을 것이다. 사우를 자해하게 만든 건 아이러니하게도 그를 지켜 주어야 할 가족이다.

3. "네 방에 커튼을 달아 줄게"

『서울 사는 외계인들』은 청소년뿐 아니라 어른이 겪은 문제를 같이 다룸으로써 청소년과 어른 모두에게서 공감을 끌어낸다. 성폭력을 당한 아이와, 거대 권력에 고통받은 어른이 만나 생명력을 회복하는 이야기가 따뜻하게 펼쳐진다. 이 책에서 가장 흥미로운 지점은 아이와 어른이 미성숙과 성숙, 보호받는 존재와 보호하는 사람이라는 이분법 구도에서 벗어나 서

청소년 소설 즐겁게 읽기

로 도움을 주고받는 관계로 그려진다는 것이다.

성경책 사건으로 사우는 고모 집에서 쫓기다시피 나와 혼자 살게 된다. 사우가 이사 오고 얼마 되지 않아 집주인인 찔레꽃 씨는 그에게 본인의 이야기를 글로 써 달라고 부탁한다. 억울한 사정을 세상에 널리 알리고 싶지만, 글자를 모르기 때문이란다. 특목고에 다니는 딸과, 든든한 남편이 있고, 서울에 집까지 가지고 있는 그녀는 남부러울 것 없이 보이지만 실은 우울증을 앓고 있다.

찔레꽃 씨네 집 앞에 거대한 교회를 세우려고 그쪽 사람들은 집을 팔라고 종용한다. 그녀가 응하지 않자 공사를 시작하는데, 그 충격으로 집에 금이 갔다. 공사 현장을 찾아가 인부들과 실랑이하다 보상받기는커녕 폭행죄로 피소되고 벌금형을 받게 된 것이 우울증을 앓게 된 이유다.

그녀는 딸 미미가 친딸이 아니라는 것도 사우에게 말한다. 남편의 폭력으로 집을 나가 공장에 다녔는데, 미혼인 동료가 아이를 낳아 놓고 사라져 버리자 데려와 키웠다. 오십 대 어른이 겨우 열여덟 살 아이에게 자신의 모든 것을 털어놓은 것은 청소년을 자신과 대등한 인간으로 여기기 때문에 나오는 행동이다. 급기야 그녀는 사우에게 글자를 배우며 선생님으로 부르기까지 한다.

사우를 믿고 인간으로 대해 주자 기적이 일어난다. 그녀의 내력을 들으며 사우도 자기 이야기를 마치 친구의 일인 것처럼 꺼내 놓기 시작한다. 그런데 자신이 겪었다고 말하지 않는 것은 그만큼 상처가 깊다는 것을 의미한다. 대신 그 사실을 사람처럼 말하는 고양이에게 털어놓는다. 그가 처한 사면초가인 상황은 『위저드 베이커리』(구병모, 창비, 2009)의 '나'와 유사한데, '나'가 마법사의 화덕이라는 환상 세계로 나가듯, 사우 역시 현실 세계가 아닌 말하는 고양이에게로 도피한 셈이다. 이들 작품의 판타지적 요소는 단순히 재미를 추구하려는 것이 아니라 그만큼 이들이 혼자 힘으로 극복하기 힘든 어려움에 처해 있다는 것을 드러내는 장치이다.

찔레꽃 씨는 사우가 세상과 소통하도록 아르바이트를 주선하고, 식사를 준비하고 옷을 골라 주는 등 엄마처럼 따뜻하게 보살핀다. 그녀 덕에 사우는 고양이라는 초현실 세계에 의존하지 않고도 서서히, 살고 싶다고 생각하게 된다.

> "저도 찔레꽃 씨랑 이야기하고 나면 편안해지고 머리가 맑아지는 것 같아요. 그리고 뭔가 해 보고 싶은 것들이 막 생겨나요. 외국어도 배우고 싶고, 일도 하고 싶고, 여행도 하고 싶고, 기타도 배우고 싶고……."

사우는 "무슨 백신이 내 몸속으로 들어왔는지 모르겠다."며 "뭔가 해 보고 싶은 것들이 막 생겨난다."고 말한다. 고모네에서 살던 때와 달리 생판 남의 집에서 생의 감각을 회복한 것이다. 찔레꽃 씨 역시 "나보다 어리고 가진 것도 없는데, 그들은 자신들이 감당할 수 없는 아픔을 꿋꿋하게 이겨 내면서 살아가는데, 나만 너무 힘들다고 생색냈구나. 아, 더 잘 살아야겠구나! 그런 생각을 하다 보니 뭔가 힘이 생기기도 했어."라고 말한다. 각자의 상처를 얘기하고 들어 주면서 그들의 상처는 치유된 것이다.

> "네 방에 커튼 달아 줄게. 다 완성됐어. 기대해도 돼. 미미가 디자인했는데…… 너도 맘에 들 거야." (중략)
>
> "기대해라. 그리고 우리 여행 가자. 우리 식구 다 같이. 그러고 보니 아직 가족 여

청소년 소설 즐겁게 읽기

행 한 번 가지 못했네. 난 아직 비행기 한 번도 안 타 봤어. 어때? 좋지?" (248쪽)

찔레꽃 씨는 사우의 방에 커튼을 달아 주겠다고 한다. 성경을 찢어 햇빛을 가렸다고 폭행하고 저주하는 고모와 상반되는 찔레꽃 씨의 행동은 그를 깊이 이해해서 나온 것이다. 그녀가 사우에게 가족 여행을 함께 가자고 한 건 그를 가족으로 받아들였다는 의미이다.

겉만 보고 사탄이라고 저주하는 고모와 내면의 아픔을 보듬어 준 찔레꽃 씨는 가족의 의미를 생각해 보게 만든다. 혈연이나 법으로 맺어졌다고 해서가 아니라 서로를 이해하고 배려하며 따스하게 감싸 주는 이가 가족이다.

찔레꽃 씨의 사랑으로 건강을 회복하게 된 사우는 자신과 같은 상황에 있는 인영에게 힘을 주고자 한다. 그 역시 같은 교사에게 성추행 당해 자퇴했다. 다른 아이들은 여당 국회의원을 지낸 사람을 포함해 세 사람을 변호사로 둘 정도로 부유한 교사를 피해 전학 갔지만, 인영이는 자기까지 그러면 또 다른 아이들이 "그 악마한테 상처를 입을 것"이라면서 힘들게 재판을 이어 간다. 사우는 인영이와 같이 싸우기로 했지만, 엄마의 병이 악화되면서 어쩔 수 없이 전학을 간 터였다. 인영이는 어린 나이에 법정에 섰으나 선생님을 이길 수 없었다. 학교 선생님의 무시를 견디지 못한 그는 자퇴하고 그 일로 다투던 부모는 이혼까지 했다. 친구들이 그를 만나려고 했지만, 제주도나 미국에 사는 친척을 만나러 간다는 핑계로 나오지 않는다. 그 역시 사람들과 단절된 채 홀로 살고 있던 것이다.

그런 생각을 하고 있었는데 인영이가 떠올랐다. 갑자기 왜 인영이가 떠올랐는지 그건 모르겠다. 어서 인영이를 만나고 싶었다. 인영이가 어디에 있든 상관없었다. 제주도에 있다고 해도, 미국이나 저 먼 우주의 어느 별에 있다고 해도 달려갈 것이다. 어서 인영이를 만나 나를 보여 주고 싶었다. 그리고 내가 살아가는 이야기를 들려줄 것이다. 그것만큼은 자신 있게 할 수 있을 것 같았다. (248~249쪽)

사우는 '저 먼 우주의 어느 별'에 고립된 채 살고 있을 인영이를 만나 '자신의 이야기'를 들려주고자 한다. 찔레꽃 씨와 속내를 나누며 치유된 것처럼, 자신 또한 그렇게 함으로써 그를 돕고자 하는 것이다. 그러면 이 사회도 조금씩 바뀌게 될 것이다.

정호승은 "나는 그늘이 없는 사람을 사랑하지 않는다"는 시에서 '그늘이 없는 사람', '눈물이 없는 사람'을 사랑하지 않는다고 했다. 아파 본 경험이 없는 사람은 타인을 이해하고 어루만져 줄 수 있는 능력이 결핍되었을 거라고 생각하기 때문일 것이다. 어려움을 겪지 않으면 다른 이의 아픔에 공감하기가 쉽지 않다. 이래서 문학 독서가 필요하다. 직접 겪어 보지 않더라도 간접 체험을 통해 타인의 삶을 추체험하면서 이해의 폭을 넓힐 수 있기 때문이다.

『서울 속의 외계인들』은 성폭력을 당한 피해자의 고통과 극복 과정, 그리고 자기의 경험을 토대로 아픔을 겪고 있는 사람에게 손을 내미는 데까지 나아가는 발전적 인물을 담고 있어 감동을 준다. 미성년자에게 자행되는 범죄는 육체뿐 아니라 영혼을 파괴하는 행위다. 내면의 감옥에 갇혀 '그늘'과 '눈물' 속에 사는 아이가 더 이상 나오지 않도록 하는 것과 더불어 무지와 몰이해로 벼랑 끝으로 밀고 있지 않은지 돌아볼 일이다.

청소년 소설 즐겁게 읽기

안 들리는 게 특별한 능력이라니

정은, 『산책을 듣는 시간』, 사계절, 2018

드라마 중 역대 최고 시청률을 기록하며 신드롬을 일으켰던 〈SKY캐슬〉이 끝났다. 명문대에 입학시키고자 하는 부모의 욕심을 이처럼 적나라하게 보여 준 작품은 없었다. 그런데 시청자들은 부모 때문에 망가지는 자식을 보면서도 오히려 그런 부모를 선망하는 듯도 하다. 한 신문사에서 설문조사를 했는데, 드라마를 보고 난 후 학습 코디의 지도나 개인 컨설팅을 받으면 좋겠다고 응답한 수치가 48%, 사교육 업체에 직접 문의했다는 사람이 10%, 이전보다 사교육을 더 시켜야겠다는 의지가 강해졌다는 사람이 24%로 나타났다. 가정이 파탄 나는 걸 보면서도 명문대에 입학시키려는 부모가 이렇게도 많은 곳이 우리 사회다. 삶의 부담이 온전히 개인에게 달려 있다는 불안과 공포가 이성을 마비시킨 까닭이다.

획일적인 교육과정에서 벗어나 창의적이고 다양한 교육을 할 수 있는 혁신학교 지정을 결사적으로 반대하는 학부모들의 시위는 혁신학교가 진학에 별 도움이 되지 않으리라는 계산에서 나온 것이다. 그들은 진로 탐색 체험, 소질과 적성을 개발하는 동아리 활동, 다른 사람을 배려하고 돕는 봉사 활동은 최소화하고 오로지 공부에만 매진하길 바란다. 아무리 학생 중심의 행복한 학교라도 입시와 관련이 없다면 환영하지 않는 게 현실이다.

이런 상황에서 청소년이 겪는 고통과 압박감은 상상을 초월하는데 학교 폭력과 자해의 증가가 그 증거다. 교권 약화와 생활지도의 어려움으로 명 퇴하는 교사가 느는 것도 같은 맥락이다. 지난해 학생 정서 행동 특성 검 사에서 자해 경험을 조사한 결과, 중학생 100명 중 7.9명이 유경험자로 나 타났다. 손톱을 씹거나 머리카락을 뽑는 것은 약과고 몸에 상처를 내는 아 이가 폭발적으로 늘고 있다고 한다. 위의 드라마에 자해 장면은 없었지만, 고등학생의 방에서 둔탁한 소리가 나고 커터 칼이 있다는 것만으로 자해 하는 것이라 짐작하는 사람이 많았다니, 청소년 자해가 얼마나 심각한지 알 수 있다.

본격적으로 청소년 소설이 등장한 지 벌써 20년이 넘어가고 있지만, 주 인공이 장애인인 작품은 「캐모마일 차 마실래?」(김인해, 『외톨이』, 푸른책 들, 2010)를 제외하면 거의 없는 것 같다. 반면, 진부하다는 비판을 받으면 서도 학업 때문에 부모와 불화하고 일탈하는 인물은 여러 작품에 등장한 다. 그만큼 대다수 청소년이 성적으로 고통을 받고 있다는 얘기다.

제16회 사계절 문학상 수상작인 『산책을 듣는 시간』은 장애인의 시선으 로 쓴 작품이라는 점에서 의미가 있다. 일반적으로 장애인이 등장하면 장 애를 극복하는 모습을 감동적으로 보여 주거나 장애인을 이해하도록 이끌 려고 한다. 이 작품도 주제 면에서는 그 범주에 든다. 그런데 장애를 능력 의 결여나 불편이 아니라 특별한 능력으로 생각하게까지 만든다는 점에서 다른 작품들과 차별성을 갖는다. 그럼, 작품의 줄거리를 살펴보자.

고등학교 3학년인 수지는 청각 장애인이다. 태어난 지 열 달 후에 고열 로 청력을 잃었다. 대학생을 대상으로 하숙하는 엄마와 할머니 그리고 고 모와 같이 살고 있다. 엄마는 서류상 결혼한 적이 없다. 미혼모인 것이다.

행방을 알 길 없는 아빠 얘기를 꺼내는 것은 금기다. 하지만 엄마가 미혼모라는 것은 이 소설에서 전혀 문제되지 않는다. 시가에서 살고 있기도 하지만, 엄마와 자식의 삶은 별개이기 때문이다.

수지는 장애인이지만 불편을 거의 느끼지 못한다. 집의 시설은 그녀에게 맞춰져 있고 가족끼리는 간단한 수화로도 의사소통이 다 된다. 특수학교에 들어가자, 엄마는 수화를 못 배우게 하고 구화만 사용하게 한다. 보통 사람들과 어울려야 한다고 생각하기 때문이다. 그래서 수화를 사용하는 아이들과 어울리지는 못했지만, 맹인견과 함께 다니는 한민과 친해진다. 그는 색깔을 보지 못하고 명암만 구분하는데, 햇빛이 강하면 눈을 뜰수 없어 선글라스를 쓰고 다니는 시각 장애인이다. 큰 불편 없이 살던 수지는 차가 오는 소리를 못 들어 교통사고 당한 것을 계기로 인공 와우 수술을 받게 된다.

수술 후 많은 것이 바뀐다. 특수학교에서 일반 학교로 전학 가고, 얼마되지 않아 자퇴한다. 공부에 흥미가 없어 수업 내용을 따라갈 수 없었기때문이다. 할머니는 돌아가시고, 엄마는 자신의 꿈을 찾아 미국으로 공부하러 떠난다. 홀로 남겨진 그녀는 할머니가 남긴 얼마 되지 않은 돈으로고시원 방을 얻고 생계를 도모한다. 중학교 졸업장이 전부인 그녀를 받아주는 곳은 없다. 그녀는 평소에 좋아하던 산책에서 착상을 얻어 한민과 함께 사업을 시작한다. 비장애인 신청자가 시각장애인인 한민과 산책하며그에게 보고 느낀 것들을 자세히 설명하는 프로그램이다. 수지는 그 사업을 하며 자신에게는 변화시킬 힘이 내재해 있으며, 삶은 시선과 태도의 문제라는 것을 깨닫는다.

위의 줄거리에서 보다시피 이 소설의 내용은 크게 두 부분으로 나눌 수 있다. 수지가 인공 와우 수술을 받기 전과 후의 세계가 그것이다. 분량 면에서도 거의 절반으로 나뉘어 있다. 수술 전은 평화롭고 행복한데, 후는 불편하고 시끄러운 세계로 서술된다. 작가는 장애를 능력의 결여가 아니라, 그만의 개별성인 것으로 느끼게끔 이끈다. 수화를 불편한 것이 아니라 아름답고 매혹적으로 그린 것이 한 예다.

> 입술의 모양과 손짓과 눈빛으로 대화하는 것이 아름답다. 뜨개질하듯이 손으로 말을 엮는 게 좋고, 서로의 눈과 입술을 보며 집중하는 게 좋다. (7쪽)

> 간혹 다른 친구들이 수화로 대화하는 걸 보게 될 때도 있다. 하지만 그건 엿볼 수 있는 게 아니었다. 손뿐만 아니라 온전한 눈빛과 입술로 마주 보고 이야기를 나눠야만 수화다. 말로 하는 언어는 수화에 비해서 폭력적으로 느껴졌다. 한 사람뿐만 아니라 누구나 들을 수 있기 때문에. 엿들으려고 하지 않아도 들을 수 있다는 점에서 폭력적이고 다정하지 않았다. (35쪽)

> 이 세상에는 귀가 들리는 사람이 있고 그렇지 않은 사람도 있는데, 그건 못 듣는 게 아니라 안 들리는 능력이 있는 거라고. 모두가 가지고 있는 능력이 없는 게 아니라, 특별히 안 들리는 능력이 더 있는 거니까 신비한 일이라고. 나는 축복받은 거라고. (65쪽)

수화는 다정하고 평화로운데 말은 폭력적이라거나, 안 들리는 게 특별한 능력이라는 전복적인 말에 수긍하게 만든 것은 작가의 능력이다. 듣지 못하는 대신 '구름이 흘러가며 내는 소리', '물결이 번져 나가는 소리'를 아

청소년 소설 즐겁게 읽기

는 능력을 지녔다고 말하는 데 이르러선 그녀가 특별한 능력을 지닌 것처럼 느껴지기까지 한다.

전색맹인 한민이도 색깔을 알아보지 못하는 대신 '흑백 명암 단계를 몇 배는 풍부하게 구분'하고 '명암과 질감과 움직임과 깊이를 더욱 뚜렷하게 인지'할 수 있다. 냄새로 사람을 구분하기도 한다. 그래서 이들은 굳이 장애에서 벗어나려 하지 않는다. 수지는 인공 와우 수술을 안 하려 했고, 한민은 색을 볼 수 있는 안경을 쓰지 않겠다고 한다.

수술 후 수지는 '소리가 들린다는 것은 생각했던 것보다 훨씬 나쁘다.'고 느낀다. 너무 시끄럽다는 것이다. 그리고 그 전보다 사람들의 관심이 줄어들어 훨씬 외로워졌다고 말한다. 그래서 종종 인공 와우 장치를 꺼 '아늑하고 편안하며', '고요하고 평화로운' 세계로 침잠한다.

그렇다고 작가가 장애인의 세계를 유토피아인 양 미화해 현실을 왜곡한 것은 아닌지 의심할 필요는 없다. 수지와 한민은 본인들의 한계를 충분히 느끼고 있다. 수지는 자신이 '강아지처럼 사랑받고 있'고, 부모에게 학대받는 불쌍한 아이에게서마저 동정받는 처지라는 것을 인지한다. 한민도 "평생 누군가의 도움이 필요한 사람이고 그걸 인정할 수밖에 없다."고 말한다. 그는 오래도록 우울증 약을 복용하고 심지어 요절을 바라기도 한다. 하지만 수지는 그런 시선을 개의치 않으며, 한민이 우울증인 이유는 따로 나오지 않지만 "꿈에서라도 색을 볼 수 있는 안경을 쓰지 않겠다."는 말에서 보다시피 장애 때문이 아닌 것으로 보인다.

이 책은 사람을 장애 아니면 비장애로만 구분하던 좁은 시야를 넓혀 준다. 흑과 백 사이에 무수히 많은 색이 있는 것처럼, 장애와 비장애 사이에는 사람 수만큼이나 넓은 스펙트럼이 있다는 데 동의하게 될 것이다. 완벽한 선인과 악인이 없듯 완벽한 비장애인과 장애인도 없고, 누구나 그사이 어디쯤 자리한다는 것을, 장애는 정도의 차이라는 것을 알게 되면 조금은 겸손해진다.

이 책의 메시지는 거기에 그치지 않는다. 청각 장애인인 수지와 시각 장애인인 한민의 친교는 수지가 '내가 보고 듣는 것과 다른 사람이 보는 듣는 것이 다르다.'는 것을 이해하고 인정하도록 이끈다. 이는 모든 사람이 받아들여야 하는 삶의 태도이기도 하다. 이 책이 장애 유무를 떠나 독자에게 와닿게 되는 것은 이처럼 보편적인 삶의 지혜를 담고 있기 때문이다.

또한 "사람들과 멀어지지 않으면서 가깝게 다가가는 어떤 지점을 찾아내 적절한 거리를 유지하는 것이 중요하다."거나 "좋아하는 친구들한테 행동하는 방식으로 자신에게 행동하고, 자신을 대하듯 다른 사람을 대하라."는 할머니의 말은 삶에서 우러나온, 칸트의 정언명령을 듣는 듯한 울림을 준다.

수지가 소리 대신 발의 진동과 발걸음의 숫자로 공간을 지각하고, 노래로 지도를 만들어 지리를 익힌다는 이야기는 장애를 다른 관점으로 보게 하며, 삶에 대한 성찰이 담긴 경구가 곳곳에서 빛을 발하는 장점에도 불구하고 아쉬운 대목도 있다. 수지는 흔치 않게도 장애인과, 온전하게는 아니지만 비장애인 양쪽 세계를 경험하는 인물이다. 책의 분량도 거의 절반씩 할애하고 있다. 그렇다면 장애인으로서의 수지뿐 아니라, 새로운 세계에 접어든 수지가 세상과 직면하며 정체성을 모색하는 과정도 담아내야 한다. 장애의 세계를 색다른 시각으로 보게 한 것처럼, 일반인으로 적응하는 과정을 담았다면 전반부의 생동감과 긴장감이 끝까지 유지되었을 것이다. 수지는 수술 후 특수학교에서 일반 학교로 전학한다. 이때야말로 현실 세계의 복잡함과 어려움에 눈을 뜨고 그에 맞서 나갈 소중한 기회인데도, 학업에 흥미가 없고 대학에 갈 생각이 없다며 자퇴해 버린다. 그 후 그녀가 하는 일이라곤 한민이의 수업이 끝나길 기다리거나 할머니 친구를 돕는 일을 할 뿐이다. 세계를 주체적이며 독창적으로 구축하던 인물이 지루하고 보조적인 인물로 바뀐 것이다.

소설의 후반부는 수지가 새 일을 시작하기 전까지, 한민과 기타를 배우고 노래 한 곡을 만드는 것과 할머니와 관계된 일화로 거의 채워진다. 이런 것이 의미 없다는 얘기는 아니다. 위에서도 말한 것처럼 할머니의 경험에서 우러난 말들은 그것대로 귀 기울일 만하다. 일반 학교로 전학 간 수지의 서사를 중점적으로 담았다면 내용이 더 풍부해졌으리라는 것이다. 타자의 시각으로 바라본 학교는 색다르고 신기하므로 일상적으로 지나쳤던 학교의 문제를 부각할 수도 있다. 수지를 주체적이고 독립적으로 살게 하려면 할머니의 죽음, 꿈을 찾아 가출한 엄마, 고모의 국외 여행으로 갑자기 홀로 남겨지게 하는 것보다는, 일반 학생들과 부딪치도록 해야 하지 않을까?

이 작품은 장애인을 주인공으로 설정하여 장애인의 정체성과 함께 청소년 소설의 주요 주제인 사랑과 우정, 진로 탐색, 친족의 죽음과 이별 등을 담아 독자가 감정 이입할 여지를 넓혔다. 장애를 능력의 결여나 불편으로 보지 않고 개인의 특성이란 점을 성공적으로 부각했으며, 인물이 주체적으로 성장하는 면모를 보여 줬다. 수지가 한민이와 기획한 '산책을 듣는 시간'이라는 사업은 현실에서 이루어질 수 있을 것 같다는 생각이 들 정도로 매력적이다. 실제로 비용을 내면서 해외까지 봉사 활동을 가는 사람들이 많기 때문이다. 이 프로그램에 참여했던 사람들은 '마음을 열고 낯선 감각으로 세상을 보'면서 '가라앉아 있던 감각'들이 끌려 나오는 경험을 했다며 자신이 치유되었다고 말한다. 비장애인이 돈까지 내며 봉사했는데, 오히려 장애인이 그들에게 베풀어 준 것처럼 믿게 만든다. 장애도 하나의 능력이라는 수지의 말이 결코 자기 위안이나 허세가 아니라 사실임이 증명된 셈이다.

작가가 제시한 프로그램이 허황되거나 실없지 않아 믿음이 간다. 좋은 글은 이처럼 이야기를 믿게 만든다. 소설의 후반부가 아쉽지만, 전반부로 무게가 기울지 않고 전체가 균형을 이루는 것은 이 때문이다. 그렇지만 아무 경험이 없는 아이가 단번에 사업에 성공하고, 갈등 한 번 없이 좋아하는 이와 가까워지고 사랑까지 한다는 것은 판타지에 가깝다. 위기라고 해야 홀로 남겨진 것인데 엄마의 카드를 쓸 수 있고, 할머니도 유산을 남겼기에 나앉을 정도는 아니다. 또 옆에는 오랜 친구가 있다. 위기나 갈등이 없다는 점에서 인공 낙원이라거나 리얼리티의 결여를 지적할 수도 있겠다. 하지만 영화 〈카모메 식당〉으로 유명한 오기가미 나오코 감독의 말을 떠올린다면 꼭 그렇게 볼 것만은 아니다. 그녀의 영화에는 순수하고 착한 사람들만 나온다. 감독은 "영화에서까지 내보내지 않아도 세상에는 악한 사람들이 많고 뉴스에도 안 좋거나 슬픈 소식이 많기 때문에 굳이 내 영화에서까지 사람들이 싫어하는 인물들이 나오지 않아도 되지 않을까."라고 그 이유를 설명한다. 지친 현대인들이 오기가미의 영화에서 쉬어가듯, 자신의 욕망에 부모의 욕심까지 얹은 무거운 책가방을 메고 학교와 학원, 독서실을 오가는 청소년들도 『산책을 듣는 시간』에서 고요하고 평화로운 시간을 보낼 수 있다면 그것으로 충분하다.

영웅의 탄생

이희영, 『페인트』 창비, 2019

영웅의 사전적 의미는 사회의 이상적 가치를 실현하거나 그 가치를 대표할 만한 사람, 어떤 분야에서 보통 사람으로서는 도저히 할 수 없는 일을 이루어 대중으로부터 열광적으로 사랑받는 사람이다. 전자는 신성과 초월성을 지닌 신화 속 인물이나 역사에서 위대한 업적을 남긴 고전적 영웅을, 후자는 연예인, 운동선수, 또는 미디어가 만들어 낸 상업적 영웅을 설명한다.

황연아(「어린이 잡지에 나타난 영웅상의 변화연구」, 1991)는 고전적 영웅을 국가 사회적 가치, 이타적 가치, 자기 발전적 가치를 표방하는 사람으로 나누었다. 이에 따르면 개인적인 안위를 뒤로 하고 타인이나 집단의 발전을 위해 노력하는『페인트』의 주인공 '제누' 같은 노동운동가나 시민운동가도 영웅이라 할 수 있다.

고전적 영웅의 일대기는 주몽 신화에서 보듯 고귀한 혈통을 지님, 비정상적으로 태어남, 비범한 능력을 갖춤, 어려서 버려짐, 양육자 또는 구원자를 만나 다시 살아남, 또다시 위기를 맞지만 승리하여 영광을 차지한다는 구조를 띠고 있다. '제누'의 삶이 이 구조와 똑같은 것은 우연만은 아닐 것이다. "이렇게 훤칠하고 잘생긴 아이"(10쪽)라는 말은 '제누'의 혈통을, "똑똑하고 영리한 아이"(13쪽), "멋지고 똑똑한 아이"(21쪽), "가볍게 던진 말한마디에도 속뜻을 헤아리는 신중한 아이"라는 말들은 그의 비범성을 드러낸다. 태어난 후 버려져 양부모를 만나지만 또다시 시련 앞에 선다는 것과 맞춰 보면 소박한 대로 영웅의 일대기가 완성된다.

지금까지 우리는 청소년 소설에서 성숙하고 의젓한 인물들을 많이 만나왔다. 부모의 사망, 이혼, 경제적 어려움이나 학교 폭력, 친구 사이의 문제에 직면한 청소년이 이를 극복하며 성장하는 내용들은 독자의 공감을 불러일으켰다. 하지만 '제누'처럼 사회의 문법에 따르지 않고 자신의 길을 만들어 가는 인물은 찾아보기 힘들었다. 현실적 어려움에 어쩔 수 없이 내몰린 청소년의 아픔을 말해 오던 청소년 소설이 주체적이고 독립적으로 살아가는 청소년을 조명하기 시작했다는 것은 그만큼 다양한 청소년의 삶에 귀 기울이고 있다는 증거다.

열일곱 살인 '제누' 301은 NC(Nation's Children) 센터에서 지낸다. 그의 이름은 태어난 달과 고유 번호가 합쳐진 것이다. 아이를 잘 낳지 않고, 낳아도 키우지 않으려는 사람이 늘자, 국가는 특단의 대책을 세운다. 부모가 직접 키우기를 원치 않는 아이들을 데려와 키워서 입양시키는 것이다. 보호시설은 크게 세 곳으로 분류된다. 갓난아이부터 미취학 아동을 관리하는 퍼스트, 취학 후부터 열두 살까지가 사는 세컨드, 그리고 열세 살부터 열아홉 살까지의 아이들이 머무는 라스트 센터가 그것이다.

어려서 입양되면 아동 학대 같은 여러 문제점이 생기기 때문에 이들은 열세 살이 돼야 입양될 수 있다. 이곳 아이들은 빨리 입양되기를 바라는데 센터 출신임이 알려지면 사회에 나가서 심한 차별을 받기 때문이다. 열다섯쯤이면 입양돼 나가기 때문에 '제누'처럼 열일곱 살까지 남아 있는 경우는 거의 없다. 미래를 위해 센터를 나가려는 아이의 요구와 나라에서 주는 지원금과 연금을 받으려는 사람들의 필요가 결합해 가족이 만들어진다.

『페인트』가 펼쳐 내는 세상은 얼핏 헉슬리의 『멋진 신세계』를 떠올리게 한다. 부모가 없는 아이를 정부가 키운다는 설정 때문이다. 하지만 공통점은 거기까지다. 『멋진 신세계』가 인공수정을 통해 아이를 낳고 국가의 수요에 따라 아이들을 철저하게 양육하는 가상 세계를 그린 반면, 『페인트』는 홀로그램, 로봇, 멀티 워치 사용 등 SF적인 요소들을 배치했지만, 우리의 현실에 단단히 발을 딛고 있다. 거창해 보이는 NC 센터는 보육원의 다른 이름일 뿐이다. 휴가철과 크리스마스에 임신돼 버려진 아이가 많다는 것, 열여덟이면 센터에서 나가야 되고, 그 출신은 사회에서 엄청난 차별에 직면한다는 것은 보육원의 현실 그대로다. 우리나라 입양의 실질적 성립 요건을 보면 '당사자 사이에 입양의 합의가 있는 때'라고 돼 있어서 부모를 면접해 입양을 결정한다는 설정이 기존의 인식 체계를 뒤흔드는 상상의 산물이라고 할 수도 없다.

그렇다면 왜 작가는 굳이 SF라는 외피를 빌려 왔을까? 이런 장치들은 소격 효과를 통해 현실을 낯설게 함으로써 문제점을 더욱 잘 보이게 한다. 보육원 출신 아이들에 대한 부당한 차별과 혐오, 자녀를 부모의 소유물로 여기는 전근대적 가족관이 도드라지게 보이는 것은 이 때문이다.

NC 센터에서 근무하는 사람들에게 가장 중요한 것은 아이에게 부모를 찾아 주는 것이다. 물론 좋은 부모를 만나게 해 주려는 것도 있지만, 위에서 언급한 것처럼 앞으로 직면할 차별에 노출되지 않도록 하기 위해서이다. 'NC 출신을 향한 사람들의 혐오는 공기처럼 퍼져' 있으며 그들을 '잠재적 범죄자'라고 여기는 사람들도 있으니 말이다.

아이를 입양하려는 사람은 많다. 진심으로 아이를 원하는 사람도 있지만, 나라에서 주는 혜택을 받으려고 접근하는 이들도 있다. '제누'가 처음 면접한 사람들도 그런 부류다. 그런데 '제누'가 그들을 거절한 이유는 그것 때문이 아니다. 그들은 '제누'를 가엾고 불쌍한 아이로, 시혜적 대상으로 여겼기 때문이다. 동정 아니면 혐오가 NC 센터 아이들을 보는 지배적인 정서라 해도 과언이 아니다.

이 소설에서 가장 흥미로운 점은 아이가 부모를 면접하는 부분이다. 부모 면접(Parent's Interview)을 줄여서 '페인트'라고 하는데, 1단계 대화, 2단계 신체 접촉, 3단계 선물 허용하기를 거쳐 한 달 살아 보고 입양을 결정하기까지 모든 권한은 아이에게 있다. 부모 면접은 독자로 하여금 과연 다음 단계로 이어질 것인가 하는 궁금증과 호기심을 유발함으로써 특별한 사건이 없는데도 이 소설을 몰입해 읽도록 만든다. 또한 아이와 예비 양부모가 만나 가족을 이루어 가는 과정을 통해 좋은 부모와 가족 관계는 어떤 것인지를 생각하게 만든다.

그런데 여기에서 우리가 생각해 볼 점은 왜 작가는 부모를 고를 수 있는 권한을 모든 아이가 아니라 고아에게만 부여했는가 하는 점이다. '부모에게 상처받고 학대받은 기억은 평생을 따라다닌다.'(143쪽)는 구절에서 보다시피 작가는 친부모가 아이에게 나쁜 영향을 줄 수 있다는 점을 충분히 인지하고 있다. NC 센터의 책임자인 '박'의 아버지는 "술만 마시면 손에 잡히는 대로 집어던지고, 깨진 유리 조각으로 일곱 살에 불과한 어린 아들을 위협한 폭군, 술이 깨기가 무섭게 자신이 저지른 일에 몸서리치면서 무릎을 꿇지만, 언제나 그때뿐이어서 밤이 되면 술독에 빠지는 사람, 제대로 먹지도 자지도 못해 앙상하게 뼈만 남은 어린 아들에게 온갖 원망과 푸념을 퍼부었던 병든 사람"(138쪽)이다.

이런 폭력적인 아버지도 문제지만 '제누'를 입양하려는 '하나'의 어머니 같은 사람도 좋은 부모라고 할 수 없다. 그녀는 희생적이고 아이를 위해서라면 무엇이든 하는 사람이다. 그렇지만 자식을 통해 '자신이 갖지 못한 것, 이루지 못한 꿈'을 대리 충족하고 자식을 소유물로 여긴다는 점에서 '박'의 아버지와 마찬가지로 폭력적이다.

이렇게 '15점짜리보다 못한 부모' 때문에 평생 괴로워하는 사람들이 있다는 걸 알면서도 작가는 모든 아이를 데려와 국가가 키워야 한다는 주장을 펴지 않는다. 만약 그랬다면 이 소설은 고로에다 히로카즈 감독의 영화 〈어떤 가족〉처럼 비혈연 가족 구성원 간의 유대감과 신뢰감이 강조되는 쪽으로 진행되었을 것이다. 작가는 새로운 가족관 대신, 좋은 부모는 어떤 것인가를 제시함으로써 가족의 해체를 막는 쪽을 택했다. 작가가 제시하는 바람직한 부모 자식 관계는 종속적이거나, 서열이 없는 친구 같은 사이다. 가족은 독립적이고 평등한 개인의 공동체가 되어야 한다는 것이 그의 전언이다. '제누'와 '하나, 해오름' 부부가 서로를 마음에 들어 하면서도 친구 사이로 남게 된 건 이런 가족관을 반영한 결과다.

'제누'는 여러 번의 면접 끝에 마음에 드는 사람들을 만나지만 NC 센터에 남겠다고 선언한다. 위에서 말한 것처럼 바람직한 부모 자식 관계는 친구 같아야 한다는 생각 때문이기도 하지만, 근본적인 이유는 NC 센터에 대한 차별을 없애는 일을 하기 위해서이다. 그의 생각을 들어 보자.

> 박의 말처럼 어떤 시대든 차별은 존재했다. 그러나 그 차별과 억압을 조금씩 부숴 나가는 것이 우리가 살아가는 이 사회의 발전이기도 하다.

(중략)

"NC 출신에 대한 차별을 없앨 수 있는 건 오직 NC 출신들밖에 없어요."

시간이 지날수록 NC 출신들은 늘어 가는데 사회에서 목소리를 내는 NC 출신은 드물었다. 신분이 바뀌었으니 나설 필요가 없을 것이다. 이를 비난할 수도 없다. 잘 닦인 고속도로를 놔두고 좁고 험한 길을 택하는 사람이 얼마나 있을까. 하지만 찾는 사람이 늘면 언젠가는 좁고 험한 길도 넓고 평평해질 것이다. 시작은 돌멩이 하나를 치우는 일일 것이다. 벌써 누군가는 돌멩이를 멀리 풀숲으로 던지고 있는지도 몰랐다. 뒤에 오는 사람이 걸려 넘어지지 않도록. (194쪽)

'제누'는 입양으로 자신의 신분이 세탁되고, 원하는 만큼 공부를 할 수 있는데도 이를 포기한다. 서로의 필요에 의한 입양은 근본적인 해결책이 아니라고 생각해서이다. 우리가 영웅에게 환호하는 것은 위기를 극복하고 마침내 승리의 영광을 쟁취해서가 아니라, 질 수 있다는 걸 알면서도 도전하기 때문이다. 자신에게 주어진 운명을 피할 수 있는데도 당당히 맞서는 '제누'는 영웅이라 불릴 자격이 충분하다.

'제누'에게서 영화 〈파워 오브 원(Power of One)〉의 주인공 PK를 떠올리기는 어렵지 않다. 남아프리카에서 태어난 PK는 백인으로서 영국으로 유학하여 부귀영화를 누릴 기회를 모두 버리고 흑인의 인권 향상을 위해 홀로 흑인들이 사는 마을로 들어간다. 그가 이런 결정을 한 이유는 한 방울의 물방울이 모여 거대한 폭포가 되는 것을 목도했기 때문이다. 사회적 성공을 추구하는 대신 타인의 권리를 위해 싸우겠다는 '제누'의 결단은 마침내 흑인 사회의 영웅이 된 PK와 다르지 않다.

만화를 그리는 데 특별한 재주를 가진 동료의 아이가 있었다. 엄마가 아

청소년 소설 즐겁게 읽기

침 출근할 때 그림을 그리고 있었는데, 퇴근할 때까지 그리고 있더란다. 만화가가 되겠다는 아이를 부모는 억지로 수학 학원에 보냈다. 의대에 보내기 위해서다. 연극 무대 감독을 하겠다는 제자에게 나는 간호학과를 권했다. 가시밭길이 뻔히 보여서 말리지 않을 수 없었다. 이타적인 길을 간다는 것도 아니고, 자신의 꿈대로 살고자 하던 아이들의 풋풋한 생명력과 역동성은 부모와 교사에 의해 그렇게 순치되었다. 그러니 누가 뭐라든 자신의 길을 가는 청소년은 그 자체로 위대하다. 그 길이 개인의 안위가 아니라 타인의 권리를 위한 것이라면 말할 나위도 없다.

이 책은 '소재를 장악하는 능력과 뛰어난 가독성, 치밀하고 깔끔한 구성력에 만만치 않은 문제의식'까지 갖춘 작품으로 평가돼 제12회 창비 청소년 문학상을 받았다. '좋은 부모와 자식은 어때야 하는가?'로 시작된 질문은 약자에 대한 사회적 차별을 없애려면 어떻게 해야 할까를 거쳐 마침내는 어떻게 살아야 하는가에 당도한다. 『페인트』는 만만치 않은 질문들을 던져 우리를 흔든다. 이런 흔들림은 많아도 좋다.

병든 사회와 청소년의 죽음

박상률, 『세상에 단 한 권뿐인 시집』, 특별한 서재, 2019

　필자가 일반계 고등학교에 근무한 해는 2010년도로, 지금은 종합전형으로 바뀐 입학사정관제가 시작된 지 얼마 되지 않던 때였다. 성적만 좋은 학생이 아니라 다양한 분야에서 능력이 뛰어난 인재를 뽑자는 것이 입학사정관제의 취지라 했다. 일단, 성적이라는 한 잣대로만 평가하지 않고 소질과 적성을 고려하여 뽑는다는 점에서 환영했지만, 그것을 어떻게 측정할 것인지 의아했다. 내신이 별로 좋지 않은 학생이 한 박스 분량의 진로 관련 활동으로 명문대에 입학했다는 둥, 자소서나 학생부가 중요하다는 등의 얘기가 들렸다. 도대체 입학사정관이 학생을 뽑는 기준이 무엇인지 알 수 없었다. 고교등급제가 있다는 말이 있었고 실제로 모 대학에서 특목고 학생을 우대한 결과가 나오기도 했지만, 우리는 모순점을 찾기보다 그저 주어진 환경에 발 빠르게 적응하려고 부산했다.

　선발 과정이 공개되지 않자 불안한 학부모들은 고액 입시 컨설팅에 매달렸고, 학생들은 어떤 것이 도움이 될지 몰라 공부는 공부대로 하면서 비교과인 자율 활동, 동아리, 봉사, 진로 활동에 목숨을 걸었다. 내신과 수능, 논술 세 가지를 죽음의 트라이앵글이라고 했었는데, 입학사정관제는 학교 생활 모든 것을 전방위적으로 평가하기 때문에 더 과중한 부담이 되었다.

학생들은 밤 10시까지 자율학습을 하면서 수행평가 과제를 하고, 각종 대회에 참가해야 했으며, 그 와중에 동아리 활동을 했고, 봉사 활동 증명서도 제출해야 했다. 이런 활동을 하려면 일찍 수업이 끝나야 하지만, 어떻게 된 게 입학사정관제가 들어오기 전이나 후나 하교 시간은 같았다.

3학년 1학기 기말고사가 끝나면 자소서와 교사 추천서를 쓰느라 북새통이었다. 자소서에 전문가 손을 빌리는 학생도, 주례사 같은 추천서를 쓰는 교사도 있었다. 그걸 신뢰하지 않는다는 걸 알면서도 어쩔 수 없었다.

모든 에너지를 자소서 쓰는 데 바친 학생들은 원서 접수가 끝나면 기력이 쇠잔해 버렸다. 수업 시간엔 대부분 잠을 자거나 면접 준비를 했다. 하긴 수업을 들을 필요도 없었다. 수능점수가 필요하거나 정시 준비를 하는 학생은 극소수여서 교실은 그야말로 전쟁이 끝난 후처럼 황폐했다. 지금까지도 학교 상황은 거의 변하지 않았다.

수시가 공정하지 않다는 이들은 이가 자본력을 가진 상위 계층에게 유리한 방식이기 때문이라고 한다. 일부 맞는 말이다. 드라마 〈SKY캐슬〉처럼 입시 코디네이터가 조언하고, 학교생활을 관리해 주면 훨씬 나을 것이다. 하지만 고소득층이 유리한 건 정시도 마찬가지다. 어렸을 때부터 사교육을 집중적으로 하고, 족집게 강사에게 수업받은 학생이 좋은 성적을 얻게 될 것이다. 정시는 물고기와 다람쥐, 표범을 같은 출발선에 놓고 달리라는 것과 같다. 상황과 사정이 각자 다른데, 출발선이 같으니 공정한 거라고 할 수 있을까?

현재 수시의 문제는 공정성보다도 학생들을 과도하게 힘들게 하는 데 있다. 시행착오를 겪으며 부모의 배경이나 능력이 영향을 미칠 수 없도록 학생부 기재 요령은 바뀌었다. 수능만으로 대학에 간다면 공부에만 집중할 수 있는데, 내신과 비교과, 수능까지 신경 써야 하니 새벽까지 깨어 있기 일쑤다. 학생들의 부담감은 이루 말할 수 없다.

그렇다 하더라도 정시를 확대하는 것은 교육을 수십 년 전으로 되돌리는 퇴행일 뿐이다. 한 줄로 세우는 시험의 많은 문제점을 보완하면서 겨우 오늘에 이르렀다. 학생들은 동아리 활동을 하면서 자신이 무엇을 좋아하는지 조금 알게 됐고, 봉사 활동을 하면서 타인의 아픔을 느껴 보기도 했다. 학생회를 통해 학교 행사를 주도적으로 이끌면서 학교의 주인이라는 자부심을 갖기도 한다. 학생 활동 중심, 토론 중심 수업을 하면서 수업의 주체로 자리 잡아 가고 있다. 정시가 확대되면 이런 활동 중심 수업 대신 문제풀이식 수업을 하지 않을 수 없을 것이다.

최근 자료에 따르면 3년간 서울대 입학생을 가장 많이 배출한 곳은 서울시 강남구로 전체 입학생의 6.5%였는데, 정시 전형을 통해 진학한 학생만 따지면 11.9%로 높아졌다. 이 수치는 정시가 확대되었을 때 누가 유리한지를 말해 주는 것이다. 정시 문을 넓혀야 개천에서 용이 난다는 것은 허구일 뿐이다. 성적이 좋은 흙수저는 수시에서도 환영받는다.

정시 확대라는 정부 방침을 보면서 이야기가 길어졌다. 실은 정시냐 수시냐의 문제가 아니라, 학교의 서열과 직종 간 엄청난 소득격차가 문제인데 말이다.

인터뷰 중간에 페테르센이 아들 자랑을 늘어놓았다.

"올해 22살인데 열쇠 수리공으로 일하고 있어요."

열쇠 수리공? 평생 식당 종업원으로 일해 온 아버지 밑에서 자란 '출세'한 아들의 이미지를 떠올리던 나는 솔직히 좀 의아했다. 그러나 페테르센은 되레 이렇게 말

청소년 소설 즐겁게 읽기

했다.

"한 번도 아들이 판검사나 의사나 교수가 되길 바라지 않았어요. 열쇠 수리공이 사회적으로 얼마나 필요하고 의미 있는 직업입니까?" (29쪽)

밀보는 대학을 다니지 않았다. 대학에 가야 할 필요성을 느끼지 못했다고 했다. 그의 친구들도 20~30퍼센트만 대학에 갔다. 덴마크는 대학 진학에 대한 문화 자체가 우리와 다르다. 각종 직업학교에서 실속 있게 전문 교육을 받아 사회에 나가는 이들이 많다. 그래도 대학을 졸업해 의사나 변호사가 된 친구들을 보면 부럽지 않을까?

"덴마크 사람들은 모든 사람이 평등하고 중요하다고 믿습니다. 사장이나 노동자나 다 중요하다고 생각하죠. 사장 없이 노동자 없고 노동자 없이 사장 없지 않습니까? 양쪽 모두 필요하고 똑같이 사회의 중요한 구성원이죠." (35쪽)

"덴마크에서는 대학 간에 서열이 없습니다. 명문대와 비명문대의 구분이 없다고 봐야 하죠. 대부분이 국립대학인데 대학별로 특성화된 학과가 있어요. 예를 들어 로스킬레 대학은 인문학과 사회학이 장점이고, 코펜하겐 대학은 자연과학과 법학이 강합니다. 이렇게 국립대학들이 서로 역할 분담을 하고 있고, 각 대학은 자기의 강점이 분명하기 때문에 서열이 필요 없어요." (211쪽)

윗글은 우리가 만들어야 할 사회가 어떤 모습인지를 보여 주려고 『우리도 행복할 수 있을까』(오연호, 오마이북, 2014년)에 나온 내용을 옮긴 것이다. 덴마크에서 식당 종업원인 아버지는 열쇠 수리공인 아들을 자랑스러워하고, 택시 운전사는 전문직을 그다지 부러워하지 않는다. 대학에 가는 이도 많지 않다. 사람은 모두 평등하고, 모든 직업이 소중하다고 생각하기에 누구나 자부심을 느끼며 일한다. 우리는 이 나라의 '에프터 스콜레'를 빌려 와 직업을 탐구하는 자유학년제를 만들었다. 이 기간에는 지필 평가를 보지 않는다. 그렇다고 학생들의 성적 압박감이 줄어드는 건 아니다. 설령 자기의 소질과 적성에 맞는 직업을 찾았다 하더라도 결국 공무원 시험에 매달린다. 대학 졸업생이든 아니든, 의사든 열쇠 수리공이든, 소득 격차가 크지 않은 덴마크의 시스템은 받아들이지 않았기 때문이다.

청소년 소설은 청소년의 목소리를 들려준다. 그 목소리는 대체로 고통스러운 절규가 많다. 현실의 청소년이 그렇기 때문이다. 박상률의 「이젠 됐어?」도 그런 소설 중 하나다. 『세상에 단 한 권뿐인 시집』에 실렸다. 몇 년 전 실천 문학에서 출간됐다가 이번에 다른 출판사에서 다시 나왔다. 오래전 작품인데도 그렇게 느껴지지 않은 이유는 청소년을 둘러싼 환경이 전혀 변하지 않았기 때문이다.

작가 박상률은 『봄바람』을 시작으로 『나는 아름답다』, 『밥이 끓는 시간』 등 청소년 소설을 주로 써 왔다. 이 책에는 표제작인 「세상에 단 한 권뿐인 시집」을 비롯하여 「이젠 됐어?」, 「가장의 자격」, 「눈을 감는다」, 「너는 깊다」, 「국민건강영양보급업자가 낚지 못한 것」 등 여섯 단편이 들어 있다.

「세상에 단 한 권뿐인 시집」은 고등학교 문학 교과서에 실린 작품으로 첫사랑과의 미묘한 어긋남을, 「가장의 자격」은 아버지를 교통사고로 잃은 특성화고등학생이, 학업과 아르바이트 사이에서 고민하는 내용을 그렸다. 「이제 됐어?」는 성적 때문에 어머니와 갈등하다 자살한 고등학생이 주인공이고, 「눈을 감는다」는 광주민주화운동에 진압군으로 참가했다 양심 고백을 한 후 이적 행위를 했다는 이유로 불명예 제대한 아버지 때문에 왕따로 고생하다 극단적 선택을 한 학생의 이야기이다. 「너는 깊다」는 호감을 느긴 동성 원어민 선생님에게서 자신을 사랑하는 법을 배운다는 내용이고, 「국민건강영양보급업자가 낚지 못한 것」은 개들이 무서워 벌벌 떠는 개백 정이라도 피 끓는 청춘의 연애에는 속수무책이라는 점을 유머러스하게 그 렸다. 총 여섯 편 중 두 편이 자살을 다뤘다. 그만큼 청소년의 고통이 극심 하다는 증거다.

청소년이 자살을 생각하는 원인은 가정적, 심리적, 학교 환경 요인으로 나눌 수 있는데, 이 세 가지는 서로 연관돼 있다. 부모의 폭력과 학대, 부모 와의 갈등이나 경제적 빈곤이 아이에게 우울과 불안, 공포심을 심어 줘 학 교생활에 영향을 미치고, 학교에서 왕따나 괴롭힘을 당한 학생이 부모와 불화하며 자살을 기도하기 때문이다.

여기에서 다룰 작품은 「이제 됐어?」이다. 주인공 정은은 외국어고등학 교에 다닌다. 그녀의 엄마는 '대한민국에선 대학이 인생의 전부'라고 생각 하며, 딸의 모든 것에 간섭한다. 영어 점수가 90점 맞았다고 학원을 옮기 게 하고, 학원에 제대로 다니는지 점검하며, 공부 외에는 아무것도 못 하 게 한다. 대학을 나오지 못한 엄마의 바람은 오로지 딸이 명문대에 가는 것뿐이다.

정은은 밤늦게까지 입시 준비를 해 외고에 가까스로 합격한다. 그러고 나면 행복할 줄 알았지만, 엄마의 압박 때문에 만성 불안증에 시달린다. 그녀는 화가 뭉크의 전시회에서 〈절규〉와 〈사춘기〉라는 제목의 그림을 보 고 깊이 공감하는데 그 그림에 나타난 불안과 공포, 두려움이 자신의 마음 같다고 느끼기 때문이다.

학교도 그녀에게 재미를 주지 못하기는 마찬가지다. 담임은 "일류 대학 에 들어가야 배우자 직업이 달라지고, 아파트 평수가 달라지고, 자동차 배

기량이 달라지고, 노는 장소도 달라진다."라고 다그친다. 돈을 많이 벌어 잘 먹고 잘살기 위해 공부해야 한다는 담임의 천박한 생각은 엄마의 그것과 다름없는데, 이들은 바로 우리의 초상이다.

정은은 어느 날 학원을 빠지고 특성화 고등학교에 다니는 친구 은영을 만난다. 은영은 성적이 좋았지만, '자신만만하게 자기 길'을 찾아 특성화 고등학교에 갈 정도로 야무진 아이다. 그런 은영마저 열등감과 패배 의식에 젖게 만드는 것이 우리의 성적 지상주의다. 교복이 예쁘다고 칭찬하자 은영은 "교복만 멋져! 학교가 후지면 옷이라도 멋져야 아이들이 입고 다닐거 아냐? 옷이 날개라나 뭐라나. 너희 같은 외고생이야 보자기만 걸치고 다녀도 때깔 나잖아!"라고 말한다. 그녀의 특성화고 친구들도 정은을 부러워하는 눈치다. 우리 사회는 이렇게 똑똑하고 당찬 아이들마저 열등감을 느끼게 하는 곳이다.

마침내 전국모의고사에서 정은은 영어 만점을 맞는다. 엄마는 "역시 학원 바꾸길 잘했어! 하지만 한 번 100점 받았다고 방심하면 안 돼! 마음 놓으려면 아직 멀었어. 이제 3학년 때까지 무조건 100점 받아야 돼!"라고 얘기한다. 안간힘을 다해 점수를 올렸는데 엄마는 만족하기는커녕 더 노력하기를 바란 것이다. 그 말을 들은 정은은 조용히 방으로 들어가 엄마의 휴대 전화에 "영어 100점 맞았으니까, 이제 됐어?"라는 문자를 남기고 아파트에서 떨어진다.

의사인 김현수는 『괴물 부모의 탄생』(우리학교, 2023)이라는 책에서 정은의 엄마 같은 이를 '괴물 부모'라 명명한다. 이들은 '자녀의 성취에서 경쟁적이며 결과만 강조하고 패배를 허용하지 않는다. 특히 학업 결과 혹은 경쟁의 결과를 중시하는데 결과는 반드시 좋아야 한다.' 저자는 이들 괴물

부모 또한 능력주의 사회의 피해자라고 지적한다.

이 이야기는 2010년 한 외고생이 엄마가 원하는 성적에 도달한 후 '이제 됐어?'라는 글을 남기고 자살했다는 실화에 바탕을 두고 만들어졌다. 이 작품은 성적 지상주의가 있는 한 누구도 행복할 수 없다는 것을 실감 나게 보여 준다. 대학을 나오지 않은 엄마, 야간 대학을 졸업한 아빠는 물론이고, 공부를 잘해 외고에 간 아이도, 자기가 원해 특성화고에 간 아이도 모두 행복하지 않다. 직업 전문 인재를 기른다는 특성화고의 현실이 어떻길래 거기 학생들은 열등감을 갖는 것일까? 같은 책에 들어 있는 「가장의 자격」을 잠시 살펴보자.

아빠가 돌아가셔서 가장이 된 규성이는 특성화고에 진학한다. 집과 재산, 소득이 없지만, 엄마가 있다는 이유로 급식비를 면제받지 못한다. '아예 부모 없이 할아버지 할머니하고 살거나 친척 집에 얹혀사는 아이들이 많기 때문이다.' 그래서 규성뿐만 아니라 대부분의 아이가 아르바이트를 한다. 수업 시간에 아이들이 대부분 엎드려 자는 건, 밤에 일할 체력을 비축하기 위해서이기도 하지만, 수업 내용이 자신의 처지와 달라 도무지 흥미를 느낄 수 없기 때문이다.

많은 이들이 특성화 학교는 대부분 가난하고 공부도 제대로 하지 않는 아이들이 다닌다고 생각한다. 몇 년 전부터 성적이 높은 아이들이 거기에 가기 시작했다. 특성화고에 떨어져서 일반계에 오는 학생들도 많지만, 그곳에 대한 편견이 사라진 건 아니다. 특성화고 졸업생이 실력과 능력만큼 좋은 대우를 받지 못하기 때문이다. 은영이 열등감을 가질 수밖에 없는 것이다.

OECD 국가 중 우리나라 청소년이 자살률 1위라는 사실은 잘 알려져 있다. 아이들은 성적 압박과 학교 폭력에 시달리다 자살을 기도한다. 성적 지상주의와 학교 폭력은 별개가 아니다. 과도한 스트레스와 억압된 분노는 자신이나 타인에게 공격적으로 나타나기 때문이다.

얼마 전 동료들과 이탈리아에 갔다가 교민과 대화의 시간을 가진 적이 있다. 학교 폭력을 어떻게 예방하고 대처하느냐는 우리의 질문에 그분은 이탈리아 학교에는 학교 폭력이 없다고 했다. 설마, 사람이 어울려 사는데 폭력이 없다고? 직업에 따른 소득격차가 그리 크지 않고, 고졸자에 대한 편견도 전혀 없기 때문에 적성에 맞게 직업 고등학교나 대학을 가니 스트레스가 없어 폭력이 일어나지 않는다고 했다. 그분 말을 모두 믿을 수 없지만, 학교 폭력이 개인의 인성 탓이 아니라 학교와 사회의 억압에 의해 일어난다는 것은 설득력 있다. 우리는 학교 폭력을 저지르는 연령이 낮아지고, 늘어나고, 흉포화되는 것을 개탄하며 인성교육진흥법이나 가정과 학교 교육을 통해 이를 막으려고만 했지, 입시나 성적 스트레스를 없애려고는 하지 않는다. 문제는 학교가 아니라 학교 밖에 있다는 걸 모르는 걸까?

청소년 정서 행동 특성 검사 결과를 보면 주의군 학생이 늘고 있다. 공부가 원인인 경우가 태반이다. 관심을 가져달라는, 살고 싶다는 그들의 절규를 우리는 못 들은 체한다. 꽃다운 목숨이 소리 없이 지고 있는데도.

청소년 소설 즐겁게 읽기

청소년에게 건네는 위로

허진희, 『독고솜에게 반하면』, 문학동네, 2020

1. 추리와 판타지의 결합

전학생인 독고솜의 사진에는 구멍이 나 있고, 교과서는 난도질돼 있다. 누가 그랬을까?

이 작품은 학교 폭력으로 시작한다. 그런데 피해자가 평범한 학생이 아니라 특별한 능력을 지닌 마녀다. 같은 반 학생으로 자칭 탐정인 서율무는 범인을 잡으려고 한다.

제10회 문학동네 청소년 문학상 수상작인 『독고솜에게 반하면』은 마법사가 등장한다는 점에서는 『위저드 베이커리』(구병모, 창비, 2012)를, 추리와 판타지의 결합이라는 점에서는 『펜더가 우는 밤』(선자은, 살림, 2011)을 떠올리게 한다. 탐정과 마녀가 짝을 이루게 되면 자칫 사건을 추적하면서 생기는 팽팽한 긴장감과 범인이 밝혀질 때의 짜릿함을 경감시킬 수 있다. 마녀의 힘으로 사건을 간단히 해결해 버릴 수 있기 때문이다. 이 소설은 자연의 질서를 거스르지 않음으로써 그런 위험성을 피해 끝까지 긴장감을 늦추지 않도록 한다.

독고솜을 괴롭힌 범인은 추리나 마법의 힘을 이용할 필요도 없이 금방 밝혀진다. 그래서 우리는 이 소설이 '누가 사건을 일으켰느냐?'가 아니라, '왜 일으켰느냐?'를 탐구하는 것임을 알 수 있다.

학교 폭력은 지금까지 많은 청소년 소설의 중심 소재였다. 청소년의 삶을 뒤흔들 수 있는 파괴력을 가졌기 때문이다. 『독고솜에게 반하면』은 기존의 청소년 소설과 다른 관점으로 이 문제에 접근한다. 초능력자를 피해자로 설정하여 가해자가 들어설 자리, 틈을 확보한 것이다. 피해자가 학교 폭력에 큰 영향을 받지 않기에 우리의 관심은 자연스레 가해자가 왜 그런 악랄한 행동을 했는지로 향하게 된다. 이 소설은 가해자의 목소리를 들려준다는 점에서 다른 작품과 차별화된다.

범인은 공부를 잘하는 우등생이며 반장이자 모범생인 단태희다. 그렇다면 왜 그녀는 그런 짓을 하게 되었을까?

2. 단태희는 어떻게 문제아가 되었나?

> 나는 항상 내 나이 아이들보다 조숙했다. 머리 회전도 빠르고, 말도 조리 있게 잘하는데다가 꽤 눈에 띄는 외모도 타고났으니 인기가 없으려야 없을 수가 없었다. 여자애들은 나를 따랐고 남자애들은 감히 날 건드리지 못했다. 어릴 적에는 힘이 센 덕에 누구에게도 기죽지 않았고 학교에 들어가면서부터는 머리를 잘 굴린 덕에 모두의 존중을 받았다.
> 선생님들도 내 편이었다. 나 같은 애를 반장으로 두어야 일이 수월하게 돌아가니까. (25쪽)

단태희는 학교에서 여왕이라 불리는데 영리하고 예쁜 데다 리더십도 탁월하다. 친구들은 물론 교사의 신뢰도 얻고 있다. 그런데 어쩌다가 친구를 교묘히 괴롭히는 「우리들의 일그러진 영웅」의 엄석대나 「아우를 위하여」의 영래의 후예가 된 걸까?

이 작품에서는 단태희가 일인칭 화자로 나와 자라 온 과정과 자기 내면을 얘기한다. 그렇게 함으로써 독자는 그녀를 이해할 기회를 얻게 된다.

그녀의 엄마는 검은색 옷만 입고, 자신과 친하지 않다는 이유로 새로 이사 온 이웃을 따돌려 결국 이사 가게 만든다. 그 이웃이 독고솜 모녀다. 전문가들은 아동의 폭력 행동은 관찰과 강화 또는 모방의 과정을 거치면서 학습된 결과라고 본다. 성인의 폭력 행위를 관찰하는 것만으로도 대리 학습이 되어 공격성을 학습할 수 있다는 것이다. 전학생을 괴롭히고 따돌리는 단태희의 행동은 그녀의 엄마가 하는 행동과 똑같다.

또한 확연하게 아들과 딸을 차별하는 엄마의 태도도 단태희가 불만을 품고 비행 청소년으로 자라는 토대가 된다. 똑같이 행동해도 아들을 더 소중하게 생각하는 엄마의 행동은 자존심 세고 욕심 많은 그녀를 욕구 불만인 사람으로 자라게 한다.

결정적으로 엄마가 '세상의 이치'라며 가르친 말이 단태희를 어긋나게 만들었다. '아무도 무시하지 못하는 사람, 누구도 건드릴 수 없는 사람'이 되려면 '하기 싫은 일도 하고, 하고 싶은 일도 안 하는 사람'(88쪽)이 되라는 엄마의 가르침은 그것 자체로는 문제가 없다. 아무 때나 제 성질에 못이겨 싸우는 아이에게 엄마로서 충분히 할 수 있는 조언이다. 문제는 엄마의 비인간적인 행동이다. 그 때문에 남에게 지기도 하고, 자기감정도 조절할 줄 아는 강인한 사람이 되는 대신 앞에서는 모범생인 척했지만, 뒤에서는 온갖 나쁜 짓을 하는 문제아가 돼 버린 것이다. 이금이 작가가 "비호감인 인물조차 미워할 수 없다."(당선작 심사평 중에서)고 평한 것은 이런 맥락에서 나온 것이리라.

　문제의 원인을 전적으로 부모에게 돌리는 것은 옳지 않을 수도 있다. 하지만 겨우 열네 살, 중학교 1학년인 아이의 문제 행동이 아이의 잘못이라고만 하기는 힘들다. 청소년이 부모의 절대적 영향력 아래 있다는 사실을 작가는 또 다른 폭력의 희생자인 영미와 율무의 아버지와 고모의 예를 보여 주며 명백히 하고 있다.

3. 가정 폭력의 희생자들

　은영미는 단태희 반 아이로 할머니와 살고 있다. 눈에 잘 띄지 않고 말이 없어 투명 인간 같은 아이다. 그런 아이가 하굣길의 길거리에서 '묻지 마' 폭행을 당한다. 영미의 몸 상태를 드러내는 대화나 서술은 여러 번 나오는데, 이는 그 끔찍함을 강조하기 위한 것이다.

　"온몸이 상처투성이였대. 멍들고 터지고. 정말 무서운 게…… 그냥 길을 걷는데 모르는 사람이 갑자기 때렸다는 거야. 마구잡이로." (91쪽)

　영미의 입술은 찢어진 상처 때문에 퉁퉁 부었고, 갈비뼈가 금이 가서 (96쪽)

　영미의 얼굴은 엉망이었다. 환자복 소매 끝에 드러난 손등도 엉망이었다. 영미의 몸은 드러나 보이는 곳 전부가 퍼렇거나 벌겋거나 검었다. 갑자기 영미가 외마디 소리를 지르며 울부짖는다고 해도 하나도 이상하지 않았다. 하지만 영미는 아무 말도 하지 않았다. 영미의 상처도 영미의 몸도 비명을 지르고 있는 거 같은데 그 비명엔 소리가 없었다. (107쪽)

지금 영미는 폭행당해 그 충격으로 말을 잊은 채 입원해 있다. 범인은 바로 친아버지였다. '예전부터 술만 취하면 다 집어 던지고, 엉망진창 난리'였던 아버지가, '으슥한 골목에 숨어 있다가 딸을 폭행'한 것이다.

그런데 이게 끝이 아니다. 이 소설엔 또 다른 가정 폭력의 희생자가 나온다. 바로 서율무의 아버지와 고모다. 이 남매 역시 어린 시절 친부모에게서 폭력을 당해 도망친 경험이 있다. 성인이 된 고모는 그때를 잊지 못한다.

"그런데 그때 난 누구보다 도움이 필요한 상태였거든, 웃기지. 세상에 상처를 입다 보면 말이야. 가장 도움이 절실할 때에 꼭 필요한 도움의 손길이 찾아와도 선뜻 그 손을 잡을 수가 없더라고. 이미 상처가 많으면 생채기 몇 개 더 난다고 해도 별로 아프지 않을 거 같지만 사람 마음이라는 게 안 그렇거든. 또 상처받을까 봐 겁쟁이가 돼. 마음이 너무 너덜너덜해져서 작은 상처만 더해져도 죽을 거 같으니까. 그때 고모가 그랬어. 고모도 그랬고, 아빠도 그랬지." (116쪽)

가정 폭력은 이처럼 아이의 몸과 마음을 파괴할 정도로 강력하다. 학교 폭력에서 시작된 소설은 '왜'를 탐구하다 가정 폭력에 닿았다. 작가가 하는 말은 분명하다. 아이들은 죄가 없다는 것이다.

짧은 시간 동안 당한 거 같진 않으니, 인적이 드문 장소였을 테고. 범인은 비겁하게 자기보다 약해 보이는 대상을 찾았을 거고 마침 혼자 걷고 있는 영미가 눈에 들어왔을 것이다. 그 순간 영미가 잘못한 건 하나도 없었다. 잘못된 장소, 잘못된 시간, 그런 건 없었다. 단지 잘못된 인간만이 있을 뿐이었다. 아무리 도와달라고 소리쳐도 들어 주는 이 하나 없는 컴컴한 곳에서 영미는 이유 없이 악의에 가득 찬 폭력을 견뎌야 했다. (109쪽)

작가는 청소년을 '이유 없이 악의에 가득 찬 폭력을 견디'는 존재로 보고 있다. 단지 딸이라는 이유로 차별당한 단태희도 예외라 할 수 없다. 우리 사회가 부모의 폭력에 노출된 아이에게 '폭력이 가득 찬 곳', '아무리 도와 달라고 소리쳐도 들어 주는 이 하나 없는 컴컴한 곳'이라는 인식은 이 소설에 초현실적 존재인 마녀가 등장한 결정적 이유라 할 것이다.

4. 우정은 힘이 세다

청소년 소설에서 학교 폭력의 해결 양상은 다양했다. 어른이나 교사의 도움을 받기도 하고(「우리들의 일그러진 영웅」, 『흑룡전설 용지호』, 『완득이』, 「아우를 위하여」), 자퇴하거나(『난 할 거다』, 『서울 사는 외계인들』), 마법사의 뒤로 숨기도 했다(『위저드 베이커리』). 이 소설에선 우정의 힘을 내세운다. 친구들 간의 따스한 우정이 학교 폭력과 가정 폭력으로부터 아이들을 지킨다. 독고솜에게는 율무가, 영미에게는 지민이라는 친구가 있다. 독고솜이 초능력을 가졌다 해도 그것만으론 충분치 않다. 절도범으로 몰려 학교를 그만 두고 싶을 만큼 힘들어 할 때 '그런 일을 겪고 이 텅 빈 집에 솜이 혼자 있는 건 너무한 일이었다.'며 집에 자주 놀러오는 율무가 있어 견딜 수 있었다. 특별한 힘을 지녔다 해도 친구들의 따돌림이 힘들기는 마찬가지라는 점을 서술자는 놓치지 않는다. 그러니 평범한 학생은 말할 나위가 없을 것이다. 율무는 독고솜이 마녀가 아니라 요정이라고 생각한다. 친구란 이처럼 내가 마녀가 아니라 요정이라는 것을 알아봐 주는 사람이다. 초능력보다 힘이 센 것이 우정이다.

자신의 교실에선 '투명 인간'인 영미가 옆 반의 지민이를 찾아가는 장면은 이 소설에서 가장 아름답다.

> 영미에겐 진짜 친구가 있었다. 영미가 좋아하는 진짜 친구. 영미는 쉬는 시간마다 한걸음에 복도 끝 4반으로 향했다. 4반에는 김지민이 있었다. 비록 같은 반은 되지 못했지만 영미와 지민이는 짧디짧은 십 분의 쉬는 시간을 알뜰히 사용했다. 자리에서 소곤소곤 이야기를 나누기도 하고 나란히 복도를 걷기도 하고 함께 화장실을 다녀오기도 했다. 하지만 우리 반 아이들은 아무것도 몰랐다. 아무도 교실을 나서는 영미의 표정이 얼마나 들떠 있는지 몰랐을 뿐 아니라 그 누구도 영미의 빈자리를 눈치채지 못 했다. 오히려 우리 반 애들보다 4반 애들이 영미에 대해 잘 아는 듯했다. 김지민의 친구 은영미. 지민이 옆에서 영미는 존재감 있는 아이가 되었다. (101~102쪽)

'영미가 반 아이들의 무관심 속에서도 꽤 의연'할 수 있었던 것은 바로 단짝인 지민 덕분이다. 위의 대목은 친구가 청소년에게 얼마나 중요한지를 잘 보여 준다.

독고솜과 율무의 도움으로 영미는 끔찍한 일에서 차츰 벗어난다. 율무는 모든 사건에서 방관자가 될 수도 있었지만, 탐정을 자처해 적극적으로 문제를 풀어 간다. 따돌림을 받는 독고솜에게 다가갔고, 눈에 띄지 않는 영미에게 관심을 기울였다. 사건을 추리하여 범인을 찾지는 못했지만, 친구들의 문제를 해결하는 데 핵심적인 역할을 함으로써 탐정의 본분을 다했다.

이젠 마녀의 존재 이유를 살펴볼 차례다. 율무의 아버지와 고모, 그리고 영미가 부모에게 폭행당했을 때 도와준 것은 독고솜과 그녀의 엄마였다. 이들 모녀는 마녀로 '그 어떤 어른도, 경찰도 해 주지 않았던' 일을 했다. 그렇다고 자연의 이치를 거스르거나, 강력한 마법을 쓴 것이 아니다. 손을 잡고 아무 말 없이 눈을 마주 본다거나, "모든 게 해결될 거라고, 안심하라고" 말하는 게 전부다. 피해자는 이들 덕에 용기를 내 '한 발 더 앞으로 내디딜 생각'을 하게 된다. 이들이 나쁜 어른에게 내리는 저주는 고작해야 '원하는 대로 미래가 되지 않'거나, '남은 기간 내내 슬픔에 잠기는' 일 따위다.

이 작품의 매력은 마법을 부리면서도 현실의 질서를 무너뜨리지 않는다는 데 있다. 마녀들이 쓰는 마법이래야 초현실적으로 거창한 것이 아니라 따뜻한 미소와 상대방을 이해한다는 말 한마디이기 때문이다. 생각해 보니 '따뜻한 미소'와 '네 마음 알아'라는 말은 사람의 마음을 움직이는 마법의 힘을 지녔다. 그렇다면 우리 모두 마법을 부릴 수 있는 게 아닌가?

이 소설은 학교 폭력과 가정 폭력을 친구와의 유대감으로 극복한다는 이야기다. 너무 낭만적이고 감상적인 해법이 아니냐고 할 사람도 있을 것이다. 하지만, 아무리 힘들어도 나를 알아주고 이해하는 친구가 단 한 명이라도 있다면 그것으로 충분하다.

그런데 친구의 유대감과 사랑이 학교 폭력과 가정 폭력을 막을 수는 없다. 우리는 아이들을 어떻게 보호할 수 있을까? 『페인트』(이희영, 창비, 2019)처럼 아이를 데려다 국가가 키워야 할까? 아니면 『독고솜에게 반하면』처럼 마법사가 등장해 도와주기를 기다려야 할까?

오늘도 뉴스에는 청소년의 범죄가 넘쳐난다. 폭행, 강간, 살인까지, 잔인하고 끔찍하기 이루 말할 수 없다. 소년법을 폐지하거나 촉법소년의 나이를 낮추라는 요구가 거세다. 당사자는 엄벌을 받아야겠지만 이 책을 읽은 사람이라면 그들만의 책임이라고 할 수는 없다는 점에 동의할 것이다. 개인의 품성도 문제지만, 성적 지상주의, 물신주의, 불평등한 사회구조가 죄의식 없이 범죄를 저지르게 하는 배경이다. 이런 토대를 고치지 않는다면 아무리 처벌이 강력해도 범죄는 반복될 수밖에 없다.

"아이를 키우는 데도, 아이를 학대하는 데에도 온 마을이 필요하다." 영화 〈스포트라이트〉에서 가톨릭 신부의 아동 성폭행을 묵인하려는 사람에게 피해자의 변호사가 한 말이다. 아이를 보호하는 것도, 학대를 방치하는 것도 공동체의 책임이라는 뜻이다. 혹시나 학대받는 아이가 없는지 현관문 너머, 방안까지 살펴보며 관심을 기울여야 하고, 어린아이의 존엄성을 인정하고 존중해야 한다. 이미 내면화된 경쟁주의와 물질 중심주의, 성 차별주의에서 벗어나려고 노력하면서 말 한마디, 행동 하나하나를 조심하는 것은 말할 것도 없다. 청소년의 잘못은 우리 모두의 책임이다.

조용히 귀 기울여 들을 때

정용준, 『내가 말하고 있잖아』, 민음사, 2020

철학자 한병철은 『피로사회』(문학과지성사, 2012)에서 오늘날의 사회는 규율사회가 아니라 성과사회라고 진단했다. '~해서는 안 된다.'는 부정적 사회가 아니라 무한정으로 '~할 수 있다.'는 생각이 지배한다는 것이다. 이런 사회에서는 노력하면 뭐든지 이룰 수 있다는 생각으로 스스로를 착취하다, 아무것도 가능하지 않다는 것을 깨닫고 우울증에 빠지거나 소진 증후군 환자가 된다. 오늘 자 신문에 직장인 85%가 다 타 버리고 재만 남은 것 같은 증상을 겪고 있다는 표제가 보인다. 학생부터 취준생, 직장인까지 피곤을 입에 달고 사는 이가 많다. 그의 진단은 현대에 들어서 왜 우울증 환자나 번 아웃을 호소하는 사람이 많은가를 설명하는 데 유용하다.

『내가 말하고 있잖아』(정용준, 민음사, 2020)는 성과사회의 이면을 보여 주는 문제적 소설이다. 개인의 처지를 고려하지 않은 채 무조건 할 수 있다고 밀어붙이는 사회의 폭력성을 그리고 있다. 청소년 소설이라고 명시돼 있지 않지만, 여타의 청소년 소설처럼 청소년의 고민과 아픔을 핍진하게 형상화하고 있어 우리 청소년에게 읽어 보기를 권하고 싶다.

작가가 현실을 드러내는 방법은 두 가지다. 하나는 있는 그대로를 서술

청소년 소설 즐겁게 읽기

하는 것이고, 다른 하나는 있어야 할 모습을 보여 주는 것이다. 전자를 차가운 소설, 후자를 따뜻한 소설이라고 말해 보면 어떨까? 『내가 말하고 있잖아』는 후자를 택했다. 현실의 가혹함에 방점을 찍는 대신 바람직한 사회를 그리고 있다. 그래서 이 소설의 분위기는 시종 따뜻하다. 그렇다고 인간과 사회 현실을 도외시하고 낙관주의에 머물고 있지는 않다. 차가운 현실을 직시하되 그보다는 바람직한 쪽을 더 많이 그리고 있다는 뜻이다.

주인공은 중학교 1학년 학생이다. 1급 말더듬이인 그의 인생은 '스프링 언어 교정원'을 다니기 전과 후로 나눌 수 있다. 교정원에 다니기 전 그는 '때리고 싶은 친구들의 이름과 죽이고 싶은 어른들의 이름을 0.1초에 한 명씩 생각하고', '증오심과 복수심에 머리가 돌아 버릴 정도'(13쪽)로 고통받았다. 너무나 많이 무시와 조롱을 당했다. 그래서 조금만 친절하면 금방 상대방을 사랑해 버렸다. 오죽하면 '잘해 주기만 하면 돌멩이도 사랑'하겠다고 했겠는가?

설상가상으로 말더듬증을 고치려고 언어 치료소에 다니면서 그는 완전히 세상을 믿지 않게 된다. 이곳은 뒤에 나오는 교정원과 대조를 이루는 곳으로, 성과를 중시하는 우리 사회를 상징한다.

> 그때 담당 선생은 정말로 나를 치료하려 했다. 내 문제를 병이라 여겼고 고치려고 했다. 바이러스를 잡아내고 고름의 뿌리를 뽑아내려고 했다. 말하기가 어려워 다른 단어로 바꾸려고 할 때마다 소리를 질렀고 더듬는 게 괴로워 시도조차 하지 못할 때 계속 **탁자를 탁탁** 때리며 입을 열도록 구석으로 몰아갔다.
>
> 할 수 있어. 할 수 있어. (11쪽, 밑줄 필자)

이곳 선생은 '내' 증상을 병으로 여기고 치료할 수 있다고 여긴다. 노력하면 극복할 수 있다고 믿기에 노력하지 않는 사람을 용서하거나, 용납하지 않는다. 가혹하게 구는 것도 할 수 있는데 못 한다고 여겨서다. "할 수 있다."는 생각은 이처럼 폭력으로 이어지기 쉽다. 우리는 체육계의 고질적인 선수 폭행도, 가정의 체벌도 다 성과를 내려고 한 일이라는 그럴듯한 이름으로 묵인해 왔다.

그런데 '나'는 그가 아무도 없는 곳에서 통화하며 심하게 더듬는 걸 목격한다. 자신도 '얼굴이 빨개진 채로 절대로 하지 말라던 행동을 있는 대로 하면서 온 힘을 다해서 더듬고 있었던' 것이다. 성과를 중시하게 되면 '자기도 못 하는 걸 할 수 있다.'고 '거짓말하는 나쁜 어른'(12쪽)이 될 수밖에 없다. 언어 치료소는 "할 수 있어."의 신화가 지배하는 사회의 병폐를 단적으로 보여 준 공간이다.

'스프링 언어 교정원'(이하 교정원)은 위의 언어 치료소와 대조되는 공간이자, 작가가 성과사회의 대안으로 상정한 사회다. 이곳의 특징은 있는 그대로 인정해 준다는 것이다. "할 수 있다."라며 다그치지 않고 "잘했어."라고 토닥인다. 자신의 결핍을 앎으로써 다른 이의 결핍을 너그럽게 받아들인다. '나'는 가족이나 사회에서 느낄 수 없었던 보살핌과 사랑, 따스함을 이곳에서 느낀다. 마음의 상처가 치유되면서 언어 장애도 자연스레 나아지게 된다.

교정원에 간 첫날, '나'는 원장 앞에서 자기를 소개한다. 말을 더듬을 때마다 '손끝 발끝이 덜덜 떨리고', '수많은 망치가 때리듯 실제로 팔다리가 흔들린다.' 원장은 그런 '나'를 '부드러운 눈'으로 바라보고, "잘했어, 정말 잘했다."라며 꼭 안아 준다. 입에 발린 말이 아니라는 것은 "사람에 따라 말의 바다를 가진 사람도, 플라스틱 수조에 한 모금 정도의 물만 남은 사람도, 완전히 텅 비어 있는 사람도, 수조가 깨진 사람도, 수도꼭지가 고장 난 사람도 있다."는 그의 말에서 알 수 있다. 저마다 다르다는 걸 이해하는 그이니만큼 '내'가 환자라고 말하지 않는다.

원장뿐 아니라 이곳에 다니는 사람은 모두 친절하다. 먼저, 그들의 면모를 살펴보자. 30초에 한 번씩 안경을 만지며 어려운 말만 골라 하는 소설가 마야코프스키, 기타를 잘 치지만 실어증에 걸린 곰곰이, 횡설수설하는 핑퐁, 왜 이곳에 왔는지 모를 정도로 말을 잘하는 외과 의사인 처방전, 모티프라는 단어를 좋아하는 모티프, '나'와 같은 학교에 다니는 여학생 루트, 그리고 치매에 걸린 할머니가 그들이다. 실어증에 걸린 사람부터 아나운서처럼 말을 잘하는 사람까지 다양하다.

'처방전'이나 '루트'는 더듬지는 않지만 잠깐 동안 단어를 말할 수 없는 증상을 겪고 있다. "더듬지 않는 평범한 사람들도 안 더듬는 건 아니야. 말을 잘하는 것도 아니고. 하고 싶은 말을 다 하는 것도 아니야. 다들 어느 정도 말더듬이들이야."(75쪽)라는 원장의 말이 아니라도 사람들은 누구나 조금씩은 말하는 데 어려움을 겪는다. 나 역시 국어 교사로 '말의 바다'를 가진 사람처럼 평소엔 줄줄줄 말하지만, 사람이 많은 곳에서 말을 할라치면 머릿속이 하얘진다. 횡설수설하며 무슨 말을 했는지 모를 때가 많다. 그러고 보니 교정원은 '고장 난 사람들만 모아 둔 창고'(15쪽)가 아니라 세상의 축소관 아닌가?

원장은 각자가 가장 발음하기 힘들어하는 단어를 이름으로 정해 준다. 이름을 보면 그들이 겪고 있는 어려움 혹은 트라우마가 무엇인지 짐작할 수 있다. '나'의 이름은 학교의 이름인 '무연'이었다가 '엄마'였다가 '우주'였다가 '24번'이 되는 식이다. 처음에는 놀림받고 따돌림당하는 학교가, 그다음에는 퇴근한 후 술과 약에 절어 최악의 남자와 사는 엄마가, 지금은 24번으로 불리는 국어 시간이 가장 힘겹다는 것을 알 수 있다.

국어 시간을 발음하기 어려운(싫은) 이유는 국어 선생이 병을 낫게 한다는 이유로 억지로 일으켜 세워 책을 읽도록 하기 때문이다. 상대방을 이해하지 않은 채 연습하고 노력하면 된다고 여긴다는 점에서 언어 치료소의 선생과 같은 인물이다. 이처럼 성과 지상주의자는 어디에든 있다. 그들이 공통으로 '탁자를 탁탁 때리는' 것은 우연이 아니다.

> 야, 야, 똑바로 읽어. 정확하게.
> 친구들이 킬킬대며 웃었다. 국어는 **교탁을 손으로 탁탁 때렸다**.
> 야야, 니들 이런 걸로 웃으면 안 돼. 괜찮아. 차분하게 해.
> 비웃음보다 그 말이 더 싫다. 더는 시도하지 않고 입을 다물었다. 욕 나오려는
> 걸 참느라 맞물린 입술이 찢어질 것 같다. (35~37쪽, 밑줄 필자)

백번 양보하여 교사가 말 더듬는 습관을 고치려고 사람들 앞에서 말할 기회를 자주 준 것이라 볼 수도 있다. 하지만 도저히 할 수 없는 사람에게 "천천히, 정확하게, 차분하게 읽으라."고 요구하는 것은 '다리 부러진 사람한테 심호흡하고 다시 달려 봐 하는 것'(35쪽)과 같다. 교육한다는 미명 아래 친구들이 마음껏 조롱하고 모욕할 시간을 준 것이다. 그가 '괴롭힘조차 당하지 않는 존재감 없는 존재', '투명 인간처럼 보이지도 느껴지지도 않는 사람'이 된 건 이런 무성의한 교사에게도 책임이 있다.

조롱과 모멸이 가득한 바깥세상과 달리 교정원에서는 지지와 응원이 넘

친다. 그들은 '정말로 괜찮다, 괜찮다, 말해 주는 것 같은 좋은 눈'(30쪽)을 가졌거나 '다정하거나 따뜻하지는 않더라도 응원해 주는 기운'을 느끼게 한다.

처음 만나 각자를 소개하는 장면을 보자. 그들은 아무 말을 못 하는 학생에게도, 횡설수설하거나, 계속 틀리는 사람에게도 박수를 쳐 준다. 그중 누군가 "괜찮아. 우린 우린 우린 말하는 데 모두 어려움을 갖고 있어. 다 똑같으니까 말을 말을 말을 해 봐."라고 격려해 주어 '나'는 자기를 소개하는 데 성공한다.

> 만나서 반갑습니다. 전 말을 더듬습니다. 잘 부탁드립니다.
>
> 이 짧은 말을 3분 동안 덜덜 떨며 말했다. 만, 을 마마마마마마마마만, 으로 전을 저저저저저저저전, 으로 말을 마마마마, 하다가 괴로워 하아 한숨을 내쉬고 고개를 숙였다. 양옆에 있던 사람들이 왼쪽 어깨와 오른쪽 어깨에 손을 올렸다. 따뜻한 온기가 피부에 와 닿았고 그것이 피를 데우는 게 느껴졌다. 어떤 손이 쑥 들어와 뻐근한 심장을 부드럽게 쥐고 마사지해 주는 것 같았다. 끔찍했지만 어쨌든 하려던 말을 끝까지 해 본 게 오랜만이라 다 끝난 다음 나도 모르게 휴우 한숨을 내쉬었는데 기다렸다는 듯이 사람들은 우와 소리를 지르며 박수를 쳐 줬다. 할머니가 끙 소리를 내며 일어나 내 쪽을 향해 삐걱삐걱 걸어오더니 내 정수리에 손을 얹고 시추를 만지듯 세 번 쓰다듬고 사탕을 줬다. (18쪽)

한 문장에 일 분씩, 겨우 세 문장을 말하는 데 삼 분이나 걸렸다. 중간에 말을 잇지 못해도 반 친구들처럼 웃음거리로 삼거나 조롱하지 않는다. 따뜻한 손길로 기운을 내게 한다. 끝까지 귀 기울이고 환호해 준다. '나'는 그

동안 하도 상처를 많이 입었던 터라 쉽게 그들을 받아들이지 못한다.

하늘 끝까지 헹가래질하다가 마지막에 받아 주지 않을 거잖아. 웃게 만든 다음 울게 만들 거잖아. 줬다가 뺏을 거잖아. 내일이면 모른 척할 거야. 이해하는 척하면서 정작 하나도 이해하지 못하잖아. 말뿐이잖아. 결국 다 그렇잖아. 그러니까 당하면 안 된다. 그럼 진짜 끝나는 거야. 끝. (22쪽)

이렇게 상처 입을까 봐 마음을 다잡아 보지만 '곰곰이'와 '루트'는 마치 자기 일인 것처럼 국어 교사에게 대신 복수해 주고, '처방전'은 '아들, 아들' 하며 '내'게 '마르지 않는 친절함'을 보여 주며, 할머니는 아무에게도 주지 않은 사탕을 입에 넣어 준 덕분에 결국 마음의 문을 열게 된다.

이들만이 아니다. '나'가 엄마의 애인을 때려 살인 미수로 곤경에 처하자, 원장을 비롯해 교정원 사람들이 모두 와서 발 벗고 나선 덕분에 무혐의로 풀려나게 된다. 그들의 말과 행동은 피를 나눈 가족 이상이다.

114 교환원으로 일하는 엄마는 집에만 오면 술을 마시거나, 약을 먹고 초저녁부터 잠을 잔다. 누구를 보살필 형편이 못 된다. 몸도 그렇고 정신적으로도 애정 결핍증 환자다. '욕하는 사람도 사랑하고 때리는 사람도 사랑한다.' '곁에만 있어 달라고, 떠나지만 말라고 구걸하고 또 구걸하는 사랑 거지다.'(39쪽) '나'보다 엄마가 더 환자다. 엄마뿐 아니다. 114에 전화하는 사람 중 전화번호를 물어보는 것이 아니라 자기 이야기를 하고, 화를 내고 울기도 하고, 나쁜 말과 못된 말만 골라서 하고, 죽이겠다고 협박하는 사람마저 있다. 아이러니하게도 교정원에 다니는 사람보다 그렇지 않은 사람들이 더 문제가 많다.

그런 엄마가 '내'게 사랑을 줄 리 없다. 교정원 사람들은 엄마를 대신해 사랑을 듬뿍 준다. '처방전'에게 '내'가 '이모'라고 부르고, 사탕을 주는 노인에게 '할머니'라고 부르는 것은 그 때문이다. 사탕은 단순한 과자가 아니라 사랑의 객관적 상관물이다.

'나'는 마침내 "너 진짜 말 잘한다. 너처럼 말 잘하는 사람 처음 봐."라는 말을 듣게 된다. 가족 같은 사람들의 사랑과 보살핌으로 마음에 든 얼음이 녹지 않았다면 이룰 수 없는 일이다. '나'만 아니라 이곳 사람들의 증상도 좋아진다. 있는 그대로 자신의 두려움을 드러냈기에 서로를 도울 수 있었던 것이다.

이 소설은 현실 너머를 꿈꾸기에 낭만적이다. 교정원에는 강자와 약자, 증오와 갈등이 없다. 남녀노소가 서로 사랑하고 연대하는 이상적인 공간이다. 현실의 삭막함에 지친 사람들이 잠시 목을 축이며 쉬어 가는 오아시스 같은 곳이다.

그런데, 갈등이 없는 공동체가 존재할 수 있을까? 세상은 냉혹하고 우리는 늘 누구에겐가 상처받으며 살아간다. 윌리엄 골딩의 『파리대왕』(2000, 민음사)을 떠올려 본다. 외딴섬에 아이들 열댓 명이 비행기 사고로 불시착한다. 어른이 없는 곳에서 만 다섯 살부터 열두 살까지 아이들은 언제 올지 모르는 구조대를 기다리며 지낸다. 먹을 것이 풍부하고 기후가 온화하여 사람이 살기에 좋은 곳인데도, 최고 자리를 둘러싸고 두 패로 나뉘고 점차 상대를 사냥하는 등 야만적으로 변해 간다. 하다못해 겨우 두 가구가 사는 저 깊은 오지에서도 갈등이 일어난다. 자신을 도와준 옆집 여자의 살길을 막아 놓고, 미안하다는 말 한마디 없이 큰소리치며 떠나는 게 인간이다. 다큐멘터리 〈허니랜드〉에 나온 내용이다. 『파리대왕』과 〈허니랜드〉는 인간의 본성이 악하다는 데 방점을 두고 있다. 작가도 그것을 모를 리 없다. 그런데도 이타적인 따스한 공동체를 그려 낸 이유는, 인간이란 악한 본성을 지녔으면서도 한편으로는 더 나은 세상을 만들어 나가는 존재라는 것을 믿기 때문일 것이다. 그 사회는 성과를 재촉하여 내몰지 않고, 느리더라도 믿고 기다려 주며 "잘했어. 정말 잘했다."고 진심으로 격려하고 응원하는 곳이다.

『내가 말하고 있잖아』는 사람들 앞에서 주눅 들어 제대로 말하지 못하던 소년이 누구보다 말을 잘하게 된 내용을 담고 있다. 하고 싶은 말을 글로 써서 읽는다든지, 사람들에게 물건을 판다든지 하는 원장의 기술적인 가르침도 효과가 있었겠지만, 교정원 사람들이 끝까지 조용히 귀 기울여 들어 주었기에 가능한 일이었다. 칭찬은 고래도 춤추게 한다는 말이나 사람의 옷을 벗기는 것은 찬 바람이 아니라 햇빛이라는 오래전 동화의 주제는 진리다.

초록의 시간이 지나면 황금빛으로 익게 될 거야

조남주, 『귤의 맛』, 문학동네, 2021

　서기 2199년, 에이아이(AI)는 싸움에서 승리해 인간을 지배하고 있다. 인간은 매트릭스 시스템의 통제에 따라 기계의 연료를 공급하는 건전지로 쓰이는데도 그것을 모른 채 행복하다고 착각하며 산다. 네오는 빨간 약을 먹고 인공 자궁(인큐베이터)에서 빠져나와 암흑으로 뒤덮인 세상과 거기에 갇혀 있는 사람들을 보고 경악한다. 그리고 인간의 해방을 위해 싸우는 전사가 된다. 영화 〈매트릭스〉 이야기다. 고통스럽지만 현실을 알아야만 앞으로 나아갈 수 있다는 점에서 빨간 약은 지혜의 약이라 할 수 있다.

　마치 빨간 약을 먹은 것처럼 우리 사회의 성차별과 구조적인 불평등을 적나라하게 볼 수 있게 한 책이 있다. 조남주의 『82년생 김지영』이다. 개인적인 경험치로만 알던 일들을 각종 통계와 지표로 증명하면서 페미니즘 논란의 기폭제가 되었다. 워낙 강렬한 인상을 남겼기에 그녀가 쓴 청소년 소설 『귤의 맛』이 혹시 '05년생 김지영'의 이야기는 아닐까 하는 생각을 한 사람이 나만은 아닐 것이다.

　결론부터 말하자면 그런 추측이 과히 어긋나는 것은 아니다. 『82년생 김지영』을 통과한 사람이라면 여성이 겪는 부당한 폭력을 도외시할 수 없을 텐데 하물며 그 작가임에랴? 이 책은 가부장적인 면이나 성차별적인 요소에 비판적인 시각을 견지하지만, 그보다는 청소년의 강인한 생명력을 그리는 데 초점을 맞춘다. 어른 못지않게 청소년도 만만치 않은 삶의 무게를 짊어지고 치열하게 고민하며 살고 있다는 것을 알아봐 준다. 초록의 귤이 황금빛 귤로 익듯 다양한 경험을 하면서 제 자리를 찾아갈 것을 믿어 주는 소설이다. 이 책을 읽고 나면 청소년을 보호와 통제의 대상이 아니라 동등한 인간으로 바라보게 될 것이다.

중학교 3학년인 다윤, 소란, 해인, 은지는 신입생 때 영화 동아리에서 만나 친해졌다. 축제 때 어려운 일들을 해결하며 동지애가 생겼다. 그들은 제주도로 간 여행에서 같은 고등학교로 진학하자고 맹세한다. 고등학교에 따라 인생이 바뀔 수도 있는 대한민국의 엄혹한 현실에서 과연 약속을 지킬 수 있을까 하는 궁금증이 서사를 끌고 가는 동력이다. 가족과 교사의 외부 환경이 녹록지 않을 뿐 아니라 그들 사이도 언제 균열이 갈지 모를 일이다. 밖에서 보면 죽고 못 살 것처럼 '똘똘 뭉쳐 다니는' 친구 사이도 찬찬히 들여다보면 '안정과 온기, 충만, 기대' 뿐만 아니라 '그만큼의 소외, 불안, 허무, 실망의 감정'(16쪽)이 있기 때문이다. 어려서부터 함께한 친구 사이에도 몇 방울의 시기심과 질투심이 섞여 있기 마련 아니던가?

소설은 네 명의 인물을 번갈아 주인공으로 하여 진행된다. 이는 각 인물에 대한 이해와 공감의 폭을 넓히고, 독자가 동일시할 선택지가 많다는 점에서 효과적인 전략이라 볼 수 있다.

먼저 주인공들이 사는 지역인 신영진구를 설명할 필요가 있겠다. 지역 고등학교에 진학하는 것이 어떤 의미인지를 알아야 이들이 얼마나 무모한 약속을 했는지를 이해할 수 있기 때문이다.

청소년 소설 즐겁게 읽기

신영진구는 경기에 있는 신도시다. 서울로의 교통도 편리해서 젊은 화이트칼라 직장인들이 이주해 왔다. 소득 수준도 비교적 높아 '경기 속의 서울', '영진 우파'라는 별명이 붙었다. 이곳에서 '다리 하나만 건너면 대한민국에서 대입 성적이 손에 꼽히는, 교육열 높고 학원 많은 서울의 다난동(아마도 대치동일 것이다)이 있다. 신영진 아이들은 셔틀버스를 타고 다난동 학원에 다니다가 학년이 올라가면 자연스럽게 그쪽으로 전학 간다.'(11쪽) 그래서 남겨진 아이들은 '까마득히 뒤처져 있다.'는 '패배감'(16쪽)을 느낀다.

　신영진중을 졸업하고, 신영진고로 진학한다는 것은 서울로 갈 만한 실력이나 경제력을 갖지 못했다는 것을 의미한다. 그런데도 주인공들은 시류를 거슬러 이곳에 진학하고자 한다. 과연 그들이 앞으로의 탄탄한 삶을 포기하면서까지 약속을 지킬 수 있을까?

　다윤은 신영진 중에서 가장 공부를 잘해 선생님들의 기대를 한 몸에 받고 있다. 하지만 아픈 동생 때문에 집에선 늘 뒷전이다. 부모님의 관심을 받고 싶어 공부를 열심히 했지만, 칭찬받아 본 적이 없다. 애정이 결핍된 탓에 남학생이 고백하기만 하면 사귀어서 '신영진 중 최다 연애 경험 보유자'라는 말을 듣는다. 근래 고입 성적이 신통치 않은 학교는 그녀를 외고에 보내 명예를 높이려 한다. 처음엔 별 관심이 없던 엄마도 학교 측의 설득으로 허락한 상태다. 다윤은 선생님의 강력한 권유로 외고에 원서를 내고 만다. 거기에 가면 '좋은 대학에 가고 좋은 직업을 갖게 될'(16쪽) 것이다.

　해인이는 집안을 일으켜야 하는 사명을 띠고 있다. 사업에 실패한 아버지는 그녀가 다난동에 있는 가람여고를 가서 집안을 일으켜 주길 바란다. 그래서 큰이모 집에 위장 전입을 한 상태이다. 들키지만 않는다면 무난히

가람여고에 진학할 것이다.

다윤과 해인이 집안과 학교의 권유로 명문고에 진학해야 해서 약속을 지키지 못할 위기를 겪는 데 비해, 소란이 겪는 갈등은 이들과 결이 다르다. 성적이 별로 좋지 않아서 나은 학교로 진학할 수도 없지만, 친구들과 '한 덩어리로 묶이는 것'(16쪽)이 싫다. 그녀의 마음에는 친구들을 향한 부러움이 가득하다.

소란은 '맨날 붙어 다니는 네 명 중의 한 명. 그 조용한 애. 넷 중 가장 공부를 못하고, 가장 말이 없고, 중간 키에 개성 없는 얼굴에 아무런 사연도 특징도 없어서 아무도 눈여겨보지 않은 애.'(45쪽)라는 말을 듣는다. 뭐 하나 내세울 것 없이 평범한 소란은 보통의 학생을 대변하는 인물이다.

> 모두의 관심이 다윤에게로 쏠리며 소란의 제안은 묻히는 듯했다. 소란은 이상하게 모든 상황이 늘 다윤을 중심으로 흘러간다고 생각하고 있었다. (127쪽)

> 너무 잘하지도 못하지도 않는, 눈에 띄지 않는 수많은 학생 가운데 한 명. 체육 시간에는 다윤도 비슷하다. 그런데 쌤은 다윤은 알고 소란은 모른다. 공부를 잘하는 아이, 안쓰럽고 기특한 아이, 마음이 쓰이는 아이. 똑똑한 다윤이 그런 평가들을 모를 리 없다고 소란은 생각했다. (166쪽)

> 은지는 처음 먹어 보는 음식도 입에 덥석 넣고, 길을 잘못 들어도 웃으며 돌아 나왔다. 긴장하고 지친 친구들을 밀어주고 가방을 받쳐 주고 웃겨 주었다. 며칠 붙어 있으면서 내내 그런 은지가 부러웠다. 단짝 친구 같은 은지와 엄마 사이도. 나도 우리 엄마와 그런 관계가 될 수 있을까? (165쪽)

소란은 친구와 선생님의 관심을 늘 받는 다윤과, 성격이 좋은 은지가 부러우면서 싫기도 하다. 그런데 이런 소란에게 돌을 던질 사람이 있을까? 좋아하는 한편으로 싫기도, 부럽기도, 미안하기도 한 것이 우리의 솔직한 속내가 아니겠는가?

작가는 잘나고 뛰어난 사람뿐 아니라 아무것도 가진 것 없어 보이는 사람이 얼마나 많은 것을 가졌는지를 놓치지 않는다. 소란이는 성격 좋은 은지를 부러워하지만, 은지는 반대로 소란을 부러워한다.

> 은지는 튀지 않는 외모와 성격, 아주 뛰어나진 않지만 처지지도 않는 성적, 흔한
> 4인 가족……. 은지는 소란의 모든 평범함이 부럽다고 자주 생각했다. (126쪽)

은지는 소란의 흔한 4인 가족과 튀지 않는 성격, 평범한 외모 등 평범함을 갖고 싶다. 평범하다는 것은 큰 굴곡이나 상처를 겪지 않았다는 걸 의미하기 때문이다. 큰일을 겪으면 별일 없는 일상의 소중함을 알게 되는 법이다.

복잡한 속내를 지닌 소란과 달리 은지는 친구들을 잃고 싶지 않다는 마음으로 별 갈등 없이 신영진고를 선택한다. 그녀에겐 무엇보다 친구가 가장 소중하다. 왕따로 힘든 시절을 겪었기 때문이다.

은지는 6학년이 되면서 신영진으로 이사 왔다. 초등학교 4학년 때부터 친구였던 하은과 서연이 괴롭혔기 때문이다. 이들은 체육 시간에 끼워 주지 않거나, 모임 시간을 잘못 알려 주고, 옥상에 가두는 등 교묘하게 은지를 따돌렸다. 학교 폭력으로 신고한 다음에 하은이 사과하고 전학을 갔지만 은지는 심하게 후유증을 앓았다.

용기를 내 하은에게 그렇게 변한 이유를 묻자 "그냥, 그냥 갑자기 네가 싫어서."라는 대답이 돌아온다. 이 말에 은지는 다시 한번 충격을 받는다. 한 사람의 삶을 망가뜨린 이유가 "그냥"이라는 허탈한 대답 때문이다.

그냥이라는 말은 청소년이 가장 자주 쓰는 말이다. 죽을 만큼 때리고도 "그냥 때렸어요." 학교를 왜 자퇴하냐는 질문에도 "그냥"이라고 대답한다. 정말로 아무 이유가 없어서라기보다, 설명하기 귀찮거나 말해도 이해받지 못할 거라 생각하기에 그렇게 말하는 것이다.

어쩌면 우리는 소란의 친구 지아를 통해 "그냥"이라고 말한 하은을 이해할 수 있을지도 모르겠다. 소란과 지아는 유치원 때부터 줄곧 단짝이었다. 지아가 이상해진 건 서울 대난동으로 이사 간 후부터다. 오랜만에 같이 영화 보는데 화장실에 간다던 지아가 돌아오지 않는다. 나와서 보니 그녀는 통로 의자에 앉아 수학 문제를 풀고 있었다.

> "나는 요즘 늘 바쁘고 영화를 마음 편하게 볼 다음은 없어."
> 가족 모임 같은 건 없다고 했다. 사실은 학원에 간단다. 지난주부터 토요일 오후
> 에 수학 학원의 올림피아드 특강을 듣는데 지아는 아직 숙제를 다 하지 못했다.
> 일요일 낮에는 동네 작은 도서관에서 봉사 활동을 하고 저녁에는 과학 과외를 받
> 는다. (60쪽)

소꿉친구와 만나 맘 편히 영화 한 편도 보지 못하게 바쁘던 지아는 결국 실어증에 걸려 한국을 떠났다. 겨우 6학년 때였다. 과도한 학업 때문에 고통받는 아이는 자신이나 다른 사람을 괴롭히는 것으로 스트레스를 해소하기도 한다. 다음의 신문 기사를 보자.

청소년 소설 즐겁게 읽기

재작년 센터를 오게 된 유식(가명)이는 학교에서 공부를 제법 하는 우등생이었다. 학업성적 유지로 크게 스트레스를 받았지만, 부모님은 걱정하실 것 같아 마음을 드러낼 수 없었고, 선생님은 가볍게 여겼기에 속 편하게 이야기할 수 없었다. 결국 늘어나는 학업 스트레스를 견디다 못해 지나가던 초등학생을 성추행하는 사고를 쳤다. (한국교육신문, 2016.2.1.)

이렇게 학업 스트레스는 폭력의 원인이 되기도 한다. 학교 폭력을 저지른 하은과 학업 스트레스로 실어증에 걸린 지아는 다른 사람이 아니다. 이들은 우리 사회의 병폐를 드러내는 인물들이다.

친구들의 괴롭힘으로 심각한 후유증을 앓던 은지는 해인 덕분에 일상을 되찾았다. 해인이 집안 사정 때문에 은지네를 자주 찾으면서 둘의 사이는 돈독해졌다. 은지는 주재원인 엄마와 외국으로 갈 수도 있었지만, 해인의 요청으로 한국에 남을 정도였으니 같은 고등학교에 갈 이유가 충분하다.

다윤과 해인은 각각 학교와 가족의 기대 때문에, 소란은 이들과의 관계에 확신이 없어서 약속을 지킬 수 없는 난관에 부딪히지만 서로 연대하여 결국 원하는 바를 이룬다. 하지만 다윤과 해윤이 낭만만 내세우는 철없고 미숙한 아이라고 보면 오산이다. 그들은 야무지게 이모저모를 따져 보고 결정했다.

그런데 소란은 '계산'적이고 '계획'적인 그들과 달리 자신이 왜 거기로 가는 것인지도 모른 채, 친구 따라 강남 간다는 식으로 진학한다. 하지만 더 이상 열패감에 시달리지 않는다. 친구들과 비교하면서 힘들어하던 그녀는 '낙오되는 것 같고 불안할 때도 있'지만 '그래도 된다(꿈과 목표도 없이 진학해도 된다)고 생각한다. 천천히 답을 찾아가면 된다고. 아직은 그럴 나이'(205쪽)라며 있는 그대로의 자신을 긍정한다. 넷 중 내적으로 가장 많이 성장한 아이가 소란이다.

소란이 스스로에게 하는 말은 작가가 우리 청소년에게 주는 말이기도 하다. "걱정하지 마, 애들아! 아무 계획이 없어도 괜찮아. 천천히 찾아가면 돼!"라고 작가는 초록의 귤 같은 시기를 지나는 아이들을 위로하고 격려한다. 그런 믿음이 청소년을 단단하게 키울 것이다. 하지만 그것만으로는 부족하다.

> 초록색일 때 수확해서 혼자 익은 귤, 그리고 나무와 햇볕에서 끝까지 영양분을
>
> 받은 귤, 이미 가지를 잘린 후 제한된 양분만 가지고 덩치를 키우고 맛을 채우며
>
> 자라는 열매들이 있다. (161쪽)

윗글에서처럼 귤마다 성장 환경이 다르듯 우리 청소년도 처한 환경이 동일하지 않다. 부모의 지원을 듬뿍 받는 사람도 있지만, 혼자이거나 부모가 없느니만 못한 환경에서 덩치만 큰 아이도 있다. 귤꽃 향기가 바람에 날리는 봄, 그들이 자신의 빛깔과 향기를 찾아가도록 어떻게 도와야 하는지 생각해 보는 것도 좋겠다.

『귤의 맛』은 우리 사회의 교육 환경 및 차별적인 병폐를 짚어 낼 뿐만 아니라 심리 묘사가 탁월해 읽는 맛을 높인다. 청소년 독자는 다윤, 해인, 은지, 소란 중 한 사람에게 자신을 투영해 보며 스스로의 가능성을 믿게 되는 놀라운 경험을 하게 될 것이다.

　　　　　　　　　　　　　청소년 소설 즐겁게 읽기

가해자의 윤리 의식

최은영 외, 『손 흔드는 소설』 창비교육, 2022

청소년 소설은 청소년이 읽을 것을 염두에 두고 그들의 삶과 주요 관심사를 다룬 소설을 말한다. 그런데 이번에 소개하는 『손 흔드는 소설』은 위의 요소 중 어느 것도 충족시키지 않는다. 청소년을 주인공으로 한 것도, 청소년 독자를 상정하고 쓴 것도 아니다. 청소년과 관계가 있다면 교사들이 그들이 읽었으면 하는 마음으로 묶었다는 정도일 것이다.

이 책은 창비교육 출판사에서 노동, 사랑, 재난, 지구 생태계와 미래, 여행에 이어 여섯 번째 나온 테마 소설집으로, 이별을 주제로 한 일곱 편의 단편이 들어 있다. 일곱 명의 작가 중 손원평을 제외하고는 청소년 소설을 썼던 분들이 아니다. 각 작품의 주인공을 살펴보면 「이구아나와 나」는 수영 강사, 「미스터 심플」은 50대, 「더 인간적인 말」은 젊은 부부, 「상자 속의 남자」는 택배 기사, 「커튼콜, 연장전, 라스트 팡」은 취업준비생이다. 그런데도 청소년 소설이라고 부르는 이유는 청소년이 읽기에 바람직하기 때문이다.

이 작품집의 공통분모는 이별이다. 출판사의 설명을 빌려 소개하자면 친구, 첫사랑, 반려동물, 사물, 가족, 상처, 세상과의 이별이 담겨 있다. 그러나 그런 관점에 묶일 필요는 없겠다. 이별에 따른 아픔이나 성숙을 포함해 청소년이 깊이 고민해 봐야 할 다양한 문제를 다루고 있기 때문이다. 가해자의 윤리(「씬짜오, 씬짜오」), 삶의 의미(「요요」), 자신 안의 상처(「이구아나와 나」), 사람 사이의 관계(「미스터 심플」), 말보다 중요한 것(「더 인간적인 말」), 대가 없는 희생(「상자 속의 남자」), 현재의 소중함(「커튼콜, 연장전, 라스트 팡」) 등을 성찰해 볼 수 있을 것이다. 당장 청소년의 발등에 떨어진 문제들은 아니지만, 정체성을 확립해 가는 시기에 고민해 볼 수 있는 주제들이다. 물론 그 외에도 다층적으로 해석할 여지가 있다. 그렇기에 위에서 청소년이 읽기에 바람직한 소설이라고 말했던 것이다.

일곱 편의 수준이 고르고, 매력적이어서 추천한 선생님들이 얼마나 고심했는지 알 수 있다. 짧은 지면의 한계 때문에 각 작품의 여러 측면을 살피지 못하고 단선적으로만 평가했다는 변명을 미리 하면서 한 작품씩 살펴보도록 하자.

1. 「씬짜오, 씬짜오」(최은영), 가해자의 윤리 의식

우리나라는 1965년부터 1973년까지 8년 동안 미국의 요청으로 베트남에 군대를 파견했다. 파병 군인들은 유공자이고 희생자로서 보상받아 마땅하다. 하지만 우리가 저지른 과오도 인정해야 한다. 김대중 정부 때부터 한국군의 잔혹 행위를 사과하고 피해자들에게 국가 차원의 보상을 제안해 오고 있는 것은 그 때문이다. 그런데 일본이 한국에 저지른 만행은 모르는 사람이 없으나, 한국이 베트남에서 한 일을 아는 사람은 그리 많지 않다. 「씬짜오, 씬짜오」(안녕)는 이런 이중성을 파헤치는 작품이다.

'나'의 가족은 2년 동안 독일에 머문다. 베트남인 호 아저씨는 아빠와 같은 회사에서 일하는 동료이고, 그의 아들 투이는 '나'와 같은 반이어서 호와 응웬 부부는 우리를 집으로 자주 초대한다. 아시아인이라는 공통점 외에도 워낙 그들의 성품이 좋기에 특별한 사이가 되었다. 투이는 학교에서 모두와 잘 지냈으며 항상 명랑했고, 응웬 아줌마는 말하지 않아도 타국살이의 어려움을 잘 해결해 주고, 특히나 아빠와 사이가 좋지 않아 힘들었던 엄마를 위로해 주어 가족 이상으로 친하게 지낸다.

이들의 관계가 균열된 것은 '내'가 순진무구하게도 한국이 역사적으로 타국에 죄지은 바가 없다고 말했기 때문이다. "한국은 다른 나라를 침략한 적 없어요. 정말이에요. 우린 정말 아무도 해치지 않았어요." '내'가 학교에서 배운 대로 호 아저씨네와의 저녁 식사에서 이렇게 말했을 때 식탁 분위기는 얼어붙어 버렸다. '나'와 가족은 대부분의 한국 사람처럼 응웬 아줌마의 어린 여동생과 어머니, 이웃들이 한국군에게 학살당해 아직도 집안에서 제사 지낸다는 것도, 그녀의 고향에 한국군 증오비가 있다는 것도 몰랐다.

이 사실을 알고 난 다음, 반응은 두 가지로 나뉜다. "저는 정말 몰랐어요. 응웬 씨가 겪었던 일, 저는 아무것도 모르지만 그래도 죄송하다고 말씀드리고 싶어요. 죄송합니다." 엄마는 부부에게 고개를 숙이며 사죄한다. 하지만 아버지의 반응은 다르다. "그래서 제가 무슨 말을 하길 바라시는 겁니까? 저도 형을 잃었다구요. 이미 끝난 일 아닙니까? 잘못했다고 빌고 또 빌어야 하는 일이라고 생각하세요?"라며 화를 낸다. 자신이 저지른 일은 아니지만, 국가의 잘못을 사과하는 엄마의 반대편에 자신도 피해자이고 이미 끝난 일인데 언제까지 사죄해야 하느냐고 힐난하는 아빠가 있다. 그의 모습 위로 일부 일본인의 얼굴이 겹친다.

우리는 일본과의 관계에서 사죄는 횟수가 문제가 아니라는 점, 끝은 가해자가 인정하지 않는다는 점, 그리고 피해자에게 용서와 화해를 다그쳐서는 안 된다는 점을 배웠다. 과거를 잊은 민족에게 미래는 없다. 피해자의 마음을 너무나 잘 아는 만큼 일본의 잘못을 반복해선 안 된다. 가해자가 자기의 잘못을 인정하고 뉘우치는 뼈아픈 윤리 의식을 지닐 때만 개인 간이든 국가 간이든 진실한 미래의 문을 열 수 있을 것이다.

2. 「요요」(김중혁), 삶이란 무엇인가에 대한 답

성장기에 불우한 환경에 노출됐거나 부모와의 갈등, 학업이나 취업 실패 등의 이유로 많은 청년이 은둔 생활을 하거나 고립감을 느낀다고 한다. 김중혁의 「요요」는 그런 사람 중 한 명의 이야기를 '요요'라는 키워드로 풀어낸다.

선재는 이혼한 아버지와 함께 지내긴 하지만 대화도 별로 하지 않을 정도로 서먹하게 지낸다. 대학에 진학했지만, 남들과도 교류하지 않는다. 부모가 싸움할 때면 늘 그의 탓을 했기에 자기를 '관계를 부수'고 '고리를 끊는 사람'이라고 여기며 사람들을 피해 왔다. 중학교 3학년 때 친구와 싸운 후 홀로 지낸 것은 이런 죄의식을 공고하게 했다. 그의 삶은 아무것도 없는 무너진 '폐허' 같았다.

이런 선재에게 교내 방송 브이제이인 장수영은 깜빡이도 없이 훅 들어온다. 먼저 말을 걸어오고, 만나자고 하고, 손을 잡자고 했다. 둘은 저녁을 먹고 산책하며 많은 시간을 함께 보냈다. 다른 사람은 모르는 시시콜콜한 얘기, '마음의 지하 창고에 꽁꽁 싸매 두었던 이야기'를 하면서 서로에게 물들어 갔다. 선재는 장수영과의 관계가 자신 때문에 깨질까 봐 걱정한다.

아니나 다를까! 방학 때 고향에 간다던 장수영은 외국에 유학하러 간다며 편지로 이별을 고한다. 처음 만났을 때처럼 떠날 때도 뜬금없다.

선재가 시계 제조 공학과를 졸업하고 고장 나고 망가진 시계를 고쳐 주는 일을 하는 것은 그가 어떤 사람인지를 알려 준다. 그는 관계를 깨기보다 유지하고 복원하는 것을 좋아하는 사람이다. 시계를 고치는 일은 속죄 의식이나 마찬가지였던 셈이다.

선재는 회사에서 나와 수제 시계 제작자가 된다. 이것은 그가 자신을 부정적으로 바라보는 관점을 벗어나게 하는 결정적 계기로 작용한다. 가까워졌다가 멀어지고 다시 가까워지는 시침과 분침 혹은 장난감 요요처럼 인간의 감정이나 관계도 그렇다는 것을 깨달았기 때문이다. 티끌 하나에서 우주를 보듯, 시계라는 조그만 창구를 통해 삶의 이치를 앎으로써 그는 오랜 자책감에서 벗어날 수 있었다.

이 소설은 '폐허'처럼 여겨졌던 삶을 '나쁘지 않아, 나쁘지 않아. 돌아갈 수는 없지만 그 시간을 떠올리는 것만으로도 나쁘지 않아.'라고 긍정하게 된 인물의 성장담이다. 선재는 다행히 몰두할 일을 찾음으로써 고립을 극복했다. 이처럼 무언가에 열중하고 자기 초월적인 노력을 쏟아 낸 자에게 과거는 새로운 의미로 다가온다.

은둔의 경험을 토대로 다른 외톨이들을 도와주는 사람도 많다. 그 죽음의 시간이 생명을 살리는 거름으로 쓰인 것이다. 제목인 '요요'는 인간의 감정이나 관계는 물론, 삶의 부침(浮沈) 등을 아우르는 단어로, 삶이란 무엇인가라는 근원적 질문에 대한 소설가 김중혁의 답이라 할 수 있다.

3. 「이구아나와 나」(이유리), 내 안의 상처 보듬기

'나'는 수영 강사로, 삼 년 동안 동거하던 연인과 헤어져 몹시 상심에 젖어 있다. 사랑하던 사람에게 차인 사람의 처참한 심정을 작가는 다음과 같이 그려 냈다.

> 주저앉아 맞은편의 거울을 보니 정말로, 얼굴이 말이 아니었다. 퉁퉁 부어 묵직하게 내려앉은 눈두덩과 시커멓게 색이 죽어 생기란 전혀 찾아볼 수 없는 양 볼, 뼈에 기분 나쁜 질감의 가죽만 씌워 놓은 듯한 몰골……. 아니 그런데 이거 완전…… 이구아나잖아. (89쪽)

생기란 찾아볼 수 없고, 살아 있어도 산 것이 아닌 끔찍한 모습이다. 그런데 왜 하필이면 이구아나 같다고 할까?

'나'와 동거했던 재호는 이구아나가 든 유리 수조만 남겨 두고, 침대 위 담요까지 포함해 '자기 짐을 싸그리' 챙겨 집을 나갔다. 이구아나는 재호의 전 여친이 그를 만나기 전에 사귀던 남자가 놓고 가서 기르던 것이다.

처음 '내'가 유리 수조를 열었을 때 그 안은 '물비린내와 고기 상한 냄새가 섞인 듯한 악취'가 나고 '푸른 이끼'가 끼어 있다. 돌봄을 받지 못한 이구아나는 징그럽고 냄새나는 끔찍한 존재이다. 사랑하는 사람에게서 버림받은 사람도 이와 같지 않을까? 이구아나는 '나'뿐 아니라 재호와 그의 전 여친을 포함해 실연당한 사람들, 돌봄을 받지 못하는 사람들 모두를 아우르는 상징이다. 다시 말하면 우리 안의 슬픔과 고통, 상처를 형상화한 것이다. 이렇게 볼 때 이 소설은 반려동물을 키우는 이야기가 아니라, 내 안의 상처를 대하는 방식에 관한 소설로 읽힌다.

재호는 이구아나를 '흉측하고 못마땅한 장식품'처럼 생각하고 외면한다. 전 여친, 전 여친이 사귀던 남자도 마찬가지였다. 그들은 자신의 상처와 고통을 마주 볼 용기가 없던 사람들이다.

'나'는 이구아나의 머리 위로 손을 뻗어 쓰다듬고 눈을 맞춘다. 그러자 기적이 일어난다. 이구아나가 말을 한 것이다. 따뜻한 멕시코까지 수영해서 가겠다는 이구아나의 꿈을 이뤄 주기 위해 체력을 단련시키고 수영을 가르치는 동화 같은 이야기가 억지스럽기는커녕 응원까지 하게 되는 것은, 이를 상처를 치유하는 과정이라 볼 수 있어서이다.

허물을 못 벗은 이구아나는 큰 상처를 입는다고 한다. 사람도 마찬가지다. 여러 이유로 과거를 놓지 못하면 새 사람이 될 수 없다. 소설은 '온 길을 되짚어 수영장으로 향해 걷기 시작했다.'는 문장으로 끝난다. 주제에 걸맞은 끝맺음이다. 자신의 과거 상처에 귀 기울이고 잘 보듬어 떠나보낸 사람만이 생의 한가운데로 거침없이 걸어갈 수 있기 때문이다.

4. 「미스터 심플」(정용준), 사람 사이의 섬으로 가는 법

미국 화가 에드워드 호퍼는 현대 도시인의 고독과 외로움을 회화로 재현한 것으로 유명하다. 도시의 일상 풍경과 그 속에서 살아가는 도시인의 절대 고독을 그렸다. 인물들은 방 안에 혼자 있거나, 밤늦게 바에서 여럿이 술을 마시기도 하는데 하나같이 적막감과 고립감을 느끼게 한다. 정지된 것 같은 화면과 짙은 그림자가 그런 느낌을 자아내게 하는 것이다. 「미스터 심플」은 현대인의 단절과 고립을 그렸다는 점에서 호퍼 그림의 서사적 재현이라 할 만하다. (실제로 이 작품에 호퍼가 언급된다.)

이 소설에는 두 명의 남자가 등장한다. '나'는 한때 출판사에 다녔지만, 지금은 외주 받은 원고를 교열하는 프리랜서이자 번역가이다. 일하느라 두 달 동안 밖에 나간 적이 없다. 일도 일이지만 동거하는 연인이 새벽에 조깅한다고 나가 자살해 버린 충격이 더 큰 이유이다. 무기력하게 지내던 '나'는 아이디가 '미스터 심플'이라는 사람에게서 클래식 기타를 사면서 밖으로 나가게 된다. 첫 거래 후 이번에는 반대로 '내'가 블루투스 스피커를 그에게 판매하면서 다시 만난다. 출판사에 다녔다는 이유로 그는 '나'에게 자신이 쓴 글을 보여 준다. 자서전적인 그 글을 통해 기러기 아빠로 지내다 가족과 이별했고, 시립 교향악단 단원이었다가 부당 해고 된 후, 음대 입시 학원을 열었다가 사기를 당했다는 것을 알게 된다. 가진 것을 모두 잃고 더 살아야 할 이유를 찾지 못하게 되었다는 게 결론이다.

연인이 죽은 '나'와, 살 이유를 찾지 못해 죽으려고 한 '미스터 심플'은 깊은 상처를 지녔으되 자신의 처지를 누구에게도 말하지 못한 채 살고 있었다. '미스터 심플'은 원래 아이디가 '미스터 슬픔'인데 잘못된 아이디를 고칠 힘이 없을 정도로 무기력했다. 그가 가진 것을 하나씩 중고 사이트에 판매하며 세상을 하직할 준비를 하고 있는데도, 그걸 아는 사람이 하나도 없다. 그가 단지 물건을 거래한 익명의 상대인 '내'게 소설 쓰는 방법을 계속 물어보는 것은 세상과 단절되고 싶지 않다는 몸부림이다. '내'게 '무슨 말이든 하고 싶고, 아무 말이나 듣고 싶어' 하는 것은 그런 절박한 심정에서 나온 것이다. 이런 그에게 '나'는 글을 쓰고 퇴고하는 방법을 알려 준다. 그리고 완성하면 교정과 교열을 봐주겠다고 약속한다. '내'가 베푼 사소한 호의로 그는 살아갈 힘을 얻는다.

'나' 역시 그가 연주해 준 노래 하나로 연인이 떠난 그날을 피하지 않고 담담하게 처음부터 끝까지 다 생각할 수 있게 되었다. 그리하여 머지않아 집 밖을 나가게 되리라. 이처럼 보잘 것 없는 작은 친절이 누군가에겐 살아갈 힘을 줄 수 있다. 이 소설은 사람 사이의 섬을 건너는 법은 그리 어렵지 않다고 말한다.

5. 「더 인간적인 말」(정영수), 바보야, 문제는 말이 아니야!

한 부부가 이혼을 앞두고 있다. 사사건건 피 터지게 싸웠기 때문이다. 사람들은 대부분 금전, 성격 차이, 종교, 시댁과의 갈등 등의 현실적인 이유로 다툰다. 그런데 이들은 식물을 해치는 것은 비윤리적인가, 옥수수를 수확하는 것과 수천 년 된 삼나무 숲을 벌목하는 것은 어떤 차이가 있는가, 지적 재산권 침해 행위와 표절의 경계는 무엇인가 같은 철학적, 윤리적인 문제들로 싸웠다. 옳고 그른 것은 답이 있지만 생각이 다른 문제는 답이 없다. 연애할 때는 대화가 잘 된다고 좋아했는데, 결혼 후엔 서로에게 넌더리를 내게 되었다.

이들은 말을 많이 한 것이 문제라고 생각해 반대급부로 꼭 필요한 경우를 제외하고는 말하지 않기로 한다. 말 대신 침묵을 택한 것이다. 하지만 이 또한 올바른 해법이 아니다. 차가운 침묵은 뜨거운 말싸움만큼이나 폭력적이기 때문이다.

현학적이고 철학적인 주제들로 다투던 이들 앞에 현실적인 문제가 발생한다. 환갑을 갓 넘긴, 남편의 이모가 큰 병에 걸리거나 사고를 당하지도 않았는데 안락사 하겠다고 우기고 있어서이다. 비혼인 그녀는 조카에게

거금을 남기고 스위스로 가겠다고 한다. 분명 안락사에 관해서도 토론을 벌였을 이들은 이모의 자살이라는 '실재적인 것', '우리와 직접적인 연관 있는 것'을 어떻게 해결해 나갈 것인가? 이 소설에서 큰 비중을 차지하고 있는 이모의 이야기는 이 부부의 관계에 어떤 영향을 미칠 것인가를 살피며 읽는 것이 핵심이다.

이모는 당장 그 일을 실행한다. 주변에서 아무리 말려도 소용없다. "왜냐하면 내가 그러고 싶기 때문이다. 지금 그렇게 하고 싶기 때문이야." 이것이 이모의 대답이다. 이 현실적인 문제 앞에서도 부부의 입장은 좁혀지지 않는다. "어떻게 죽을지는 삶에서 가장 중요한 문제고, 누구든 그걸 선택할 권리가 있다."는 아내의 말은 원칙론에서는 맞다. 그렇다고 해서 "이모의 죽음을 지지하고 방관할 수는 없다."는 남편의 말도 틀리지 않는다.

부부는 이모의 뜻을 꺾지 못하고, 스위스 병원에 데려다준 뒤 '말하는 법을 잊은 사람들처럼 그곳에서 침묵한 채' 의사가 나오기를 기다린다. 이들이 말의 공허함을 깨닫고 거룩한 침묵을 택했다고 해석할 수 있다. 하지만 그보다는 죽음이라는 실존적 상황을 접하고 삶에서 정말 중요한 것이 무엇인지를 생각하게 되었다고 보면 어떨까? 설전으로 엉킨 두 사람의 문제를 이모의 죽음이라는 칼이 단번에 끊어 낸 것으로 봐도 좋으리라. 윤리와 철학, 종교 같은 고차원적 담론도 공감과 배려, 존중이 빠지면 시정잡배의 싸움이나 마찬가지고, 문제는 말이 아니라 거기에 깃든 마음이라는 것을 그들이 깨달았기를!

6. 「상자 속의 남자」(손원평), 대가 없이 희생할 수 있을까?

폭행당하는 여자를 도와주다 성추행범으로 몰렸다거나, 쌍방폭행으로 고소당한 후 앞으론 절대 남을 도와주지 않겠다는 사람들의 얘기를 종종 들을 수 있다. 길거리에서 위험에 처한 여자를 구하려다 얼굴에 칼이 깊이 찔린 사람도 있다. 여러분이라면 어떻게 하겠는가? 피해를 보더라도 타인을 도와야 할까? 아니면 내 안위를 위해 모른 척해야 할까?

이 소설은 감정 표현 불능증을 앓는 아이를 소재로 한 청소년 소설 『아몬드』의 스핀오프(외전)다. 『아몬드』에서 보통의 사람이 아무렇지 않게 저지르는 '악의 평범성'을 꼬집은 작가가, 이번에는 쉽게 답하기 곤란한 주제를 들고 나왔다.

형은 '한때 누구보다 우렁찬 목소리를 가지고 있었으며 아침 햇살처럼 밝은 미소를 아낌없이 내비치던' 사람이었다. '무엇을 해도 잘해 냈고 어딜 가든 인기가 많았다. 탄탄하고 다부진 몸을 가졌지만, 힘을 함부로 과시하거나 으스대는 대신 진솔하고 소탈했다.' 이런 형이 지금은 '어두운 6인 병실에 누워 천장만 바라보며 쌕쌕댄다. 그의 시간은 십이 년째 멈춰 있다.'

한 부부의 부주의로 그들의 어린 딸이 트럭 밑에 깔릴 위기에 처한다. 형은 반사적으로 몸을 날려 그 아이를 구했지만, 회복할 수 없는 장애인이 되어 버렸다. 한순간의 선택으로 직장도, 애인도, 건강도 잃었다. 고맙다고 찾아오는 것도 한두 번, 부부의 발길도 끊긴 지 오래다.

이 사건이 있고 난 뒤 동생은 다른 사람의 일에 일절 관여하지 않기로 마음먹는다. 어려운 사람에게 손 내밀고 싶은 마음을 억누르고 마치 상자에 들어간 듯 필사적으로 몸을 웅크린다. 어느 모녀가 괴한에게 칼을 맞고 사경을 헤맬 때도(『아몬드』의 한 장면이다) '눈 속에 발을 묻은 채 버티고 서서 미동도 하지 않았다.' 스스로 감정 표현 불능증에 빠진 사람이 돼 버린 것이다.

그렇게 결심했건만, 막상 눈앞에 생명이 위독한 환자가 발생하자 어떤 여학생의 지시에 따라 적극적으로 그녀를 돕는다. 그 순간 측은지심이 생겨서가 아니다. 괴한에게 습격당한 여자의 어린 아들(『아몬드』의 주인공)을 다시 만났을 때 '어른으로서, 한 인간으로서' 해 줄 말이 아무것도 없어 괴로웠기 때문이다. 다시 말하자면 자신의 안위만을 생각하는 사람은 어른도, 인간도 아니라는 뜻이다. 위독한 환자를 도와준 여학생이 과거에 형이 구한 아이라는 설정은 작위적이지만, 그렇다고 해서 '나'의 자각이 빛바랜 것은 아니다.

호모 사피엔스는 다수가 유연하게 협동할 수 있는 유일한 존재라고 한다. 이 말은 다른 사람을 도울 때 인간답다는 뜻이다. 작가는 피해를 보더라도 타인을 도와야 할까, 아니면 내 안위를 위해 모른 척해야 할까, 라는 처음의 질문에 대한 답을 이 작품을 통해서 선명하게 제시하고 있다.

7. 「커튼콜, 연장전, 라스트 팡」(임선우), 이 세상에서 가장 소중한 것은 지금

외국인의 시선으로 한국의 문화와 자연을 보면 모든 것이 낯설고 새롭게 보일 것이다. 마찬가지로 죽은 자의 입장에서 본다면 익숙하고 평범한 일상에서 새로운 의미를 발견할 수 있지 않을까? 「커튼콜, 연장전, 라스트 팡」은 죽은 후 일정 시간 동안 이승에 머물면서 삶을 보는 판타지 소설이다. 급사한 사람에게는 사랑하는 사람에게 마지막으로 인사하거나, 평소 꿈꿔 왔던 일을 해 보도록 백 시간이 주어진다. 그렇다면 망자의 눈으로 보는 삶은 어떨까?

'나'는 담배를 사러 편의점을 가다 돌풍에 떨어진 중국집 간판에 맞아 사망했다. '한때는 내가 나의 자랑이었던' 때도 있었지만 지난 2년간 취업에 실패하면서 안정적인 주거지도, 친구도, 애인도 잃고, 가족과도 인연을 끊고 살았다. 지원서 대신 유서를 몇십 장이나 쓰던 짠 내 나던 사람이었으니, 하고 싶고 사고 싶은 것도 많을 법하지만, 귀신이 되었을 때조차 고작 하고 싶은 일이 예전에 단골이었던 동네 카페에 가는 일이다. '나'는 음악에 별 관심이 없고, 공연장에 가 본 적도 없지만, 옆자리의 여자들이 콜드 플레이 내한 공연이 인생에서 '단 한 번뿐인 기회'라는 말에 거기에 가 보기로 한다.

자신이 진짜 원하는 게 무언지 모르는 사람에게 다른 사람의 욕망은 쉽게 내 욕망이 되곤 한다. 하지만 그것이 충족감을 줄 리 없다. 공연장에 갔지만 '내 안에서는 아무 일도 일어나지' 않는다. '들뜨거나 흥분되지 않았고, 더 나아가 아무런 감흥'이 없다. 그래서 도중에 나와서 공연장을 가다 지하철역 창고에서 만난, 청소기에 갇힌 유령에게 되돌아간다. 그녀는 칠 년 동안 아이돌 연습생이었는데 데뷔도 못 하고 죽었다.

청소기 유령은 욕망이 없는 나와 달리 데뷔하겠다는 꿈을 버리지 않는다. '나'는 어차피 사라질 것인데 끝까지 버티면서까지 그것을 지켜내는 마음을 이해할 수 없다. 유령 역무원의 도움으로 막상 청소기에서 빠져나오자, 그녀는 "이제 와서 뭘 해." 하면서 포기하려고 한다. 그때 '나'는 '그런 마음(소망)을 잃는 것이 때로는 죽는 것보다 나쁘다는 사실'을 깨닫고 그녀의 꿈을 이뤄 주려고 강남의 한 건물 옥상으로 데려간다.

강남대로변의 초대형 옥외 전광판이 3분 21초 동안 오류가 나 하얗게 되는데, 그 빛으로 캄캄했던 도시의 방들과 골목이 한순간 환하게 된다. 그 시간 동안 아마도 청소기 유령은 마지막 노래를 불렀을 것이다. 연습생 유령의 꿈이 이루어진 순간 도시가 환해진 걸 보면, 누군가의 꿈이 이루어진다는 것은 본인뿐 아니라 세상을 밝히는 일이기도 한 것 같다.

'나'는 비로소 '갑자기 모든 것이 그리워질 것만' 같은 생각이 든다. '수많은 얼굴을, 주말 아침의 영화를, 허공에 포물선을 그리던 야구공을 다시 사랑할 수 있을 것만 같은 기분'이 드는 것이다. 그가 사라지기 전 깨달은 건 소소하고 평범한 일상의 아름다움이다.

영화 〈원더풀 라이프〉는 죽은 자들이 저세상에 가기 전 일주일 동안 삶과 죽음의 중간 지대에 머물면서 소중한 기억을 떠올리는 내용이다. 그들은 아름답고 행복한 순간을 기억하다 저세상으로 간다. 영화를 보는 동안 자기 인생 최고의 장면은 무엇인지 질문하게 된다. 「커튼콜, 연장전, 라스트 팡」은 〈원더풀 라이프〉가 던진 물음에 어떤 특별한 순간이 아니라, 지금 우리가 누리고 있는 일상이 소중하다고 대답한다.

지금까지 『손 흔드는 소설』에 실린 일곱 편의 단편을 소개하였다. 이 작품집은 그간 청소년의 삶을 다룬 것이 청소년 소설이라는 인식을, 청소년이 읽기에 바람직한 소설이라는 것으로 확장했다는 점에서 의의가 있다. 각 작품의 의미가 다층적이어서 읽는 재미가 쏠쏠하다.

각 작품을 이글에서는 가해자가 어떤 태도를 지녀야 하는가(「씬짜오 씬짜오」), 삶이란 무엇인가(「요요」), 내면의 상처를 어떻게 보듬어야 하는가(「이구아나와 나」), 사람 사이의 관계를 잇는 방법은 무엇일까(「미스터 심

청소년 소설 즐겁게 읽기

플」), 말보다 중요한 것은 무엇인가(「더 인간적인 말」), 대가 없는 희생을 할 수 있을까(「상자 속의 남자」), 세상에서 가장 소중한 것은 무엇인가(「커튼콜, 연장전, 라스트 팡」)라는 관점으로 해석해 보았다. 그렇지만 독자에 따라 각기 다르게 볼 수 있다. 예를 들어 「씬짜오 씬짜오」를 개인과 국가의 책임, 여성 간의 연대, 인간답게 말하는 법, 친구와의 이별로도 읽을 수 있다. 다른 글들도 마찬가지다. 이 글을 나침반 삼아 청소년이 자신만의 새로운 해석의 길을 내기 바란다.

청소년 소설 즐겁게 읽기

© 김명순, 2024

초판 1쇄 발행 2024년 7월 15일

지은이   김명순
펴낸이   이기봉
편집   좋은땅 편집팀
펴낸곳   도서출판 좋은땅
주소   서울특별시 마포구 양화로12길 26 지월드빌딩 (서교동 395-7)
전화   02)374-8616~7
팩스   02)374-8614
이메일   gworldbook@naver.com
홈페이지 www.g-world.co.kr

ISBN   979-11-388-3353-0 (03370)

전라남도 JeollaNamdo   전라남도 문화재단

- 후원: 전라남도, (재)전라남도문화재단
- 이 책은 전라남도, (재)전라남도문화재단의 후원을 받아 발간되었습니다.